高等职业教育优质校建设轨道交通通信信号技术专业群系列教材

通信信号电源设备维护（含图册）
（第 2 版）

主　编　韦成杰　楚彩虹

副主编　占雪梅　杨靖雅　王云飞

主　审　张生周

西南交通大学出版社
·成　都·

图书在版编目（CIP）数据

通信信号电源设备维护：含图册．1，通信信号电源
设备维护 / 韦成杰，楚彩虹主编． -- 2版． -- 成都：
西南交通大学出版社，2025.8 -- （高等职业教育优质
校建设轨道交通通信信号技术专业群系列教材）．
ISBN 978-7-5774-0583-4

Ⅰ．U239.5

中国国家版本馆 CIP 数据核字第 2025JQ8488 号

高等职业教育优质校建设轨道交通通信信号技术专业群系列教材

Tongxin Xinhao Dianyuan Shebei Weihu（Han Tuce）（Di 2 Ban）

通信信号电源设备维护（含图册）（第 2 版）

	策划编辑／张　波　周　杨　李　伟
	责任编辑／李　伟
主　编／韦成杰　楚彩虹	责任校对／左凌涛
	封面设计／吴　兵

西南交通大学出版社出版发行

（四川省成都市金牛区二环路北一段 111 号西南交通大学创新大厦 21 楼　610031）
营销部电话：028-87600564　　028-87600533
网址：https://www.xnjdcbs.com
印刷：成都中永印务有限责任公司

成品尺寸　185 mm×260 mm
总印张　23.25　　总字数　496 千
版次　2021 年 8 月第 1 版　　2025 年 8 月第 2 版
印次　2025 年 8 月第 1 次（累计印刷 6 次）

书号　ISBN 978-7-5774-0583-4
套价(全 2 册)　58.00 元

课件咨询电话：028-81435775

第 2 版前言

铁路通信信号电源堪称铁路通信与信号系统的"心脏"，作为一种重要的信号电源设备，可以对信号设备稳定、可靠地供电，保证铁路通信与信号系统正常运行。随着我国铁路大发展和城市化进程的不断加快，通信、信号设备不断更新换代，对供电电源的要求也在不断提高。采用模块化、智能监控和电力电子技术的铁路智能电源屏，应用越来越广泛。

本书通过对企业现场电源屏工区的典型工作任务和岗位能力进行分析，根据岗位能力需求设定学习目标，按工作任务确定教学单元；将教学项目分解成若干工作任务，工作任务按照从简单到复杂的顺序排列，先学习组成电源屏的基础器件，再学习不同种类电源屏的整体结构、电路原理，然后重点掌握它们的操作、日常维护和常见故障处理方法，以增强学生的实践能力，更好地与现场接轨。

随着铁路通信与信号系统的不断发展，铁路信号智能电源屏的技术也在不断创新和完善。本书在第一版的基础上，紧跟行业技术的发展不断更新与完善，及时删除书中陈旧废止的内容，增加新的电源屏内容，同时为贯彻落实教育部关于"高等学校课程思政建设"的指导精神，本书主要做了以下改动：

（1）在项目导引和学习目标中融入课程思政内容，坚定学生的理想信念，并以爱党、爱国、爱岗敬业为主线，围绕工匠精神、安全责任意识、团队协作精神、创新精神以及家国情怀等优化课程思政内容供给。

（2）更新了项目二任务五中不间断供电系统（UPS）的内容，优化了 UPS 原有的工作模式，丰富了 UPS 的使用操作。

（3）更新了项目三任务九中 PMZG 型智能电源屏的内容。

（4）增加了项目三任务八中 PKX 型智能电源屏的开关机操作，并新增了项目三任务十一，该任务主要介绍学校实训室改造后使用的 PK-JXCG2-1 系列智能电源屏。

（5）在《通信信号电源设备维护图册》中增加 PK-JXCG2-1 系列智能电源屏图纸（见附图 20、21）。

　　本书由郑州铁路职业技术学院韦成杰、楚彩虹担任主编，占雪梅、杨靖雅、王云飞担任副主编，中国铁路郑州局集团有限公司首席技师张生周担任主审。其中，韦成杰编写项目三的任务一至任务三，楚彩虹编写项目三的任务九至任务十一，占雪梅编写项目四和项目五，杨靖雅编写项目三的任务四至任务八，王云飞编写项目二的任务三至任务五，郑州中建深铁轨道交通有限公司刘永超编写项目一的任务一，郑州中建深铁轨道交通有限公司王刘欣编写项目一的任务二，郑州交通发展投资集团有限公司运营分公司王梦玮编写项目二的任务二，长沙市鹏扬教学设备有限公司王聪华编写项目二的任务一。

　　在本书编写过程中，中国铁路郑州局集团有限公司郑州电务段周建涛、杜先华和郑州轨道交通运营有限公司吕兴瑞提供了大量参考资料，在此向他们表示真诚的感谢。同时本书编写过程中参考了一些同类专著、教材等，在此向相关作者表示最真诚的谢意。

　　由于编者水平有限，书中难免有疏漏和不足之处，恳请读者批评指正。

编　者

2025 年 4 月

第 1 版前言

随着我国铁路大发展和城市化进程的不断加快，通信、信号设备不断更新换代，对供电电源的要求也在不断提高。采用模块化、智能监控和电力电子技术的铁路智能电源屏，应用越来越广泛。

本书通过对企业现场电源屏工区的典型工作任务和岗位能力进行分析，结合教学特点，将电源内容按能力划分为五个项目。全书采用项目化教学的方式进行编写，能让学生对铁路信号电源有全面系统的了解，使学生在掌握铁路信号电源相关工作原理和结构的同时，重点掌握它们的操作、日常维护和常见故障处理方法，以增强学生的实践能力，更好地与现场接轨。

项目一——通信信号电源屏概述，介绍了通信和信号电源屏的发展、技术条件等内容。

项目二——电源屏基础器件认知，对各种电源屏共用的基础器件进行认知，包括变压器、低压电器、稳压器、开关电源及 UPS（不间断电源）等器件认知，介绍了它们的结构、功能及原理等。

项目三——信号电源屏认知，介绍了电源屏认识、模块认识、图纸识读及操作。电源屏种类繁多，通过调研，本书选取了在国铁、地铁、客专应用较多的电源屏型号，也包含了几所职业技术院校实训室现有的电源屏，既结合了现场实际，又方便教学，各校可根据校内电源屏资源选讲其中合适的任务。

项目四——电源屏维护，根据维护规则，对现场电源屏维护内容及标准进行了阐述。

项目五——电源屏故障处理，介绍了电源屏的常见故障，并结合典型故障案例进行分析，旨在教会学生故障应急分析方法及处理方法。

郑州铁路职业技术学院韦成杰担任本书第一主编，编写了项目三的任务一到任务七，徐晓冰编写了项目一和项目三的任务八，楚彩虹编写了项目二，吴甜甜编写了项目三的任务九、任务十和项目五的任务二，朱锦编写了项目四和项目五的任务一，郑州电务段周建涛编写了项目五的任务三。郑州铁路职业技术学院穆中华同志对全书进行了审定。

本书在编写过程中，郑州电务段的杜先华同志和郑州轨道交通有限公司的吕兴瑞同志提供了大量的相关资料，在此表示真诚的感谢；同时本书所有编者还对参考文献中所列专著、教材等的作者们表示最真诚的谢意。由于编者水平有限，书中难免有疏漏和不足之处，恳请读者批评指正。

编　者
2021 年 6 月

数字资源列表

序号	项目	任务	资源名称	页码
22		任务三	计算机联锁屏-两路电源切换	101
23			调压屏声光报警电路	102
24			计算机联锁输出电源屏	103
28	项目三	任务七	DSG 型智能电源屏整体简介	114
29			电源屏技术特性	114
30			电源屏图纸识读	122
31			DSG 型智能电源屏操作	125
32			DSG 型智能电源屏测试	126
33		任务八	PKX 型智能电源屏命名、简介、整体认知	129
34			PKX 型智能电源屏图纸识读	140
35			PKX 型智能电源屏设备操作	142
36		任务九	PMZG 型智能电源屏简介	147
37		任务十	PZG 系列智能电源屏简介	165
38			PZG 系列智能电源屏图纸识读	173
39			PZG 系列智能电源屏设备操作	182
40	项目四	任务一	人工测量	200
41			智能电源屏监控单元	201
42			利用信号集中监测系统	204
43		任务二	标准化检修流程	207
44			维护项目及方法	209
45	项目五	任务一	机械电源屏常见故障处理	215
46			智能电源屏常见故障处理	218
47		任务二	典型故障案例	227

目　录

项目一　通信信号电源屏概述

【项目导引】

通信信号电源屏为通信信号设备提供可靠、稳定、安全的工作电源。本项目主要介绍通信与信号电源屏以及铁路设备供电的概况，包括铁路通信信号设备对供电的基本要求、通信信号设备的供电情况、通信信号电源屏的发展概况，使学生对铁路设备供电有一个总体认识。通信信号电源屏也被誉为通信信号设备的"心脏"，通过对本项目的学习，学生将亲身感受它的专业性和重要性，让学生明白每一个岗位、每一项工作对整个社会运行的意义，以增强学生的责任意识。

任务一　信号电源屏概述

【学习目标】

【素质目标】

（1）培养学生认真负责、严谨细致的工作态度。

（2）培养学生的团队合作意识和沟通能力。

（3）培养学生对铁路通信信号领域的专业认同感和敬业精神。

【知识目标】

（1）掌握信号设备对供电的要求。

（2）了解信号系统的供电概况。

（3）了解信号电源屏的发展概况。

【能力目标】

（1）能够对铁路设备供电系统有一个总体认识。

（2）理解通信信号电源屏在整个系统中的地位和作用。

（3）能够查阅相关技术资料、标准规范和设备手册，获取所需的信息，为学习和工作提供支持。

【相关知识】

一、信号设备对供电的要求

信号设备对供电的要求

信号设备是组织指挥列车运行，保证行车安全，提高运输效率，改善行车人员劳动条件的关键设备。供电系统能否可靠、稳定、安全地对信号设备进行供电是信号设备能否正常运行的基本保证。不同的信号设备使用的电源不同，对电源的要求也各不相同。但总的来说，各种信号设备对电源的可靠程度都有较高的要求，对供电电压和频率的稳定都有一定的要求，并且都要保证供电的安全。

信号设备对供电的三大基本要求是：可靠、稳定和安全。

（一）对电源可靠性的要求

铁路信号电源原则上应与铁路其他部门的电源结合考虑，以统一和简化供电系统，便于维护管理。但根据其重要性和管理分工的不同，也有单独设置供电系统的情况。铁路用电一般都是由电力部门供给的，尽可能不自设发电设备。在电气化区段，当技术与经济合理时，也可采用牵引电源。

为了保证供电可靠，按信号设备与行车的关系划分供电等级以便管理，并设置备用电源。铁路对路外供给的电源，按其可靠程度分为三类。

1. 第一类电源

第一类电源能取得两路可靠的独立电源，其中一路为专盘专线，或虽不能取得专用电源，但能由其他重要线路接引供电；供电容量满足信号设备的最大用电量；电压、频率的波动在容许范围之内，或电压波动虽较大但能稳压。

2. 第二类电源

第二类电源只能取得一路电源，但质量较好，供电容量、电压和频率的波动情况与第一类电源相同。

3. 第三类电源

不能满足第一、二类电源条件的其他电源称为第三类电源。

独立电源是指不受其他电源影响的电源。如一台发电机组，有专用的控制设备和馈电线路，与其他母线没有联系或虽有联系但其他母线发生故障时能自动切断联系，满足这种条件的电源称之为独立电源。

可靠电源是指能昼夜连续供电，因维修和事故的停电有一定限制的电源。相关规定如下：因维修计划停电，第一类电源每路每月一次，每次不超过 4 h；第二类电源每月一次，每次不超过 10 h。因事故造成的临时停电两年累计：第一类电源不超过 48 次，每次一般不超过 2 h；第二类电源不超过 100 次，每次一般不超过 4 h。

专盘专线是指供给信号设备 10 kV 以下的不与其他负荷共用的专用配电设备和专用的电线路。

按因事故停电所造成的后果，可将信号供电的负荷等级划分如下：

（1）一旦发生停电就会造成运输秩序混乱的负荷为一级负荷。

（2）偶尔发生短时间停电不会马上打乱行车计划，但长时间停电也会影响运输秩序的负荷为二级负荷。

（3）其他为三级负荷。

铁路信号设备中的大站继电集中联锁、计算机联锁、自动闭塞、调度集中和调度监督、驼峰信号设备等都是一级负荷。非自动闭塞区段的中、小站继电集中联锁为二级负荷。一级负荷由第一类电源供电时，一般不需另设备用电源，但要求自动或手动转换两路电源时，供电中断时间不大于 0.15 s，以免在电源转换过程中使原吸起的继电器落下而影响行车。

自动闭塞虽为一级负荷，但因相邻两变电所可互为备用，故每一变电所并不要求引入两路独立电源，然而相邻两变电所的电源应相互独立。

在第二类电源地区，除自动闭塞外，是否适用于属于一级负荷的其他信号设备，需结合电源情况慎重考虑。一般可用该电源作主电源，但需设备用电源。二级负荷可由第二类电源供电，但也需设备用电源。第三类电源原则上不用作一级负荷的电源。各种采用计算机的信号系统，为保证不中断供电，需使用不间断电源（UPS）。

（二）对电源稳定性的要求

为使信号设备可靠工作，必须对信号设备供电电压的波动范围及交流电源的频率波动范围进行规定。三相交流供电时各相负载应力求平衡，以提高供电效率和设备利用率，减小电压波形的畸变。供电电压过高会使信号灯泡和电子设备的寿命大大缩短，电压过低会使信号机显示距离不足或使电子设备动作不可靠，电压脉动过剧会使电子元件的噪声过大甚至引起误动作。供电频率波动过大会影响信号设备的频率特性和抗干扰性能。

供电电压、频率的允许波动范围及允许的负荷功率因数在正常情况下应符合下列标准：

（1）交流供电电压波动，一般在 380 V 供电母线上为 ±10%。

（2）直流供电电压波动，一般为 ±10%，但对于电子设备，还必须采用专用的稳压设备。

（3）频率值（考虑波动）一般为[50 ±（0.5 ~ 1）] Hz。

（4）负荷功率因数不低于 0.85。

信号设备的导线截面应经过计算来确定，以免导线压降过大使设备电压不足而不能正常工作。对于信号电源设备，因其由电网供电，负荷的变化将引起供电电压的波动，故须设有稳压装置，以保证电压稳定在规定的范围之内。

（三）对电源安全性的要求

为了保证供电安全，信号电源设备必须采取以下措施：

（1）供给信号设备专用的低压交、直流电源都要对地绝缘，以免发生接地故障时造成电路错误动作。供电变压器的初级和次级间应用铜板隔离接地，以免初次级间击穿造成漏电而影响安全。

（2）信号设备所需要的供电种类和电压等级较多，必须分路供电，并用变压器隔离，力求发生故障时缩小故障范围，避免故障扩大化。

（3）使用电缆供电时，要考虑电缆芯线间的分布电容形成串电的问题，必要时应分开电缆供电。

（4）一般交流电源均由架空线路供电，必须考虑防雷，防止浪涌电压影响，以及安全接地问题。

（5）信号设备的保安系统如采用断路器组成，断路器的容量需要经过计算确定，并应满足动作的选择性（即分支断路器先动作，总断路器后动作）及灵敏度（即动作时间）的要求。

（6）高压设备要隔离，以保证人身安全。

二、电源屏技术要求

信号电源屏供电概况

电源屏用来为信号设备供电，供电要求稳定、可靠及安全。电源屏技术标准中规定了信号电源屏的技术要求，主要有以下几点：

（一）输入电源

电源屏应有两路独立的交流电源供电，两路输入电源允许偏差范围：单相电压为 $AC\,(220^{+33}_{-44})\,V$，三相电压为 $AC\,(380^{+57}_{-76})\,V$，频率为（50 ± 0.5）Hz，三相电压不平衡度不大于 5%，电压波形失真度不大于 5%。

（二）供电方式

1. 一主一备供电方式

可靠性较高的输入电源为主电源，另一路为备用电源。正常时，由主电源向电源屏供电；当主电源断电时，备用电源自动投入运行。两路电源应能自动或手动相互转换。

2. 两路同时供电

两路电源同时向电源屏供电，当一路电源断电时，另一路自动承担全部负荷供电。

（三）转换时间

无论何种供电方式，两路电源的切换时间（包括自动或手动转换）不大于 0.15 s。

（四）电气参数

1. 额定工作电压

电源屏常用的额定工作电压优选值如下：

输入回路：AC 220 V/380 V。

输出回路：AC 6 V/12 V/24 V/36 V/48 V/110 V/127 V/180 V/220 V/380 V；

DC 6 V/12 V/24 V/36 V/48 V/60 V/110 V/220 V。

2. 额定功率

电源屏常用的额定功率优选值为 2.5 kV·A、5 kV·A、10 kV·A、15 kV·A、20 kV·A、25 kV·A、30 kV·A、50 kV·A、60 kV·A。

3. 额定工作制

正常情况下，继电器电源、信号机点灯电源、轨道电路电源、道岔表示电源、稳压备用电源、不稳压备用电源为不间断工作制；电动转辙机电源为短时工作制；闪光电源为周期工作制。

（五）悬浮供电及隔离供电

电源屏的交流、直流输出电源采用对地绝缘的悬浮供电，输出电源端子对地绝缘电阻应符合要求。

（六）闪光电源

对于电源屏的输出闪光电源，其通断比约为 1∶1，在室内使用时，闪光频率宜采用 90～120 次/min；在室外使用时，闪光频率宜采用 50～70 次/min。

（七）三相电源供电及相序检测

电源屏供给各种负荷的容量应合理分配，当输入为三相交流电源时，各相的负荷力求平衡。

当车站有三相交流转辙机时，电源屏的三相交流输出电源供电，必须设置相序监测装置，在三相断相或错相时发出报警信号。

（八）不间断供电

对于有不间断供电要求的场合，应设置不间断供电电源，电源屏的不间断供电功能应符合《信息技术设备用不间断电源通用规范》（GB/T 14715）的规定。

（九）过流、短路保护

（1）电源屏的各供电回路电源、各功能模块必须具有过流及短路保护功能。

（2）当采用断路器作为过流保护时，断路器应符合《低压开关设备和控制设备　第 2 部分：断路器》（GB/T 14048.2—2020）的规定。

（3）过流保护器件应能满足额定电流下长时间正常工作的要求。

（4）当负荷发生短路故障时，保护器件应立即切断电源供电。

（5）电源屏的短路保护器件之间应具有保护选择性，即在任一个输出回路短路时应利用安装在该故障回路的开关器件将其切除，而不影响其他回路正常供电。

（十）雷电防护

（1）电源屏应考虑对雷电感应过压的防护措施（不考虑直接雷击电源屏的防护）。

（2）电源屏的雷电防护应满足以下要求：

① 电源屏防雷元件的选择应考虑将雷电感应过电压限制到被防护电源屏的冲击耐压水平以下。

② 防雷元器件不应影响被防护电源屏的正常工作。

③ 采用多级防护时，多级防护元件要合理配置。

④ 被保护电源屏与防护元件间的连线应尽量短，防护电路的配线应与其他配线分开，其他设备不应借用防雷元件的端子。

⑤ 电源屏防雷系统应统筹考虑，雷电防护器件可设在电源屏外。

（十一）防护接地

（1）电源屏的变压器铁心、电流互感器的二次回路、电机以及其他金属外壳部件应在电气上相互连接，并连接至保护接地端子。

（2）电源屏的保护电路可由单独设置的保护导体或可导电的结构件构成，接地端子与各保护接地的接触电阻值应不大于 0.1 Ω。

（3）所有电路元件的金属外壳需用金属螺钉与已经接地的金属构件良好搭接。

（4）保护导体应能承受设备运输、安装时所受的机械应力以及在短路故障时所产生的机械应力和热应力，其接地连续性不能破坏。

（5）保护接地端子应设置在便于接线之处，不得兼作他用，而且当外壳或任何可拆卸的部件移去时仍应保持电器与保护接地导体之间的连接；保护接地端子螺钉应不小于 M6，保护接地端子不允许连接到三相电源的中性线上。

（十二）温　升

电源屏的绝缘、元器件、端子、操作手柄的温升不应超过规定的限值。

（十三）介电性能

（1）在温度为 15 ~ 35 ℃，相对湿度为 45% ~ 80% 的气候条件下，电源屏输入、输出端子对地的正常绝缘电阻应不小于 25 MΩ。经过交变湿热试验后，其潮湿绝缘电阻值不小于 1 MΩ。

（2）电源屏额定冲击耐受电压应按规定执行。

（3）工频耐压试验电压应按规定的要求进行。

（十四）噪　声

在额定输入电压及额定负载条件下，电源屏的整机噪声不超过 65 dB。

（十五）指示灯、指示仪表、报警

1. 指示灯

电源屏应设置清晰可见的指示灯，包括两路电源有电指示、两路电源工作电源指示、主屏工作表示和备用屏有电指示（采用主备屏工作方式的电源屏）、各种输出电源正常工作状态指示、输出电源故障指示。

指示灯应安装在电源屏前面板或模块前面板显著位置。

指示灯的颜色规定为：白色，输入回路工作、主备屏工作状态指示、输出回路工作；红色，输入有电、电源故障。

2. 指示仪表

电源屏应设置两路输入电源电压、整机输入电流、各主要回路输出电压电流的指示仪表。仪表应安装在电源屏前面板显著位置。仪表精度不低于 2.5 级。

3. 报　警

电源屏应设灯光、音响报警。两路输入电源转换报警是向控制台提供主副电源工作状态。输出电源故障、三相电源断相、三相电源错序（有相序要求的输出回路）、稳压（调压）装置故障设音响报警。

（十六）冗余及维护

电源屏各供电电源必须设有备用回路，当任一供电回路出现故障或进行维修时，应能转换至备用供电回路，继续保持供电，可采用如下方式：

1. 1＋1 主备方式

每一供电电源均设有一条备用回路。

2. n＋1 主备方式

n 个供电回路共用一条备用回路，但备用回路同一时刻只能接入一条供电回路。

电源屏应便于维护，易于在线维修及更换故障部件。

三、信号电源屏发展

（一）信号电源屏发展概述

信号电源屏发展

信号电源屏最初于 20 世纪 60 年代后期出现在中国铁路，时间虽然不长，但几经改进，正逐渐完善，而且不断得到发展。

目前，已经形成种类齐全的信号电源屏系列。按用途分，信号电源屏可分为继电联锁电源屏、计算机联锁电源屏、驼峰电源屏、区间电源屏、三相交流转辙机电源屏、25 Hz 轨道电源屏等。继电联锁电源屏是 6502 电气集中联锁的供电装置，主要供给继电集中联锁所需的各种交直流电源。按容量分，信号电源屏可分为 5 kV·A 小站电源屏、5 kV·A 中站电源屏、10 kV·A 中站电源屏、15 kV·A 大站电源屏和 30 kV·A 大站电源屏。

计算机联锁电源屏是为满足计算机联锁对电源的较高要求而设计的供电装置，其电路结构基本上与继电集中联锁电源屏相同，只是增加了计算机所用电源。计算机联锁电源屏按容量分为 5 kV·A、10 kV·A、15 kV·A、20 kV·A 和 30 kV·A 五种。

驼峰电源屏是供驼峰转辙机用的直流电源屏，应设有备用电池，交流停电应延时供电 2 s，以保证已启动的转辙机转换到底。

区间电源屏是多信息移频自动闭塞供电装置，目前自动闭塞均采用集中设置方式，由区间电源屏供给本站管辖范围内区间各信号点的信号机点灯电源和移频轨道电路电源。

三相交流转辙机电源屏是专供提速区段交流转辙机用的电源屏，S700K、ZYJ7、ZDJ9 型转辙机均采用 AC 380 V 电源，由该电源屏供电；按容量又分为 5 kV·A、10 kV·A、15 kV·A、30 kV·A 四种。

25 Hz 轨道电源屏是专供电气化区段 25 Hz 相敏轨道电路用的电源屏，提供 25 Hz 的轨道电源和局部电源。按变频原理分，25 Hz 轨道电源屏分为铁磁变频式和电子变频式。按容量分，25 Hz 轨道电源屏分为小站（800 V·A）、中站（1 600 V·A）、中站（2 000 V·A）、大站（4 000 V·A）四种，分别适用于不超过 20、40、60 和 120 个轨道区段的车站。

各型电源屏（除驼峰电源屏、三相交流转辙机电源屏、25 Hz 轨道电源屏）最主要的区别是采用不同的交流稳压器。采用的交流稳压器不同，具体电路就有很大的区别。用于电源屏中的交流稳压器，有属于第一类交流稳压器的感应调压器、自动补偿式稳压器，它们都需要控制电路，而感应调压器尚需要驱动电动机；有属于第二类交流稳压器的稳压变压器和参数稳压器，它们都是基于铁磁谐振原理构成的交流稳压器，不需要控制电路，相对而言，结构比较简单。

信号电源屏主要是随着交流稳压器的发展而发展的。早期的电源屏曾采用过饱和电抗器、自耦变压器式稳压器等交流稳压设备，它们或因稳压性能较差，或因可靠性不高，而于 20 世纪 70 年代被感应调压器代替。20 世纪 90 年代，电源屏又采用参数稳压器、无触点补偿式稳压器，在稳压性能方面有所改进。

信号电源屏内采用的控制电路由最初的铁磁三倍频率器改用晶体管分立元件组成的差动放大电路，进而改用由集成运算放大器组成的比较放大电路。由 CJ10 型交流接触器改为交流电源转换接触器、中间继电器改为电源屏用信号继电器。20 世纪 90 年代还用断路器代替熔断器，用隔离开关代替闸刀开关，大大提高了可靠性。电源屏在结构、工艺方面也不断有所改进。最重大的发展是从 2000 年开始，出现智能电源屏，采用微型计算机技术完成对电源系统的自动监测，并可远程监控；引入高频电力电子技术，对各种输入、输出单元和交、直流电源进行模块化，提高了供电质量和可靠性，实现了无维修化，使信号电源技术有了突破性发展，以满足不断发展的信号设备的供电需要。

（二）铁路信号智能电源屏

进入二十世纪八九十年代后，中国铁路信号技术加快发展步伐，出现了众多现代先进信号技术。而作为信号系统的供电设备，却严重滞后于信号技术的发展，存在较多问题，主要表现在：

（1）以车站电气集中为供电核心的信号电源屏，已经不能满足各种信号技术的要求，派生出多种单一功能的各类电源设备，如 25 Hz 轨道电源屏、区间电源屏、计算机联锁电源屏、三相转辙机电源屏、UPS 等，集中在电源室（或继电器室）内，使电源室的面积不断扩大，制式混杂。

（2）各种电源屏稳定性、可靠性差，智能化程度低，尽管一些改进型的电源屏采用了高可靠度的元器件，但整体结构和工作方式基本不变，系统技术落后，故障率高，难以维护和管理。

（3）在两路输入电源转换过程中，部分电源回路与联锁结合不严密，影响行车安全。轨道电路电源，尤其是 25 Hz 相敏轨道电路电源，在两路输入电源转换过程中由于瞬间停电，造成轨道继电器及其复示继电器落下，致使控制台闪红光带或关闭已开放的信号机。继电器电源经稳压、变压、整流后，由电容器完成两路电源转换的不间断供电，若电容器容量不够，会使照查继电器落下，来电后不能自动恢复，使信号机关闭。站内轨道电路电码化、自动闭塞、站内与区间结合电路等，正逐渐采用微电子技术，在电源转换时，使设备复位，重新自检，将使站内和区间的信号机关闭。

鉴于以上弊端以及现代信号技术发展的需要，亟须研制新型信号电源系统，因此智能电源屏应运而生。智能电源屏虽有多种制式，但其共同特点是具有自动监测功能，并采用电力电子技术和模块化结构。

四、信号智能电源屏概述

智能型信号电源屏，应用计算机技术、通信技术，替代人工对铁路信号电源系统设备的运行状态、运行参数、各种故障进行实时监测、显示、记录、存储、报警，并向上级管理部门传送相关信息；在直流、交流和 25 Hz 部分均采用开关电源模块。

智能型信号电源屏是一个集先进电力技术、通信技术、信号技术、电力电子技术、计算机技术于一体的高科技产品。具体应用的技术包括：双电源同时工作技术、软启动技术、功率因数补偿技术、高频稳压技术、高频隔离技术、高频开关技术、交流逆变技术、交流变频技术、交流锁相技术、交直流模块并联冗余技术、过压和欠压保护技术、过流和限流保护技术、并联模块均流技术、结构全模块化技术、微机采集和监测技术、监测软件编制技术、网络传输技术、模拟显示技术等多项高新技术，可以说是目前信号设备中新技术含量最高的设备、元器件最多的设备、生产难度最大的设备，也是不容易掌握的设备。

上述各种技术对铁道信号专业来讲，确实是比较新的技术，但是，这些技术在国内外的电源行业中已经广泛应用，几乎都是成熟技术。智能型信号电源屏，只是将这些成熟技术应用在新的铁路信号电源产品之中，并没有太多技术创新。

（一）智能型信号电源屏的主要技术原则

随着国民经济的发展，中国铁路运输事业及城市轨道交通行业进入快速发展时期，为了确保高速度、高密度、高运量的中国铁路运输的安全，铁路各专业的配套设备都在广泛利用高新技术进行技术改造。铁路信号设备也向智能化、信息化和行车指挥自动化的目标迈进，信号器材广泛使用了计算机技术、各种微电子技术，如计算机联锁设备、微机监测设备、ZPW-2000A 移频自动闭塞设备、25 Hz 电子轨道继电器、DMIS（调度指挥管理信息系统）、CTC（调度集中控制系统）、电子计轴设备，这些电子信号设备对铁路信号电源质量提出了新的要求。

智能型信号电源屏的主要技术原则如下：

（1）全面符合 TB/T 1528.X—2018《铁路信号电源系统设备》的相关要求。

（2）全面采用高频电力电子技术，高效节能，绿色环保。

（3）安全可靠，现场不维修，不带电维修，适当维修整机寿命达 15 年。

（4）输出电源波形质量和电磁兼容指标符合相关标准的要求。

（5）主接线系统内无切换环节，彻底消除各路输出电源因输入电源切换造成输出瞬间中断的问题，真正使信号负荷达到一级电力负荷零中断供电的标准。

（6）微机监测、记录、存储，智能化管理。

（7）结构新颖合理，工艺先进，造型美观。

（8）价格适度，性价比合理。

（9）努力创新，力争在系统、结构、工艺、技术上有所创新。

（10）预留高速铁路线两路电源加蓄电池三电源同时供电的接入条件。

（二）智能电源屏命名规则

1. 铁路信号电源对外命名规则

铁路信号电源对外命名规则如图 1-1-1 所示。

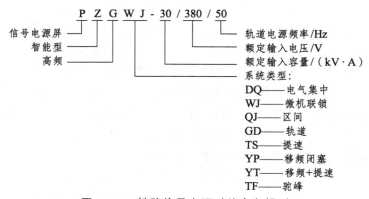

图 1-1-1　铁路信号电源对外命名规则

2. 城轨信号电源对外命名规则

城轨信号电源对外命名规则如图 1-1-2 所示。

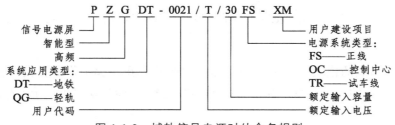

图 1-1-2　城轨信号电源对外命名规则

（三）智能型信号电源技术的基本术语

1. 智能型信号电源

智能型信号电源是具有微机智能监测和管理功能的信号电源设备。

2. 智能型信号电源采用的技术

智能型信号电源功能变换部分采用的主要技术如下：

（1）工频铁磁技术。

（2）工频铁磁技术和高频电力电子技术。

（3）全高频电力电子技术。

3. 智能型信号电源的产品技术分代

第一代：具有智能监测和管理功能；直流部分为高频开关电源并联技术；交流部分为工频铁磁集中稳压分散隔离技术；输入电源和输出模块均为主、备切换运行方式，交流输出不能零中断。

第二代：具有智能监测和管理功能；直流部分为高频开关电源并联技术；交流部分为高频电力电子技术；输入电源和输出模块均为主、备切换运行方式，交、直流输出利用储能元件能做到零中断。

第三代：具有智能监测和管理功能；双电源同时工作，无切换静态供电系统；全部采用高频电力电子技术；交流、直流、25 Hz 部分模块全部并联均流，输出零中断，是综合技术先进的绿色电源产品。

4. 绿色电源产品

采用安全可靠、高效节能、电磁兼容、符合标准、低噪声的电源产品。

5. 不间断供电系统

在主、备输入电源和主、备输出模块切换时，输出电源零中断的供电系统。

6. 实现零中断的三种技术

（1）在输入电源中断瞬间，利用电容器储能放电补偿，实现输出零中断，主要用于直流部分。

（2）在输入电源中断瞬间，利用蓄电池储能放电补偿，实现输出零中断，主要用于交流部分。

（3）不用电容器和蓄电池，依靠双电源同时工作的先进技术实现交、直流输出零中断。

7. 模块并联均流冗余系统

（1）同一种功能的模块，控制和功率部分均能并联在一起工作，各模块输出电流误差不大于 5%，有较大的冗余容量，当其中一个模块故障后，能自动退出系统，不影响系统正常工作。

（2）AC 220 V 单相交流模块并联的 4 个条件：电压相同、频率相同、相位相同、各模块间负荷均流误差小于 5%。

（3）AC 380 V 三相交流模块并联的 5 个条件：电压相同、频率相同、相位相同、相序相同、各模块间负荷均流误差小于 5%。

（4）AC 220 V 及 AC 110 V、25 Hz 模块并联的条件：轨道电源电压相同、频率相同、相位相同；局部电源电压相同、频率相同、相位相同。两个模块的局部电压与轨道电压相位差 90°、各模块间负荷均流误差小于 5%。

8. 全模块化系统

系统的功率器件、监控器件全部采用模块化结构，将屏上全部模块拔下，机柜上只剩下配电开关、配线和端子板。

9. 无切换接点的静态供电系统

两路输入电源之间，输出电源主、备模块之间，均采用并联均流工作方式，不设置有接点的切换器件。

10. 电力电子技术

将电力电子技术用于电能的变换，如稳压、整流、变频、逆变、锁相、劈相技术。

11. 高频电力电子技术

系统功能变换部分，采用 10 ~ 100 kHz 频率调制技术。

12. 容错功能

在供电系统中，允许某一部分出现一处故障，不影响系统正常工作。例如，两路电源同时工作的系统中，允许一路电源错相、断相和停电故障，不影响系统正常工作；允许某一个模块故障，不影响系统正常工作。

13. 主回路

在供电设备中，输送电能的回路称为主回路。

14. 辅助回路

在供电设备中，完成采集、控制、测量、报警等功能的回路称为辅助回路。

15. IP 安全标准

IP 安全标准是国际电工委员会规定的防止人员触电及杂质进入机柜的标准。

16. 高频隔离技术

采用工作频率 10 kHz 以上的隔离变压器进行电气隔离的技术，使变压器的体积可以减小到原来的十几分之一。

17. 功率密度

电源模块的容量与体积之比称为功率密度。工程上的电源不追求高功率密度，因为现场安装空间不紧张。另外，密度高不利于散热，影响设备寿命且价格昂贵。

18. 限流保护

在输出回路发生过载或短路故障时，电源模块的最大输出电流，不超过它的额定电流，既不损坏模块，又不中断供电。

19. 软启动技术

在电力电子电源设备中，采用降低系统启动冲击电流的技术。

20. 功率因数补偿技术

在电力电子电源设备中，采用对系统中的无功功率进行补偿的技术，可以将功率因数提高到 0.95 以上，降低系统无功损耗和谐波干扰。

21. 系统可用性

整个系统可连续使用的能力称为系统可用性。对于模块并联均流工作的系统，允许单个模块故障，不影响系统的正常工作，因而，系统的可用性非常高，可达到 99.999%。

22. 全绝缘技术

机柜内的电器元件，全部采用具备防指触功能的接线端子，对 25 V 以上裸露带电部分进行机械遮挡，在机柜带电的情况下，维修人员接触不到任何带电导体，防止发生人身触电事故。

23. 全面保护技术

在系统的主回路和辅助回路中，全面设置短路保护，防止辅助回路中的故障扩大到主回路中或引发电气火灾。

24. 全寿命价格

产品的出厂价加上直至产品报废时发生的各种维护费用称为全寿命价格。

25. 三电源不中断信号供电系统

三电源不中断信号供电系统采用两路市电加一路蓄电池的供电系统，多用于对行车安全要求特高的线路上。采用三电源系统时，应取消计算机联锁、DMIS（调度指挥管理信息系统）、微机监测等设备自带的 UPS 设备。

26. 两路电源同时工作的方式

两路进线电源同时向负载供电，不带切换环节的电路。

27. 假性并联

假性并联就是对并联在一起工作的一组模块，采用一套调制电路，只将功率部件并联工作，当调制电路故障后，所有模块全部瘫痪。

正常做法是在一个模块内，有一套独立的调制电路和功率电路，任何一个模块故障都不会影响其他模块正常工作。

28. 模拟板显示

利用屏体面板，实时显示系统的主接线结构、电气参数、模块开关状态和故障位置，使运行人员能及时清楚地掌握系统的工作状态。

29. 电力电子电源系统可靠性保证措施

（1）采用成熟的技术和优质的元器件。

（2）双电源同时工作的主接线系统。

（3）各种模块全面采用并联均流冗余技术。

（4）各路输出模块抗击启动冲击电流技术。

（5）功率因数补偿技术。

（6）全模块化技术。

（7）全面的安全防范技术。

（8）全面的智能监测技术。

（9）先进的结构和工艺。

（10）严格的质量检测。

（11）严格的质量程序控制。

30. 电源屏系统可靠性的设计原则

一处故障不影响系统正常工作；两处故障导向安全。

不能设想系统两处同时故障系统能正常工作，这种情况是非常少见的，不能作为系统安全设计原则，否则将无法设计或造成系统过于复杂，投资过高。

（四）智能型信号电源屏的主要技术要求

1. 正常工作环境

（1）环境空气温度： - 5 ~ + 40 ℃。

（2）环境空气相对湿度：小于 90%（25 ℃）。

（3）大气压力：74.8 ~ 106 kPa（海拔高度相当于 2 000 m 以下）。

（4）介质中无导电性尘埃，无足以腐蚀金属和破坏绝缘的有害气体，电源屏污染等级为 3 级。

2. 技术数据

（1）系统容量：10 ~ 60 kV·A。

（2）输入电源条件。

两路单相 AC 220 V，50 Hz 电源；一路单相 AC 220 V，50 Hz 电源；一路 AC 380/220 V，50 Hz 电源；两路 AC 380/220 V，50 Hz 电源。

电源波动范围：AC（176～253）V，AC（304～437）V。

频率波动范围：（50±0.5）Hz

电压波形失真度：不大于 5%。

（3）输出电源种类及稳压精度。

计算机联锁电源：AC（220±10）V。

控制台稳压电源：AC（220±10）V。

DMIS 电源：AC（220±10）V。

微机监测电源：AC（220±10）V。

信号点灯电源：AC（220±10）V。

道岔表示电源：AC（220±10）V。

站内电码化电源：AC（220±10）V。

稳压备用电源：AC（220±10）V。

25 Hz 轨道电源：AC 220×（1±3%）V。

25 Hz 局部电源：AC 110×（1±3%）V。

站内继电器电源：DC（23.5～27.5）V。

直流电动转辙机电源：DC（210～240）V。

交流电动转辙机电源：AC 380 V。

区间继电器电源：DC（23.5～27.5）V。

区间轨道电路电源：DC（23.5～27.5）V。

区间点灯电源：AC（220±10）V。

区间闭塞电源：DC[24（24～60）±5]V。

区间条件电源：DC[24（24～60）±5]V。

熔丝报警电源：DC（24±3）V。

表示灯电源：AC（24±3）V。

闪光电源：AC（24±3）V。

不稳压备用电源：AC（176～253）V。

3. 不间断供电系统

（1）两路电源同时工作，即两路电源同时供电方式。正常时，两路电源同时向电源屏供电，当一路电源断电，另一路电源应自动承担全部负荷供电。当一路电源出现电压过压、欠压、断相、错相时，应不影响系统正常工作。

（2）静态转换系统：应为无触点静态自动转换系统。两路电源同时工作，经滤波、稳压、整流、逆变、隔离、变频、锁相、并联均流、保护、监测后，满足铁路信号直流用电负荷、交流用电负荷、25 Hz 用电负荷等各种负荷的用电要求。当一路电源或任一模块故障退出运行时，系统应自动转换工作方式，保持对负荷正常供电，实现自动转换时不间断供电。

4. 电源屏结构

（1）电源屏为组合式机架，全模块化结构。

（2）外形尺寸：宽 800 mm × 深 600 mm × 高 2 000 mm。

（3）模块应为立式结构，采用自然冷却、分层散热为主、强迫散热为辅的冷却方式。模块应能带电热插拔，模块与系统的连接采用硬连接插头座。模块应有轻巧的定位和防止误插入机构。在模块的前面板上应设牢固的推拉把手和防松动的专用紧固机构。

（4）电源屏和模块应做到结构牢固，外形美观，字迹明快，显示清楚，配合紧密，维修方便。屏体骨架的颜色为海蓝色，前面板、侧面板为灰色。

（5）屏体安全防护等级为 IP20。各层模块前设圆网孔保护扣板。

5. 悬浮及隔离供电

（1）电源屏的交、直流输出电源应采用对地悬浮的供电方式。

（2）电源屏的进线与出线间应实现电气隔离；各种输出电源间应实现电气隔离；电源屏的两路电源间应实现电气隔离。

6. 效率及功率因数

电源屏的整机功率因数应大于 0.8，整机效率应大于 85%。

7. 保护设置

（1）系统的保护：系统应有完善的防触电保护、防火灾保护、过电压保护、低电压保护、短路保护、温度保护及接地保护。

在系统的主回路、辅助回路中，应设置完整的短路过流保护，当系统任一处发生短路过电流时，应有相应的保护开关迅速地切除短路故障，确保导线、电器不损坏及不发生电气火灾。

（2）模块的保护：各模块的进线应设断路器保护，开关装于模块前面板上。各种电源模块应具有输出过电压、过流、过温保护。当短路消除时，自动恢复供电。

（3）保护的选择性：各级短路保护之间应做到有选择性地动作，任一回路中出现短路故障，应由本回路的保护元件动作，切除短路故障，不应影响其他回路正常供电。系统输出部分为浮地系统，各回路开关在断开位置时，必须使输出与输入彻底隔离。

（4）25 Hz 输出回路的保护：对 25 Hz 电源模块应设防护电路及短路故障切除电路，确保输出相位、频率正确及任一输出回路故障不会影响其他回路正常工作。

（5）雷电感应过电压防护：系统对输入电源和部分输出电源设置防雷过电压保护，应有效将雷电冲击过电压抑制在安全范围内。防雷器件采用模块化防火结构，在屏上预留安装位置，作为选装器件，依据不同雷区用户选装。

（6）接地保护：电源屏内所有电器的金属外壳，应通过接地端子良好接地。接地端子应用不小于 M6 的黄铜螺栓。

8. 噪 声

在额定输入电压及额定负载条件下，电源屏的整机噪声在屏前 1 m 处不超过 50 dB。

9. 介电性

（1）绝缘电阻：在温度为 15～35 ℃、相对湿度为 5%～80% 的气候条件下，电源屏输入、输出端子对地的正常绝缘电阻应不小于 25 MΩ。

（2）工频耐压：施加正弦波 50 Hz 的工频电压，施加的时间为 1 min。施加的电压如下：

对于主电路及与主电路直接连接的辅助电路，电压值为 2 500 V。

对于不与主电路连接的辅助电路，电压值为 500 V。

10. 测量仪表、指示灯及报警

（1）测量仪表：在两路电源进线、350 V 直流母线进线及主要输出回路中设电压、电流测量仪表。

（2）指示灯：对电源设有电指示灯、工作指示灯，对各进出线开关设开合状态指示灯；对各功能模块设正常、故障状态指示灯和闪光报警指示灯。

（3）闪光、音响报警：对系统各开关故障跳闸、模块故障设置统一闪光、音响报警装置，报警系统应有解除装置。

（4）系统模拟显示板：在电源屏的正面设置电源系统模拟显示板，显示系统进出线结构、各种模块的功能及配置情况、开关分合闸状态、模块工作状态、各回路电压和电流值、模块和开关型号、各输出回路名称、报警显示。

11. 主要元器件的选择

（1）采用 SX5 系列空气断路器及附件，采用 WAGO 系列笼型弹簧接线端子。

（2）采用黑色铜芯多股阻燃型导线作屏内配线。

（3）采用高可靠、长寿命、有安全阀的滤波用电解电容器，其容量冗余应在 5 倍以上，以确保整机使用寿命达到 15 年。

12. 智能监测系统功能

（1）电源屏应对系统运行参数、模块和开关的工作状态、故障的类型和位置进行实时检测，并向本站信号集中监测系统传输上述信息。

（2）车站的信号集中监测设备应完成对信号电源屏信息的存储、事故追忆、声光报警及紧急呼叫；完成电源屏输入/输出电压变化日、月、年曲线，日常报表管理及历史数据保存；系统远程组网，向上一级指挥中心传输电源屏的信息。

（3）传输技术。按照 GB/T 13729—2019《远动终端设备》中 3.5 的规定执行。

（4）物理接口为串行通信接口 RS 232、RS 485/422。

13. 电磁兼容性

电力电子模块和监控系统的电磁兼容性能应满足《铁路信号电源系统设备》的要求。

14. 系统的可靠性

（1）系统应做到一处故障（任何一路电源断电、缺相、错相、过压、欠压；系统中任何一组模块故障；监测系统中的任何一处故障）不影响主系统正常工作。

（2）系统中的所有模块正常时负荷率应在 50%以下，减少损耗，降低温升，延长寿命。

（3）系统中应淘汰有触点的双电源切换环节；淘汰有触点的主、备模块切换环节，彻底解决由切换环节造成的系统故障。

（4）系统中的主要元器件都应采用国内外成熟可靠的产品，在容量上留有足够的冗余。

（5）系统应采用成熟可靠的电力电子技术。

（6）系统中电力电子模块的平均无故障工作时间应大于等于 6 500 h。

（7）系统为不停电维修系统，故障模块维修时，不影响系统正常工作。

15. 系统的寿命

经适当的维修，整机寿命应达 15 年。

16. 维护和扩容

模块全部热插拔，维护不影响运行，现场不维护。

（五）智能型信号电源的技术分类

1. 工频铁磁技术和高频电力电子技术相结合的智能电源屏

高频电力电子技术是指，对由电子元器件组成的电路，进行高频调制后，达到对电力能量进行变换的技术。

工频铁磁技术和高频电力电子技术相结合的智能电源屏就是在电源屏的不同部位、不同回路中分别采用 50 Hz 的工频元器件和高频调制的电子器件组合成的电源屏。

在这类智能型电源屏中，目前有以下两种主接线结构：

（1）交流部分集中稳压型，主接线如图 1-1-3 所示，其特点如下。

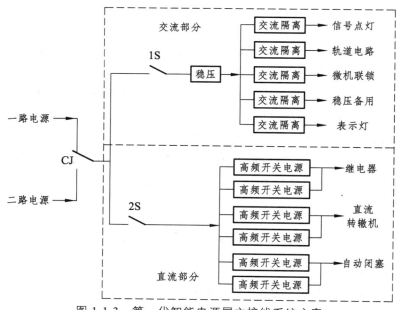

图 1-1-3　第一代智能电源屏主接线系统方案

① 有双电源切换装置，两路电源以一个工作、另一个备用的方式工作，双电源切换时输出电源会出现瞬间中断（小于 0.15 s）。

② 直流部分模块采用高频开关电源技术，实现稳压、整流和隔离，各路模块采用 $N+1$ 并联均流冗余的方式工作，向用户输出 DC 24 V、DC 60 V、DC 220 V 各种直流电源。直流电源模块具有续流功能，在双电源切换时供电零中断。

③ 交流部分为集中稳压分回路隔离方案。由集中稳压器完成稳压功能，再在各路交流输出回路中设置隔离变压器，输出 AC 220 V 信号点灯、AC 220 V 轨道电路、AC 220 V 微机联锁、AC 220 V 微机监测等交流电源。

④ 25 Hz 轨道电路电源，不同厂家采用的技术不一样，有采用工频铁磁技术分频器的，也有采用全电子技术变频器的，均为 1+1 备用方式。

⑤ 电源屏的主要特点：技术比较成熟，工作比较可靠，直流输出电源在双电源切换时能做到供电零中断，价格便宜。不足之处是交流部分技术较落后，效率低、质量大、噪声高，双电源切换时交流输出电源还会瞬间中断供电，可能引起信号的误动作。

（2）交流部分分散稳压型，其主接线特点如下。

① 有双电源切换装置，两路电源以一个工作、另一个备用的方式工作，双电源切换时输出电源会出现瞬间中断（小于 0.15 s）。

② 直流部分模块，采用高频开关电源技术，实现稳压、整流和隔离，各路模块采用 $N+1$ 并联均流冗余的方式工作，向用户输出 DC 24 V、DC 60 V、DC 220 V 各种直流电源。直流电源模块具有续流功能，在双电源切换时供电零中断。

③ 交流部分为分回路进行稳压和隔离。在各路交流输出回路中设置稳压器和隔离变压器并组成一个模块，各路模块采用 $N+1$ 或 1+1 方式备用，输出 AC 220 V 信号点灯、AC 220 V 轨道电路、AC 220 V 微机联锁、AC 220 V 微机监测等交流电源。

④ 25 Hz 轨道电路电源，为全电子技术的变频模块，模块采用 1+1 的备用方式。

⑤ 电源屏的主要特点：技术比较成熟，工作比较可靠，直流输出电源在双电源切换时能做到供电零中断，价格便宜。不足之处是交流部分技术较落后，效率低、质量大、噪声高，双电源切换时交流输出电源还会瞬间中断供电，可能引起信号的误动作。

2. 采用高频电力电子技术，有两级切换接点的智能电源屏

采用高频电力电子技术，有两级切换接点的智能电源屏主接线如图 1-1-4 所示，其特点如下。

（1）有双电源切换装置，两路电源以一个工作、另一个备用的方式工作。

（2）直流部分模块，采用 AC/DC 高频开关电源技术，实现稳压、整流和隔离，各路模块采用 $N+1$ 并联均流冗余的方式工作，输出 DC 24 V、DC 60 V、DC 220 V 各种直流电源。直流电源模块具有续流功能，在双电源切换时供电零中断。

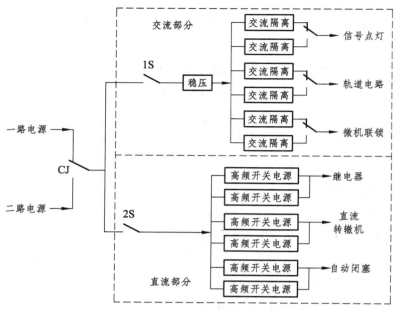

图 1-1-4　第二代智能电源屏主接线系统方案

（3）交流部分模块，采用 AC/AC 高频逆变技术，分回路进行稳压和隔离。在各路交流输出回路的模块，采用 1＋1 的备用方式，输出 AC 220 V 信号点灯、AC 220 V 轨道电路、AC 220 V 微机联锁、AC 220 V 微机监测等交流电源。AC/AC 型电子交流模块，具有续流功能，在双电源切换时也能实现供电零中断。

（4）25 Hz 轨道电路电源，为采用全电子技术的变频模块，模块采用 1＋1 的备用方式。

（5）电源屏的主要特点：技术比较成熟，工作比较可靠，交、直流输出电源在双电源切换时均能做到供电零中断，效率高、质量小、噪声低、价格较高。系统电源部分和各路模块部分主、备两级切换环节，采用 1＋1 的备用方式，备用容量大。

3. 采用全高频电力电子技术，无切换接点的智能电源屏

全高频电力电子技术的电源屏是指电源屏各部分的功能器件全部由高频调制的电子电路组成，其主接线如图 1-1-5 所示，其特点如下。

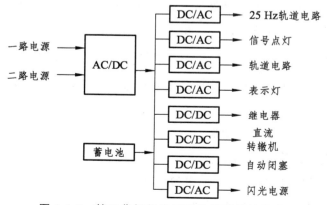

图 1-1-5　第三代智能电源屏主接线系统方案

（1）双电源同时工作，输入电源做到零切换。整个系统中，没有带接点的切换环节，成为静态的工作系统，在主接线结构上有较大的创新。

（2）双电源经过 AC/DC 模块变换后，形成 DC 350 V 的直流母线。

（3）直流部分输出模块，在 DC 350 V 的基础上，采用 DC/DC 高频开关变换技术，实现直流电压的变换，各路模块采用 $N+1$ 并联均流冗余的方式工作，输出 DC 24 V、DC 60 V、DC 220 V 各种直流电源。因为双电源同时工作，不进行切换，所以各路输出能做到零中断。

（4）交流部分模块，在 DC 350 V 的基础上，采用 DC/AC 高频逆变技术，分回路进行稳压和隔离。各路交流输出回路的模块，采用 $N+1$ 并联均流冗余的方式工作，输出 AC 220 V 信号点灯、AC 220 V 轨道电路、AC 220 V 微机联锁、AC 220 V 微机监测等交流电源。因为双电源同时工作，不进行切换，所以各路输出能做到零中断。

（5）25 Hz 轨道电路电源，为全电子技术的变频模块。模块采用 $1+1$ 并联均流冗余技术，输出能做到零中断。

（6）电源屏的主要特点：实现了对智能型电源屏产品的技术整合。系统全部采用成熟的高频电力电子技术，适应电源能力强，单相、三相电源都可工作，工作安全、可靠性高、环保节能、寿命长、体积小、质量小、噪声低、现场无维护。交、直流模块均为 $N+1$ 或 $N+M$ 并联均流冗余，与模块 $1+1$ 的备用方案相比，大大降低了系统的备用容量，降低了整机的价格。系统中一路电源中断或断相、错相，任何一个模块故障，都不影响系统正常工作。在没有蓄电池的情况下，不需要应用电容器储能方式，实现了双电源切换时供电不中断，彻底解决了多年来由于双电源切换而引发的各种故障。

（六）监测系统采用的不同技术

智能电源屏中都设有中央监测模块，不同厂家的产品模块中采用了不同的监测技术，主要有可编程控制器（PLC）技术、单板机微型计算机技术、工控机微型计算机技术及便携式微型计算机技术。

各厂家产品监测系统的方案各不相同，主要可归纳为以下两大类：

（1）以单个模块和进出线配电板为单元，设置 CPU 监测板，将本单元采集到的模拟量转换为数字量，通过通信总线将信息传送至中央监测模块，中央监测模块将信息显示、存储后，再通过有线通信系统和无线移动通信系统，将信息向上级管理部门传送，使系统具备远程监测功能。

（2）以屏为单元，设置 CPU（PLC）监控板，将一个整屏各回路中采集到的各种模拟量转换为数字量，通过通信总线将信息传送至中央监测模块；中央监测模块将信息显示、存储后，再通过有线通信系统和无线移动通信系统，将信息向上级管理部门传送，使系统具备远程监测功能。

任务二　通信电源屏概述

【学习目标】

【素质目标】

（1）培养学生高度的责任心和使命感。

（2）使学生树立牢固的安全意识，确保人身安全和设备安全。

（3）关注行业的最新技术和发展趋势，培养学生的创新意识和创新思维。

【知识目标】

（1）熟悉通信设备对电源的要求。

（2）了解通信电源系统的构成及工作原理。

（3）掌握现代通信电源技术。

【能力目标】

（1）能够对铁路设备供电系统有一个总体认识。

（2）理解通信电源屏在通信系统中的地位和作用。

【相关知识】

作为通信系统的"心脏"，通信电源在通信设备中具有不可比拟的重要地位。它包含的内容非常广泛，不仅包含 48 V 直流组合通信电源系统，而且还包括 DC/DC 二次模块电源、UPS 和通信用蓄电池等。通信电源的核心基本一致，都是以功率电子为基础，通过稳定的控制环设计，再加上必要的外部监控，最终实现能量的转换和过程监控。通信设备需要电源设备提供直流供电。电源的安全、可靠是保证通信系统正常运行的重要条件。

一、通信电源屏认知

（一）通信设备对电源的一般要求

通信电源屏认识

1. 可靠性高

一般的通信设备发生故障的影响面较小，是局部性的。如果电源系统发生直流供电中断故障，则影响几乎是灾难性的，往往会造成整个电信局、通信枢纽的全部通信中断。对于数字通信设备，电源电压即使有瞬间的中断也不允许。因为在数字程控交换机中，信息存在存储单元中，虽然重要的存储单元都是双重设置的，若电源中断，两套并行工作的存储器同时丢失信息，则信息需要重新输入程序软件，通信将长时间中断。因此，通信电源系统要在各个环节多重备份，保证供电可靠。这就包括"多路、多种、多套"的备用电源。在还没有达到"三多"配置的地方，至少应有后备电池。

2. 稳定性高

各种通信设备都要求电源电压稳定，不允许超过容许的变化范围，尤其是计算机控制的通信设备，数字电路工作速度高，频带宽，对电压波动、杂音电压、瞬变电压等非常敏感。所以，供电系统必须有很高的稳定性。

3. 效率高

能源是宝贵的，电信设备在耗费巨资完成固定投资后，日常的费用支出中，电费是一笔很大的开支。尤其随着通信容量的增大，一个母局的各种设备用上百、上千安培直流的电流已是司空见惯，这时效率问题就特别突出。这就要求电源设备（主要指整流电源）应有较高的转换效率，即要求电源设备的自耗要小。

（二）现代通信对电源系统的新要求

1. 低压、大电流、多组供电电压需求

低压、大电流、多组供电电压需求，功率密度大幅度提升，供电方案和电源应用方案设计呈现多样性。

2. 模块化：自由组合扩容互为备用

模块化有两方面的含义：其一是指功率器件的模块化，其二是指电源单元的模块化。实际上，由于频率的不断提高，引线寄生电感、寄生电容的影响愈加严重，对器件造成更大的应力（表现为过电压、过电流毛刺）。为了提高系统的可靠性，而把相关的部分做成模块。把开关器件的驱动、保护电路也装到功率模块中去，构成了"智能化"功率模块（IPM），这既缩小了整机的体积，又方便了整机设计和制造。

多个独立的模块单元并联工作，采用均流技术，所有模块共同分担负载电流，一旦其中某个模块失效，其他模块再平均分担负载电流。这样，不但提高了功率容量，在器件容量有限的情况下满足了大电流输出的要求，而且通过增加相对整个系统来说功率很小的冗余电源模块，便极大地提高了系统的可靠性，即使出现单模块故障，也不会影响系统的正常工作，而且为修复提供了充足的时间。

现代电信要求高频开关电源采用分立式模块结构，以便不断扩容、分段投资，并降低备份成本。因此不能采用 $1+1$ 全备用（备份了100%的负载电流），而是要根据容量选择模块数 N，配置 $N+1$ 个模块（即只备份了 $1/N$ 的负载电流）。

3. 集中监控

现代电信运维体制要求动力机房的维护工作通过远程监测与控制来完成。这就要求电源自身具有监控功能，并配有标准通信接口，以便与后台计算机或与远程维护中心通过传输网络进行通信，交换数据，实现集中监控，从而提高维护的及时性，减少维护工作量和人力投入，提高维护工作的效率。

4. 自动化、智能化

要求电源能进行电池自动管理、故障自诊断、故障自动报警等，自备发电机应能自动开启和自动关闭。

5. 小型化

现在各种通信设备的日益集成化、小型化，要求电源设备也相应地小型化，作为后备电源的蓄电池也应向免维护、全密封、小型化方向发展，以便将电源、蓄电池随小型通信设备布置在同一个机房，而不需要专门的电池室。

6. 新的供电方式

相对于电源小型化，供电方式应尽可能实行各机房分散供电，设备特别集中时才采用电力室集中供电；同时，大型的高层通信大楼可采用分层供电（即分层集中供电）。

集中供电和分散供电各有优点，因条件不同斟酌选用。

对于集中供电，电力室的配置包括交流配电设备、整流器、直流配电设备、蓄电池。各机房从电力室直接获得直流电压和其他设备、仪表所使用的交流电压。这种配置有它的优点，如集中电源于一室，便于专人管理，蓄电池不会污染机房等。但它有致命的缺点，即浪费电能，传输损耗大，线缆投资大。因为直流配电后的大容量直流电流由电力室传输到各机房，传输线的微小电阻也会造成很大的压降和功率损耗。

对于分散供电，电力室成为单纯交流配电的部分，而将整流器、直流配电和蓄电池组分散装于各机房内。这样，将整流器、直流配电、电池化整为零，使它们能够小型化，相对小容量。但这里有个先决条件，蓄电池必须是全密封型的，以免腐蚀性物质的挥发而污染环境、损坏设备（现行的全密封型蓄电池能达到要求）。

分散供电最大的优点是节能。因为从配电电力室到机房的传输线上，原先传输的直流大电流，现在变为传输 380 V 的交流电。计算表明，在传输相同功率的情况下，380 V 交流电流要比 48 V 的直流电流小得多，在传输线上的压降造成的功率损耗只有集中供电的 1/64 ~ 1/49。

二、通信电源系统构成及工作原理

通信电源系统一般由交流供电系统、直流供电系统和接地系统组成，如图 1-2-1 所示。

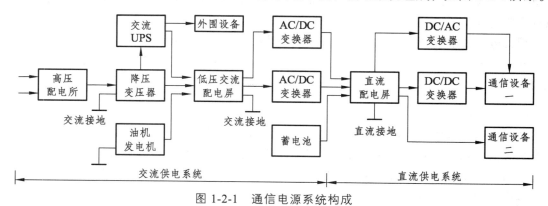

图 1-2-1　通信电源系统构成

（一）交流供电系统

通信电源的交流供电系统由高压配电所、降压变压器、油机发电机、UPS 和低压配电屏组成。交流供电系统可以有三种交流电源：变电站供给的市电、油机发电机供给的自备交流电、UPS 供给的后备交流电。

1. 油机发电机

为防止停电时间较长导致电池过放电，电信局一般都配有油机发电机组。当市电中断时，通信设备可由油机发电机组供电。油机分普通油机和自动启动油机。当市电中断时，油机能自动启动，开始发电。由于市电比油机发电机供电更经济和可靠，在有市电的条件下，通信设备一般都应由市电供电。

2. UPS

为了确保通信电源不中断、无瞬变，可采用不间断供电系统（UPS）。UPS 一般由蓄电池、整流器、逆变器和静态开关等部分组成。市电正常时，市电和逆变器并联给通信设备提供交流电源。同时，整流器也给蓄电池充电，蓄电池处于并联浮充状态。当市电中断时，蓄电池通过逆变器给通信设备提供交流电源。逆变器和市电的转换由交流静态开关完成。

3. 交流配电屏

输入市电，为各路交流负载分配电能。当市电中断或交流电压异常时（过压、欠压和缺相等），低压配电屏能自动发出相应的告警信号。

4. 连接方式——交流电源备份方式

大型通信站交流电源一般都由高压电网供给，自备独立变电设备。而基站设备常常直接使用民用电。为了提高供电可靠性，重要通信枢纽一般都由两个变电站引入两路高压电源，并且采用专线引入，一路主用，一路备用，然后通过变压设备降压供给各种通信设备和照明设备；另外还要有自备油机发电机，以防不测。一般的局站只从电网引入一路市电，再接入自备油机发电机作为备用。一些小的局站、移动基站只接入一路市电（配足够容量的电池），油机为车载设备。

（二）直流供电系统

通信设备的直流供电系统由高频开关电源（AC/DC 变换器）、蓄电池、DC/DC 变换器和直流配电屏等部分组成。

1. 整流器

整流器从交流配电屏引入交流电，将交流电整流为直流电压后，输出到直流配电屏与负载及蓄电池，为负载供电，并给电池充电。

2. 蓄电池

交流停电时，蓄电池向负载提供直流电，这是直流系统不间断供电的基础条件。

3. 直流配电屏

直流配电屏为不同容量的负载分配电能，当直流供电异常时，会产生告警或保护，如熔断器断开告警、电池欠压告警、电池过放电保护等。

4. DC/DC 变换器

DC/DC 变换器将基础电源电压（–48 V 或 +24 V）变换为各种直流电压，以满足通信设备内部电路多种不同数值电压（±5 V、±6 V、±12 V、±15 V、–24 V 等）的需要。

近年来，由于微电子技术的迅速发展，通信设备已向集成化、数字化方向发展。许多通信设备采用大量的集成电路组件，而这些组件需要 5~15 V 的多种直流电压。如果这些低压直流电直接从电力室供给，则线路损耗一定很大，环境电磁辐射也会污染电源，供电效率很低。为了提高供电效率，大多通信设备装有直流变换器，通过这些直流变换器可以将电力室送来的高压直流电变换为所需的低压直流电。

另外，通信设备所需的工作电压有许多种，这些电压如果都由整流器和蓄电池供给，那么就需要许多规格的蓄电池和整流器，这样，不仅增加了电源设备的费用，也大大增加了维护工作量。为了克服这个缺点，目前大多数通信设备采用 DC/DC 变换器给内部电路供电。

DC/DC 变换器能为通信设备的内部电路提供非常稳定的直流电压。在蓄电池电压（DC/DC 变换器的输入电压）由于充、放电而在规定范围内变化时，直流变换器的输出电压能自动调整保持输出电压不变，从而使交换机的直流电压适应范围更宽，蓄电池的容量可以得到充分利用。

5. 连接方式——直流供电方式

蓄电池是直流系统供电不中断的基础条件。根据蓄电池的连接方式，直流供电方式主要采用并联浮充供电方式，尾电池供电方式、硅管降压供电方式等基本不再使用。

并联浮充供电方式是将整流器与蓄电池直接并联后对通信设备供电。在市电正常的情况下，整流器一方面给通信设备供电，另一方面又给蓄电池充电，以补充蓄电池因局部放电而失去的电量；当市电中断时，蓄电池单独给通信设备供电，蓄电池处于放电状态。由于蓄电池通常处于充足电状态，所以市电短期中断时，可以由蓄电池保证不间断供电。若市电中断时间过长，应启动油机发电机供电。

并联浮充供电方式是最常用的直流供电方式。采用这种工作方式时，蓄电池还能起到一定的滤波作用。但这种供电方式有一个缺点——在并联浮充工作状态下，电池长时间放电导致输出电压可能较低，而充电时充电电压较高，因此负载电压变化范围较大。这种工作方式适用于工作电压范围宽的交换机。

（三）接地系统

为了提高通信质量、确保通信设备与人身安全，通信局站的交流和直流供电系统都必须有良好的接地装置。

1. 通信机房的接地系统

通信机房的接地系统包括交流接地和直流接地。

2. 交流接地

交流接地包括交流工作接地、保护接地、防雷接地。

3. 直流接地

直流接地包括直流工作接地、机壳屏蔽接地。

通信机房接地系统如图 1-2-2 所示。

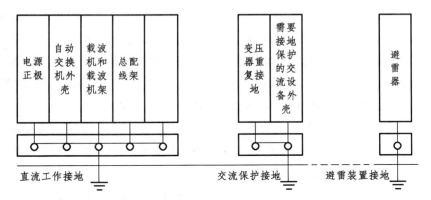

图 1-2-2   通信机房接地系统

4. 通信电源的接地

通信电源的接地包括交流零线复接地、机架保护接地、屏蔽接地、防雷接地和直流工作地接地。

通信电源的接地系统通常采用联合地线的接地方式。联合地线的标准连接方式是将接地体通过汇流条（粗铜缆等）引入电力机房的接地汇流排，防雷地、直流工作地和保护地分别用铜芯电缆连接到接地汇流排上。交流零线复接地可以接入接地汇流排，但对于相控设备或电机设备使用较多（谐波严重）的供电系统，或三相严重不平衡的系统，交流复接地最好单独埋设接地体，或从直流工作接地线以外的地方接入地网，以减小交流对直流的污染。

以上四种接地一定要可靠，否则不但不能起到相应的作用，甚至可能适得其反，对人身安全、设备安全、设备的正常工作造成威胁。

三、现代通信电源

（一）现代通信电源认知

在通信网上运行的电源主要包括三种：线性电源、相控电源、开关电源。开关电源成为现代通信网的主导电源。

传统的相控电源，是将市电直接经过整流滤波提供直流电，通过改变晶闸管的导通相位角，来控制整流器的输出电压。相控电源所用的变压器是工频变压器，体积庞大。所以，相控电源体积大、效率低、功率因数低，严重污染电网，已逐渐被淘汰。

另外一种常用的稳压电源，是通过串联调整管连续控制的线性稳压电源。线性电源的功率调整管总是工作在放大区，流过的电流是连续的。由于调整管上会损耗较大的功率，所以需要较大功率调整管并装有体积很大的散热器。线性电源发热严重，效率很低，一般只用作小功率电源，如设备内部电路的辅助电源。

开关电源的功率调整管工作在开关状态，有体积小、效率高、质量小的优点，可以模块化设计，通常按 $N+1$ 备份（而相控电源需要 $1+1$ 备份），组成的系统可靠性高。正是这些优点，开关电源已在通信网中大量取代相控电源，并得到越来越广泛的应用。

从开关电源的发展来看，它最早出现在 20 世纪 60 年代中期。当时美国研制出了 20 kHz 的 DC/DC 变换器，这为开关电源的发明创造了条件。20 世纪 70 年代，出现了用高频变换技术的整流器，它不需要 50 Hz 的工频变压器，直接将交流电整流，然后逆变为高频交流电，再整流滤波为所需的直流电压。20 世纪 80 年代初，英国科学家根据以上条件和原理，制造出了第一套实用的 48 V 开关电源（Switch Mode Rectifier，SMR）。

随着器件技术的发展，出现了大功率高压场效应管，它的关断速度大大加快，电荷存储时间大大缩短，从而大大提高了开关管的开关频率。随着电力电子技术和自动控制技术的发展，开关电源的各方面技术得到了飞速发展。

在各项技术中，对于开关电源，在通信电源中形成主导地位并有决定性意义的技术突破有以下 4 项：

（1）均流技术使开关电源可以通过多模块并联组成前所未有的大电流系统，提高了系统的可靠性。

（2）开关线路的发展使开关电源的频率不断提高的同时效率也不断提高，并且使每个模块的变换功率不断增大。

（3）功率因数校正技术有效提高了开关电源的功率因数。在环保意识不断加强的时代，这是它形成主导地位的关键。

（4）智能化给维护工作带来了极大的方便，提高了维护质量。

（二）现代通信电源技术

1. 功率因数校正技术

由于开关电源电路的整流部分使电网的电流波形畸变，谐波含量增大，而使得功率因数降低（不采取任何措施，功率因数只有 0.6 ~ 0.7），污染了电网环境，开关电源要大量进入电网，就必须提高功率因数，减轻对电网的污染，以免破坏电网的供电质量。以下为提高功率因数的措施。

（1）采用三相三线制整流。

因为三相三线制没有中线的整流方式，不存在中线电流（如果有中线，三次谐波在中线上线性叠加，谐波分量很大），这时虽然相电流中间还有一定的谐波电流，但谐波含量大大降低，功率因数可提高到 0.86 以上。这种供电方式的电路如图 1-2-3 所示。

（2）采用无源功率因数校正技术。

这一技术是在三相无中线整流方式下加入一定的电感，把功率因数提高到 0.93 以上，谐波含量降到 10% 以下，适当选择校正参数，功率因数可达 0.94 以上。这种供电方式的电路如图 1-2-4 所示。

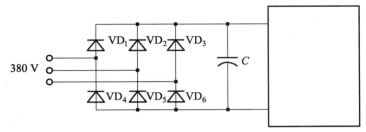

图 1-2-3　三相无中线整流电路

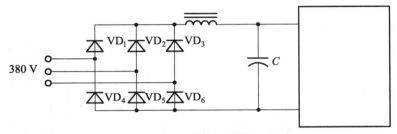

图 1-2-4　无源功率因数校正电路

（3）采用有源功率因数校正技术。

在输入整流部分加一级功率处理电路，如图 1-2-5 所示，强制流经电感的电流几乎完全跟随输入电压变化。输入电压、电流波形如图 1-2-6 所示，无功功率几乎为 0，功率因数可达0.99 以上，谐波含量可降低到 5% 以下。可见，采用有源校正后，电流谐波含量减少，已接近正弦波。

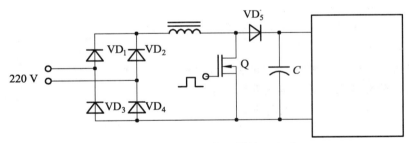

图 1-2-5　有源功率因数校正电路

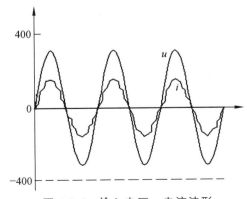

图 1-2-6　输入电压、电流波形

2. 开关电源的智能化技术

开关电源系统采用控制技术、计算机技术进行各种异常保护、信号检测、电池自动管理等。

开关电源系统有专门的监控电路板分别对交流配电、直流配电的各参数进行实时监控，能实现交流过、欠压保护，两路市电自动切换，电池过、欠压告警及保护等功能；开关电源的每个整流模块内都配有 CPU，对整流器的工作状态进行监测和控制，如模块输出电压、电流测量，程序控制均浮充转换等。整流模块本身能实现过、欠压保护，输出过压保护等保护功能，并能进行一些故障诊断。

开关电源系统配有监控单元，对整个系统进行监控、电池自动管理，作为人机交互界面处理各监控板采集的数据、过滤告警信息、故障诊断，并提供通信口，以供后台监控和远程监控。

远程监控使维护人员在监控中心同时监视几十台机器，电源有故障会立即呼叫中心，监控系统自动呼叫维护人员。这些都大大提高了维护的及时性，减少了维护工作量。

这些智能化的措施，使得维护人员面对的不再是复杂的器件和电路，而是一条条用熟悉的人类语言表达的信息，仿佛面对的是一个能与自己交流的新生命。

总之，这些技术上的进步和使用维护上的方便，使得开关电源在通信电源中逐渐占据主导地位，成为现代通信电源的主流。

【思考题】

（1）简述信号设备对供电的要求。

（2）简述第一类电源、第二类电源及第三类电源的定义。

（3）简述电源屏的技术要求。

（4）以 PZGWJ-30/380/50 为例，说明电源屏的命名规则。

（5）画出信号智能电源屏主接线系统方案。

（6）简述通信电源屏的功能及特点。

项目二　电源屏基础器件认知

【项目导引】

本项目针对各种型号的电源屏共用的基础器件进行讲解，包括变压器认知、低压电器认知、稳压器认知、开关电源认知及 UPS 认知。各个基础器件相互关联实现电源屏的整体设计，如同团队成员紧密配合一样，缺一则无法正常运行。通过本项目的学习，培养学生的团队协作精神，同时学好基础器件也是铁路信号人迈向自主创新、助力国家科技腾飞的第一步。

任务一　变压器认知

【学习目标】

【素质目标】

（1）培养学生对知识的探索精神。

（2）培养学生严谨的工作态度和专业的工作精神。

（3）引导学生严格遵守规章制度，严禁违章作业。

【知识目标】

（1）掌握变压器的作用。

（2）熟悉变压器的结构。

（3）掌握变压器的符号。

（4）掌握变压器铭牌的内容。

（5）掌握仪用互感器的使用方法。

【能力目标】

（1）会使用仪用互感器。

（2）会对变压器进行检查。

变压器认识

【相关知识】

变压器利用电磁感应原理，从一个电路向另一个电路传递电能或传输信号，是电力系统中生产、输送、分配和使用电能的重要装置，也是电力拖动系统和自动控制系统中电能传递或信号传输的重要元件。

一、变压器的作用

交流电的输电、配电离不开变压器。在电力拖动、自动控制、无线电设备中，变压器作为能量或信号传递的元件被广泛应用；在国民经济的其他部门，也大量使用变压器。变压器的作用如下：

（1）隔离：使用双绕组变压器隔离或对地绝缘。

（2）变压：将引入的电压变换为所需要的电压数值。

（3）调压：要获得连续可调的电压，需用自耦变压器来进行调压。

（4）测量：用电流互感器来扩大电流表的量程。

二、变压器的分类

变压器的种类很多，分类如下：

（一）按绕组数目分

自耦变压器——高低压共用一个绕组。

双绕组变压器——每相有高低压两个绕组。

多绕组变压器——每相有三个及以上绕组。

（二）按相数分

变压器按相数分类可分为单相变压器和三相变压器。

（三）按冷却方式分

油浸式变压器——绕组和铁心完全浸在变压器油里。

干式变压器——绕组和铁心由周围的空气直接冷却。

充气式变压器——放在密封的铁箱内并充入特种气体。

三、变压器的结构

变压器的主要结构部件是由铁心和绕组两个基本部分组成的器身，以及放置器身且盛满变压器油的油箱。此外，还有一些为确保变压器运行安全的辅助器件。图 2-1-1 所示为一台油浸式电力变压器外形。

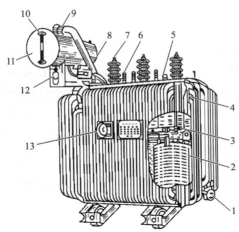

1—放油阀门；2—绕组；3—铁心；4—油箱；5—分接开关；6—低压套管；7—高压套管；
8—气体继电器；9—安全气道；10—油表；11—储油柜；12—吸湿器；13—湿度计。

图 2-1-1　油浸式电力变压器

（一）铁　心

表面具有绝缘膜的硅钢片铁心由铁心柱和铁轭两部分组成，是构成变压器磁路的主要部分。为了减小交变磁通在铁心中引起的损耗，铁心通常用厚度为 0.3 ~ 0.5 mm 的硅钢片叠装而成。图 2-1-2 所示的变压器，从外面看，线圈包围铁心柱，称为心式结构。

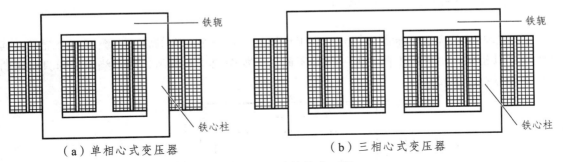

（a）单相心式变压器　　　　　　　（b）三相心式变压器

图 2-1-2　心式结构变压器

图 2-1-3 所示的变压器，从外面看，铁心柱包围线圈，称为壳式结构。小容量变压器多采用壳式结构。交变磁通在铁心中将引起涡流损耗和磁滞损耗，为使铁心的温度不致太高，在大容量的变压器的铁心中往往设置油道，而铁心则浸在变压器油中，当油从油道中流过时，可将铁心中产生的热量带走。

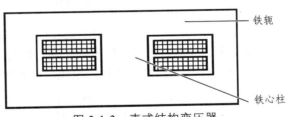

图 2-1-3　壳式结构变压器

（二）绕　组

绕组是构成变压器电路的主要部分。原、副边绕组一般用铜或铝的绝缘导线缠绕在铁心柱上。高压绕组电压高，绝缘要求高，如果高压绕组在内，离变压器铁心近，则应加强绝缘，提高了变压器的成本造价。因此，为了绝缘方便，低压绕组紧靠着铁心，高压绕组则套装在低压绕组的外面。两个绕组之间留有油道，既可以绝缘，又可以把热量带走。在单相变压器中，高、低压绕组均分为两部分，分别缠绕在两个铁心柱上，两部分既可以串联，又可以并联。三相变压器属于同一相的高、低压绕组全部缠绕在同一铁心柱上。

只有绕组和铁心的变压器称为干式变压器。大容量变压器的器身放在盛有绝缘油的油箱中，这样的变压器称为油浸式变压器。

（三）其他结构部件

变压器的器身放在装有变压器油的油箱内。变压器油既是一种绝缘介质，又是一种冷却介质。为使变压器油能长久地保持良好状态，在变压器油箱上面装有圆筒形的储油柜。储油柜通过连通管与油箱相通，柜内油面高度随着油箱内变压器油的热胀冷缩而变动，储油柜使油与空气的接触面积减小，从而减少了油的氧化和水分的侵入。另外，气体继电器和安全气道是在故障时保护变压器安全的辅助装置。

四、变压器的工作原理

下面以单相双绕组变压器为例分析其工作原理：在一个闭合的铁心上缠绕两个绕组，其匝数既可以相同，也可以不同，但一般是不同的，如图 2-1-4 所示，两个绕组之间只有磁的耦合，而没有电的联系。

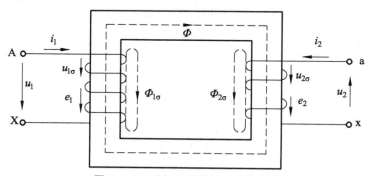

图 2-1-4　单相双绕组变压器原理

与电源相连的绕组，接收交流电能，通常称为原边绕组（也称初级绕组、一次绕组），以 A、X 标注其出线端；与负载相连的绕组，送出交流电能，通常称为副边绕组（也称次级绕组、二次绕组），以 a、x 标注其出线端。原边的匝数、电压、电动势、电流分别以 N_1、u_1、e_1、i_1 来表示；副边的匝数、电压、电动势、电流分别以 N_2、u_2、e_2、i_2 来表示。

当原边绕组接通电源，便会在铁心中产生与电源电压同频率的交变磁通。忽略漏磁，该磁通便同时与原、副边绕组相交链，耦合系数 $k_c=1$，这样的变压器称为理想变压器。根据电磁感应定律，可写出电压、电动势的瞬时方程式：

$$u_1 = -e_1 = N_1 \frac{\mathrm{d}\varPhi}{\mathrm{d}t}$$

$$u_2 = e_2 = -N_2 \frac{\mathrm{d}\varPhi}{\mathrm{d}t} \qquad （2\text{-}1\text{-}1）$$

于是可得电动势比：

$$\left|\frac{u_1}{u_2}\right| = \frac{e_1}{e_2} = \frac{N_1}{N_2} = k \qquad （2\text{-}1\text{-}2）$$

若磁通、电动势均按正弦规律变化，电动势比也称为变压器的变比，或匝数比，通常用有效值之间的比值来表示：

$$\frac{U_1}{U_2} = \frac{E_1}{E_2} = \frac{N_1}{N_2} = k$$

式（2-1-2）表明，变压器一、二次绕组的电压比就等于一、二次绕组的匝数比。因此，要使一、二次绕组有不同的电压，只要使一、二次绕组有不同的匝数即可。

五、变压器铭牌

按照国家标准规定，标注在铭牌上的，代表变压器在规定使用环境和运行条件下的主要技术数据，称为变压器的额定值（或称为铭牌数据）。主要的铭牌数据如下：

（一）额定容量

额定容量是变压器在正常运行时的视在功率，通常以 S_N 来表示，单位为伏安（V·A）或千伏安（kV·A）。对于一般的变压器，原、副边的额定容量都设计成相等。

（二）额定电压

在正常运行时，规定加在原边绕组上的电压，称为原边的额定电压，以 U_{1N} 表示。当副边绕组开路（即空载），原边绕组加额定电压时，副边绕组的测量电压，即为副边额定电压，以 U_{2N} 表示。在三相变压器中，额定电压指线电压，单位为伏（V）或千伏（kV）。

（三）额定电流

额定电流是指根据额定容量和额定电压计算出来的电流值。原、副边的额定电流分别用 I_{1N}、I_{2N} 来表示，单位为安（A）。

额定容量、额定电压和额定电流之间的关系为

单相变压器：$S_N = I_{1N}U_{1N} = I_{2N}U_{2N}$

三相变压器：$S_N = \sqrt{3}I_{1N}U_{1N} = \sqrt{3}I_{2N}U_{2N}$

（四）额定频率

我国以及大多数国家都规定额定频率 $f_N = 50\ \text{Hz}$。

此外，变压器铭牌上一般还会标注效率、温升、绝缘等级等。

六、仪用互感器

仪用互感器是配电系统中供测量和保护用的设备，分为电流互感器和电压互感器两类。它们的工作原理和变压器相似，是把高电压设备和母线的运行电压、大电流或短路电流按规定比例变成测量仪表量程内的低电压和小电流。

（一）电压互感器

电压互感器又称仪表变压器，也称为 PT 或 TV，其工作原理、结构和接线方式都与普通变压器相同。其接线方式如图 2-1-5 所示。电压互感器原边绕组并接于被测量线路，副边接有电压表，相当于一个副边开路的变压器。电压互感器按其绝缘结构形式，可分为干式、浇注式、充气式、油浸式等几种；根据相数可分为单相和三相；根据绕组数可分为双绕组和三绕组。

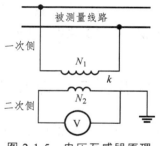

图 2-1-5　电压互感器原理

电压互感器的特点：

（1）与普通变压器相比，容量较小，类似一台小容量变压器。

（2）副边负荷比较恒定，所接测量仪表阻抗很大。因此，在正常运行时，电压互感器接近空载状态。

电压互感器的原、副边绕组额定电压之比，称为电压互感器的额定电压比，即 $k = U_{1N}/U_{2N}$。其中，原边绕组额定电压 U_{1N} 是电网的额定电压，且已标准化，如 10 kV、35 kV、110 kV、220 kV 等。副边电压 U_{2N}，统一定为 100 V，所以 k 也就相应地实现了标准化。为安全起见，副边绕组必须有一点可靠接地，并且副边绕组绝对不能短路。

（二）电流互感器

电流互感器也是按电磁感应原理制成的，也称为 CT 或 TA。其原边绕组串接于被测线路中，副边绕组与测量仪表串联，副边绕组的电流按一定的变比反映原边电路的电流。其接线方式如图 2-1-6（a）所示，符号如图 2-1-6（b）所示。与电压互感器情况相似，电流互感器的副边绕组也必须有一点接地。

电流互感器认识

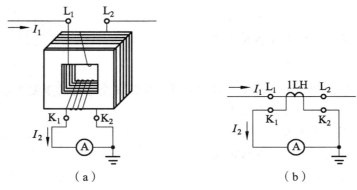

图 2-1-6　电流互感器符号

电流互感器的种类很多，根据安装地点可分为户内式和户外式；根据安装方式可分为穿墙式、支持式和套管式；根据绝缘结构可分为干式、浇注式和油浸式；根据原边绕组的结构形式可分为单匝式和多匝式等。

电流互感器的特点如下：

（1）原边绕组串联在被测线路中，并且匝数很少，因此，原边绕组中的电流完全取决于被测电路的负荷电流，而与副边电流无关。

（2）电流互感器副边绕组所接电流表或继电器的电流线圈阻抗都很小，所以正常情况下，电流互感器在近似短路的状态下运行。

电流互感器原边、副边额定电流之比，称为电流互感器的额定互感比：$k = I_{1N}/I_{2N}$。因为原边绕组额定电流 I_{1N} 已标准化，副边绕组额定电流 I_{2N} 统一为 5 A、1 A 或 0.5 A，所以电流互感器额定互感比也已标准化。

为安全起见，电流互感器副边绕组在运行中绝对不允许开路。为此，在电流互感器的副边回路中不允许装设熔断器，而且当需要将正在运行中的电流互感器副边回路中仪表设备断开或退出时，必须先将电流互感器的副边短接，保证不致断路。

七、变压器维修

变压器的维修包括运行前的检查和运行中的监视及维护，这是保证其安全运行的重要工作。在运行前对变压器进行检查，以便在投入运行前查出存在的问题，及时加以处理，可防止事故的发生并保证运行安全。

1. 运行前的检查项目

（1）检查变压器的额定电压和容量是否符合要求。

（2）检查变压器内外是否清洁，各种螺栓是否完好，安装是否牢固，硅钢片是否夹紧。

（3）检查分接头调压板是否安装牢固，分接头的选定是否与所需电压相匹配。

（4）检查高、低压绕组接线是否正确，引线有无破裂或断股情况，绝缘是否包扎完好。

（5）用 1 000 V 兆欧表测量绕组间及对地绝缘电阻。如线圈受潮，应进行干燥处理。

（6）检查变压器接地线是否连接完好。

（7）检查变压器的断路器是否符合要求。

2．运行中的监视和维护

在运行中进行监视和维护，是及早发现问题、保证安全运行的重要工作，也是防止事故发生和扩大的有效措施。检查内容如下：

（1）变压器有无异常声音。

（2）各引线接头有无松动及跳火情况。

（3）断路器是否完好。

（4）变压器的温升是否超过标准规定。

3．变压器在运行中的不正常状态及原因

（1）变压器的响声很大，主要是铁心硅钢片未夹紧所致。

（2）在正常的负荷和冷却条件下，变压器过热、冒烟和局部发生弧光。原因是：铁心穿通螺栓绝缘损坏、铁心硅钢片间绝缘损坏、高低压绕组间短路、匝间短路、引出线混线及过负荷等。

（3）变压器断路器脱扣，应先检查变压器本身无短路等异常情况，再查找外部故障，待故障排除后，再投入运行。

任务二　低压电器认知

【学习目标】

【素质目标】

（1）培养学生认真负责、严谨细致的工作态度。

（2）培养学生的团队合作意识和沟通能力。

（3）强化学生的安全意识，培养学生良好的作业习惯。

【知识目标】

（1）熟悉低压电器的分类。

（2）掌握继电器的符号及使用方法。

（3）掌握交流接触器的符号及使用方法。

（4）掌握断路器、隔离器的作用及符号。

（5）掌握开关按钮的符号及使用方法。

【能力目标】

（1）会对交流接触器进行检查。

（2）会画继电器的图形符号。

（3）能识别图纸上的断路器、隔离器、开关等图形符号。

【相关知识】

电气开关具有对各种电路控制和保护的作用。电气开关的种类很多，按操作方式可分为自动开关和非自动开关。自动开关是按控制信号或某电量的变化而自动动作的，如交流接触器、断路器等。非自动开关是通过手动操纵而动作的，如开关、按钮等。

电气开关按它们的职能又可分为控制电器和保护电器。交流接触器、组合开关和按钮等用来组成控制电路，称为控制电器。断路器用来保护电源设备，称为保护电器。

一、交流接触器认知

交流接触器认识

接触器是常用的电气开关，广泛应用于供电系统中，既可以接通和断开电路，也可以实现远距离控制。绝大多数接触器都是电磁式的。根据所控制的负载不同，接触器可分为直流接触器和交流接触器。信号电源设备中使用的是空气自冷式交流接触器。

（一）交流接触器的结构

交流接触器的结构如图 2-2-1 所示，由静铁心（轭铁）、动铁心（衔铁）、线圈、动触头、静触头、释放弹簧、灭弧罩、支架与底座等部分组成。

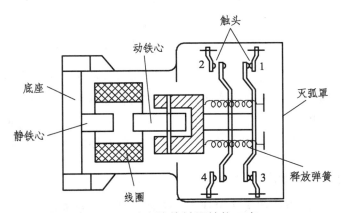

图 2-2-1　交流接触器结构示意

给线圈通规定大小的交流电，线圈周围将产生磁场，在动静铁心间产生电磁力，动铁心向左移动与静铁心接触，动铁心带动弹簧拉伸，弹簧带动动触头向左移动，即实现 1 组和 3 组接点断、2 组和 4 组接点通；线圈断电，电磁力消失，弹簧的反作用力使动铁心恢复原位，动触头向右移动，即实现 1 组和 3 组接点通、2 组和 4 组接点断。

为减小涡流损耗，交流接触器的铁心用电工硅钢片叠成，在片间涂以绝缘漆。

给交流接触器的线圈通上交流电后，交流接触器产生的电磁力的方向不变，但其大小是在零和最大值间做周期性变化的，因此在交流电的一个周期内两次为零，衔铁将发生两次分离和返回，这样衔铁将会出现颤动现象。

衔铁的颤动会破坏触头的工作，使之烧损并产生剧烈的噪声。为此，在一部分铁心的磁极端面上嵌套一个短路铜环。穿过短路铜环的交变磁通在铜环中产生感应电流，该电流形成的磁通总是阻碍原磁通的变化，这样在电流为零时两磁通不同时为零，使得电磁吸引力不致消失。只要短路环的大小和位置考虑得当，铁心就能可靠地吸住而不会发生颤动。

交流接触器线圈中的电流与铁心间的气隙有密切关系。气隙越大，磁阻越大，线圈中的电流也越大。所以在刚通电时线圈中的电流很大，可达到正常值的几倍到几十倍。随着衔铁的移动，气隙不断缩小，电流逐渐减至正常值。如果衔铁被卡住吸不动，往往会造成线圈过电流而烧毁。过于频繁动作也会使线圈多次受到大电流冲击而造成损坏，使用时务必注意。

交流接触器用 XLC 来表示，线圈、触头图形符号如图 2-2-2 所示。在供电系统的电路图中，表示的是接触器在无电状态。无电时闭合的触头称为常闭触头，如图 2-2-1 所示的第 1 组和第 3 组触头；励磁后闭合的触头称为常开触头，如图 2-2-1 所示的第 2 组和第 4 组触头。

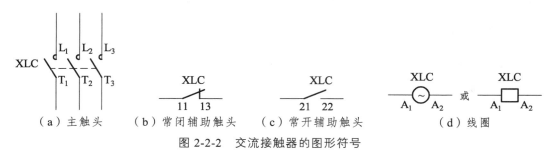

图 2-2-2　交流接触器的图形符号

接触器有两种触头：一种是带灭弧装置的加强接点，称为主触头，一个交流接触器共有三组主触头，为常开状态；另一种是普通接点，称为辅助触头，辅助触头分常开触头和常闭触头两种，每种各两组。

交流接触器的主触头标注 L_1-T_1、L_2-T_2、L_3-T_3，线圈标注 A_1-A_2。

（二）交流接触器灭弧

主触头一般用来通断电流很大（可达几十安培，甚至几百安培）的主电路，因此主触头必须做得较大，触头间的开口大，压力也大。主触头断开时，其间产生的电弧，会烧坏触头，并使切断时间拉长。因此，用来断开较大电流的接触器，必须装有使电弧迅速熄灭的装置，常用的是灭弧栅。灭弧栅是一排钢片，嵌装在陶土或石棉水泥罩内，罩在主触头上，如图 2-2-3 所示。主触头断开时，利用电磁相互作用原理，因栅片中磁阻小，而将电弧拉入栅片分割成许多小段，每段短弧产生一定的压降，使总的电弧压降增大，电源电压就不能维持电弧继续燃烧而使电弧熄灭。为保证灭弧以保护触头，灭弧罩在使用时不许打开。触头均采用双断点式。主触头用铜嵌银片或铜嵌氧化镉制成，要求导电好、散热快、接触电阻小，不致在灭弧过程中熔接以及不产生氧化膜而增加接触电阻。底座一般用塑料压制，大容量接触器的底座也可采用铝合金等制作。接线端子采用瓦形弹簧垫圈，不同线径的单根或双根导线均可插入。

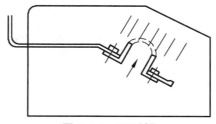

图 2-2-3 灭弧栅

（三）交流接触器的检查

交流接触器应用广泛，又易发生故障，故应加强维护，须做定期检查。检查内容如下：

（1）检查触头压力是否符合有关规定。

（2）检查触头位置是否正确，不应歪扭，且须保持接触面积有 2/3 以上紧密接触。

（3）检查触头的磨损、烧伤程度，严重时需更换。

（4）检查主触头是否同时闭合和断开。

（5）检查接触器在额定电压的 85% 以上时是否可靠吸合。

（6）检查动、静铁心接触面的接触情况，接触不良时应磨平。

（7）检查灭弧罩是否完好。

（8）检查运动部分是否灵活。

（9）检查各部件是否清洁。

（四）交流接触器常见故障及分析

1. 触头过热

触头过热一般是由于接触电阻增大而引起的。造成接触电阻增大的原因很多，如弹簧变形或烧损使触头压力不足；触头表面氧化或有杂质；触头磨损太甚；触头支架等运动部分变形；短路环断裂使铁心吸合不牢等。

2. 触头烧毛甚至熔化

弹簧损坏使触头压力减小造成闭合时烧毛；灭弧罩损坏造成分断烧毛。烧毛的凸出部分，可用细锉锉平，但切勿锉得太多。

3. 噪声过大

正常情况下衔铁会发出均匀轻微的工作声。如果发出很大的嗡嗡声，则可能由于铁心端面接触不良、短路环断裂、电压过低、运动部分发生卡阻。

4. 线圈过热或烧毁

线圈过热或烧毁的原因可能是电压过高或线圈受潮，动作过于频繁，铁心端面有灰尘、油垢等杂质。

5. 衔铁不动作

衔铁不动作的原因可能是线圈损坏、线圈的励磁电路断路、控制按钮或接点上有污垢或损坏、运动部分卡阻、电压过低等。通电后衔铁不动作，应立即切除电源，以免烧毁线圈。

6. 断电后不释放衔铁

断电后不释放衔铁的原因可能是运动部分卡阻、铁心端面被黄油等粘住、磁路中气隙过小、铁心剩磁过大等。

继电器认识

二、继电器认知

继电器是自动控制系统和远程控制系统中常用的元器件，用于接通和断开电路，用以发布控制命令、反映设备状态并进行逻辑运算，以构成自动控制和远程控制电路。各个领域的自动控制系统均采用继电器。铁道信号技术中也广泛采用继电器，称之为信号继电器（在信号系统中，可简称继电器）。继电器无论作为继电式信号系统的核心部件，还是作为电子式或计算机式信号系统的接口部件，都发挥着重要的作用。继电器动作的可靠性直接影响到信号系统的可靠性和安全性。

（一）继电器的分类

继电器的类型繁多，分类也多种多样。

（1）继电器按输入量的物理性质可分为电流继电器、电压继电器、功率继电器、频率继电器和非电量继电器。

其中，电流继电器的吸起和落下反映电流的变化；电压继电器的吸起和落下反映电压的变化；功率继电器的吸起和落下反映功率的变化；频率继电器的吸起和落下反映交流频率的变化；非电量继电器的吸起和落下反映非电量（如温度、压力、速度等）的变化。

（2）继电器按动作电流的种类可分为直流继电器、交流继电器和交直流继电器。

直流继电器是由直流电源供电的，它按所通电流的极性，又可分为无极、偏极和有极继电器。

交流继电器是由交流电源供电的。它按动作原理，又可分为电磁继电器（如灯丝转换继电器）和感应继电器（如二元二位继电器）。直流继电器都是电磁继电器。

整流式继电器虽然用于交流电路中，但它用整流元件将交流电整流为直流电并送给线圈，所以其实质是直流继电器。

（3）继电器按动作速度可分为快速动作继电器、正常动作继电器和缓动继电器。

快速动作继电器动作速度非常快，一般动作时间小于 0.1 s。正常动作继电器衔铁动作时间为 0.1 ~ 0.3 s，大部分信号继电器属于此类，一般无须加此称呼。缓动继电器，衔铁动作时间超过 0.3 s，又分为缓吸、缓放两种类型。时间继电器是利用脉冲延时电路或软件设定使之缓吸。缓放型继电器则利用短路铜环产生磁通使之缓动，主要取其缓放特性。

（4）继电器按接点结构可分为普通接点继电器和加强接点继电器。

普通接点继电器具有开断功率较小电路的能力，以满足一般信号电路的要求，多数信号继电器为普通接点继电器，一般不加此称呼。

加强接点继电器具有开断功率较大电路的能力，以满足电压较高、电流较大的信号电路的要求。

（二）无极继电器的结构

JWXC 型直流无极继电器的结构如图 2-2-4 所示。

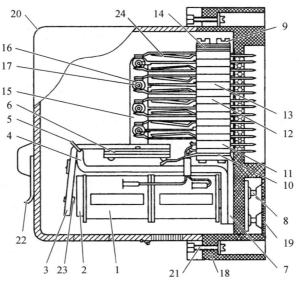

1—线圈；2—铁心；3—衔铁；4—轭铁；5—蝶形钢丝卡；6—重锤片；7—接点架；8—螺钉；9—长螺钉；
10—下止片；11—电源片单元；12—静接点单元；13—动接点单元；14—垫片；15—推杆；
16—绝缘轴；17—动接点轴；18—胶木底座；19—型别盖；20—外罩；
21—加封螺钉；22—提把；23—止片；24—托片。

图 2-2-4　无极继电器的结构

无极继电器由直流电磁系统与接点系统两大部分组成。

电磁系统的线圈 1 水平安装在铁心 2 上，分为前圈和后圈，可连接或单独使用，增强了控制电路的适应性和灵活性。衔铁 3 靠蝶形钢丝卡 5 固定在轭铁 4 的刀刃上，动作灵活。在衔铁的传动部分铆上重锤片 6，以保证继电器衔铁主要靠重力返回，重锤片的数量根据继电器接点系统的结构来确定，使衔铁的重量满足后接点压力的需要，一般 8 组接点用 6 片，4 组接点用 2 片，2 组接点不用。铁心、衔铁和轭铁都是由电工纯铁软磁性材料制成的，导磁好，剩磁少。铁心端部有镦粗的极靴，便于导磁，极靴上有两小孔，便于拆装铁心。衔铁上有止片 23，止片增加磁阻，减小剩磁的影响，能确保继电器可靠落下。

接点系统处于电磁系统的上面，通过接点架 7、螺钉 8 紧固在轭铁上，使两者成为一个整体。用长螺钉 9 将下止片 10、电源片单元 11、银（静）接点单元 12、动接点单元 13 和垫片 14 按顺序组装在接点架上，在紧固螺钉以前，应将推杆 15、绝缘轴 16、动接点轴 17 与动接点组装好，衔铁通过推杆的传动来带动动接点运动。

插入式继电器是通过螺钉 8 将继电器安装在胶木底座 18 内。外罩 20 通过加封螺钉 21 紧固在胶木底座上。型别盖 19 通过螺钉 8 固定在胶木底座下端。提把 22 由弹簧钢丝做成，安装于外罩的正面，继电器插在继电器上架时，提把与挂簧配合使插接牢固。

无极继电器接点系统采用两排纵列式联动结构，因此，接点组数只能成偶数增减。推杆传动中心线与接点中心线一致，以减少不必要的传动损失。为减少接点组组装时的积累公差，将接点片与托片组合压在酚醛塑料内以形成单元块。单元块之间为平面接触，易于控制公差，同时提高了接点组之间的绝缘强度。

银接点单元由锡磷青铜带制成的接点片与由黄铜制成的托片构成，两组对称地压制在胶木内。在接点簧片的端部焊有银接点。

接点接触时碰撞会产生颤动，颤动将形成电弧，对接点有较大的破坏作用，为消除这种颤动，必须设置托片24。在调整继电器时，可在接点片和托片间加一个初压力，保证接点刚接触时可动部分的动能被接点片吸收，这样既可消除颤动，又可缩短接点的完全闭合时间，大大减轻了接点的烧损。

动接点单元由锡磷青铜带制成的动接点簧片与黄铜板制成的补助片压制在酚醛塑料胶木内。动接点簧片端部焊有动接点。动接点由银氧化镉制成。

电源片单元由黄铜制成的电源片压在胶木内。

推杆有铁制的和塑料制的，常见的是塑料制成的，衔铁通过推杆带动动接点组。

绝缘轴用冻石瓷料（一种新型陶瓷材料）制成，抗冲击强度足够。动接点轴由锡磷青铜线制成。

压片由弹簧钢板冲压成弓形，分上、下两片，其作用是保证接点组的稳固性。

下止片由锡磷青铜板制成，外层镀镍。它在衔铁落下时起限位作用。

接点架由钢板制成，用螺钉与轭铁固定，保证接点架不变位。接点架的安装尺寸是否标准、角度是否准确，对继电器的调整有很大影响。

（三）无极继电器动作原理

无极继电器采用的电源是直流电源，而且无论什么极性，只要达到它的规定电压（或电流）值，继电器就励磁吸起，因此称这种继电器为直流无极电磁继电器，简称无极继电器。这种继电器可以做成电压型或电流型。电压型继电器，其线圈直接与电源相连，线圈的匝数较多，线径较细，线圈的电阻也较大，如常见的 JWXC-1700 和 JWXC-1000 继电器等就属于电压型继电器。电流型继电器，其线圈与负载串联，线圈的匝数少，线径较粗，线圈的电阻也较小，如 JWXC-7 和 JWXC-2.3 继电器等就属于电流型继电器。

如图 2-2-5 所示，在线圈上加上直流电压后，线圈中的电流 I 使铁心磁化，在铁心内产生工作磁通 Φ，它由铁心极靴处经过主工作气隙 δ 进入衔铁，又经过第二工作气隙 δ' 进入轭铁，然后回到铁心，形成一闭合磁路。在工作气隙 δ 处，由于磁通 Φ 的作用，铁心与衔铁间产生电磁吸引力 F_D，当 F_D 大到足以克服衔铁转动的机械力 F_j（主要是衔铁自重）时，衔铁即与铁心吸合。此时衔铁通过推杆带动动接点运动，使后接点断开、前接点闭合。

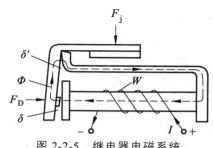

图 2-2-5　继电器电磁系统

当线圈中的电流减小时，铁心中的磁通按一定的规律随之减小，吸引力也随之减小。当电流小到一定值时，它所产生的吸引力小于机械力时，衔铁离开铁心，被释放。此时推杆带动动接点运动，使之与前接点断开，与后接点闭合。

（四）无极继电器图形符号

无极继电器图形符号如图 2-2-6 所示。

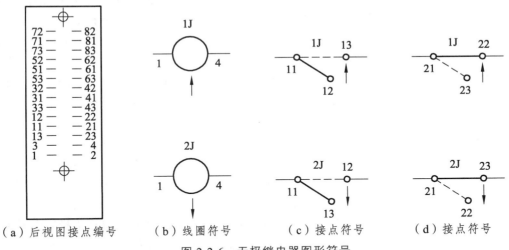

（a）后视图接点编号　（b）线圈符号　（c）接点符号　（d）接点符号

图 2-2-6　无极继电器图形符号

图 2-2-6（a）所示为继电器后视图接点编号。线圈前圈接电源片单元 3、4，线圈后圈接电源片单元 1、2。继电器一般有 8 组接点，每组接点有 1 个动接点和 2 个静接点（称为上、下接点或前、后接点）。若为第 1 组接点，动接点编号为 11、上接点编号为 12、下接点编号为 13，第 2 组接点为 21、22、23，其他组以此类推。规定后视图中左侧从下往上依次为第 1、3、5、7 组接点，右侧从下往上依次为第 2、4、6、8 组接点。

规定按继电器在电路中的常态绘制图形符号。箭头表示继电器在电路中的常态，箭头向上表示励磁吸起，箭头向下表示失磁落下。

线圈符号如图 2-2-6（b）所示，用 J 表示继电器，若两线圈串联使用，一般将 2、3 连接，使用 1、4 为线圈通电，线圈符号上标注 1、4，若线圈单独使用，则标注 1、2 或 3、4。

接点符号如图 2-2-6（c）、（d）所示，箭头状态为继电器常态，实线表示常态时接通，虚线表示常态时断开。

三、开关认知

开关有组合开关和闸刀开关（闸刀开关已经被隔离器代替）。组合开关是手动开关的一种，为左右旋转操作。将静接点装在胶木盒内，使开关向立体发展而减小面积，能根据电路的不同要求组成各种不同接法，在供电设备中应用广泛。开关外形如图 2-2-7 所示。

图 2-2-7　开关外形

HZ10 系列组合开关适用于交流 50 Hz、380 V 及以下，直流 220 V 及以下的配电设备，用来通断电路、换接电源。开关由数层动、静接点分别装于绝缘件内组成，动接点固定在附有手柄的转轴上，随转轴旋转而变更其通断位置。它采用了扭簧储能使开关能快速闭合和分断，这样，接点转换的速度就与手柄的旋转速度无关，提高了开关的电气性能。

系列组合开关有单极、双极和三极三种，额定电流为 10～100 A。组合开关具有体积小、安装方便、维修简便等优点。

组合开关的型号表示法及意义如图 2-2-8 所示。组合开关通常为单投的，即只有一个接通位置。而闸刀开关则既有单投的，又有双投的，但一般只有双极和三极的。

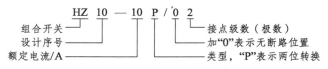

图 2-2-8　组合开关的型号表示法

手动开关的图形符号如图 2-2-9 所示。其中图 2-2-9（a）、（b）所示为单极单投组合开关；图 2-2-9（c）所示为双极双投闸刀开关；图 2-2-9（d）所示为三极双投闸刀开关。

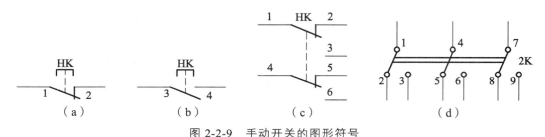

图 2-2-9　手动开关的图形符号

四、按钮认知

按钮也是一种手动的电气开关，用来操纵其他电器。LA18 系列按钮是有代表性的产品，具有外形小巧、造型美观、规格齐全、生产简单等优点。该系列按钮采用积木式两面拼接的装配基座，接点数量可按需要拼接，一般有两组常开接点和两组常闭接点，接点通断电路的能力较强。按钮可做成多种形式，以满足不同的需要。信号电源设备中仅采用揿钮式（用手揿压操作）按钮。为便于辨认，按钮有红、绿等色，外观如图 2-2-10 所示。

（a）　　　　　　　　　　　　　　　（b）

图 2-2-10　按钮外观

按钮的图形符号如图 2-2-11 所示。按钮的型号表示法及意义如图 2-2-12 所示。

（a）常闭接点　　　　　　　（b）常开接点

图 2-2-11　按钮的图形符号

图 2-2-12　按钮的型号表示法及意义

五、断路器、隔离器认知

由于螺旋式熔断器和闸刀开关存在着可靠性差、易损坏、熔心更换不便、动作不可靠、闸刀开关带载操作时易出现拉弧等缺点，供电系统中应用了断路器和隔离器。液压电磁式断路器是引进产品，其结构和工作原理与通用的空气开关完全不同，具有不受环境温度变化影响、工作稳定可靠、寿命长及维修量小等特点，特别适用于对可靠性要求很高的信号电源屏。断路器、隔离器外形如图 2-2-13 所示。

（a）断路器　　　　　　　　　　　　（b）隔离器

图 2-2-13　断路器和隔离器外形

（一）断路器的结构

断路器的结构如图 2-2-14 所示。其主要部分是具有过载、短路保护功能的脱扣器。脱扣器的主要部件是一个外面绕有线圈的密封金属筒，筒内装有一些起阻尼作用的液压油、一根弹簧和一个铁心。线圈的一端接移动触头，另一端接负载终端，固定触头接输入终端。其他部件还有衔铁、极靴及与通断机构联动的人工操作手柄。断路器通过输入终端和负载终端串接在被保护电路中。输入终端和负载终端均是接线端子，前者接电源侧，后者接负载侧。

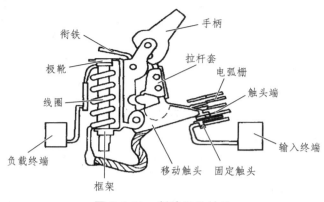

图 2-2-14 断路器的结构

（二）断路器的工作原理

当流过断路器的电流不大于其额定电流时，铁心受到的电磁吸力不能克服弹簧弹力，衔铁不动，移动触头和固定触头接通，如图 2-2-15（a）所示。

过载时，流过线圈的电流大于断路器的额定电流，线圈对铁心产生的吸力足以克服弹簧弹力，即吸引铁心朝极靴方向移动，如图 2-2-15（b）所示。

在铁心移动时，液压油的阻尼作用可调节铁心的移动速度，产生延迟时间，该时间与电流的大小成反比。如果过载时间很短，铁心尚未到达极靴，过载电流即消除，铁心在弹簧弹力作用下返回原位置。如果过载持续存在，则铁心继续移动，经一定的延迟时间被极靴吸住，使断路器脱扣，移动触头和固定触头不接通，如图 2-2-15（c）所示。此时断路器断电，铁心靠弹簧弹力返回原位置。

负载短路时，流过线圈的电流很大，其产生的吸力足以使衔铁不等铁心移动就立即被吸引到极靴而脱扣，分断电流，如图 2-2-15（d）所示。

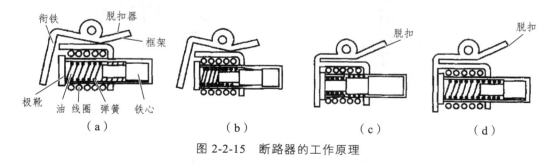

图 2-2-15 断路器的工作原理

断路器的脱扣点不受环境温度影响，脱扣后可立即再闭合，无须冷却时间。但脱扣后其不能自动恢复使用，此时须人工扳动手柄使之复位。

灭弧栅可快速消灭触头分断时产生的电弧，它是一组与弧柱成直角配置的 U 形钢质栅片。分断电路时触头断开，所产生的电弧由于电磁互相作用被拉入栅片间，被分割成一系列短弧而被快速拉断。

（三）断路器的分类

HY-MAG 型液压电磁式断路器规格很多，有 SA、SH、SF、SX 等系列，适用于信号电源屏的小型断路器是 SA 和 SF 系列。SF 系列的额定分断能力是 3 kA，最大额定电流是 50 A，脱扣时间快、体积小、成本低。SA 系列的额定分断能力是 6 kA，最大额定电流是 100 A，脱扣时间较慢、体积大、成本高。因此，信号电源屏中基本上采用 SF 系列，只有在工作电流较大和要求脱扣时间较慢的场合（如电动转辙机动作和电源屏转换）才采用 SA 系列。

HY-MAG 产品除断路器外，还有隔离器（隔离开关）。隔离器与断路器的区别在于没有脱扣器。一般，断路器与隔离器配套使用，断路器也可用作隔离器。它们的外形相同，可用不同的手柄颜色来区别。白色的是断路器，绿色的是隔离器，红色的是负载限制断路器，橙色的是分断能力大、脱扣时间短的断路器。

（四）断路器、隔离器的图形符号

断路器、隔离器的图形符号如图 2-2-16 所示。

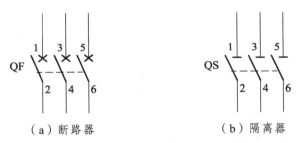

（a）断路器　　　　　　　　（b）隔离器

图 2-2-16　断路器、隔离器的图形符号

任务三　稳压器认知

【学习目标】

【素质目标】

（1）引领学生感受新技术的先进性和安全性，增强其岗位荣誉感。

（2）培养学生严谨的工作态度和专业的工作精神。

（3）培养学生全面思考、把握全局的意识。

【知识目标】

（1）掌握稳压器的作用。

（2）熟悉稳压器的分类。

（3）掌握感应调压器的原理。

（4）掌握自动补偿式交流稳压器的原理。

【能力目标】
（1）会分析感应调压器、自动补偿式交流稳压器、稳压变压器及参数稳压器的不同之处。
（2）能够了解稳压器的发展趋势。

【相关知识】

信号电源由电网供电，电网电压的波动和负荷的变化都会引起电压的不稳定，往往超过规定的电压波动范围，给信号设备的工作带来不利，甚至造成错误动作。因此，必须对交流电源进行稳压，以保证供电电压的稳定。交流稳压器的种类很多，大体上可分为两大类，它们的原理框图如图 2-3-1 所示。

（a）第一类　　　　　　　　　（b）第二类
图 2-3-1　交流稳压器原理框图

图 2-3-1（a）所示的第一类稳压器包括调整部分和控制部分。如果输出电压发生变动，则通过控制部分使调整部分进行调压，以保持输出电压的稳定。由于它是对输出电压进行采样控制，因此无论是电网电压的波动，还是因负荷的变化所引起的输出电压的变动，均具有稳压作用。其稳压精度可通过调节控制部分的灵敏度来加以控制，通常可达 1%～3%。调整部分常用饱和电抗器、晶闸管元件、自耦变压器、感应调压器、正弦能量分配器等，分别称为饱和电抗器式、晶闸管移相调压式、自耦变压器式、感应调压式、正弦能量分配器式交流稳压器。控制部分大多采用晶体管等构成的比较放大电路，有的还有继电器控制电路。这类稳压器稳压精度高且可调节，除晶闸管式外，输出波形畸变小，稳压性能较理想，但结构复杂，检修较困难。

图 2-3-1（b）所示的第二类交流稳压器采用对电压具有"惰性"的设备，由于它的"惰性"作用，使输出电压不随输入电压的波动而变动。但对于因负荷变化而引起的输出电压变动则不起稳压作用。目前，广泛采用的"惰性"设备大多是输出所在铁心处于磁饱和状态的特殊变压器，因此其效率较低，输出波形有失真。稳压变压器和参数稳压器（统称铁磁谐振式）属于这一类。虽然第二类交流稳压器的稳压性能欠佳，但因其具有设备简单、运行可靠、维修方便等突出优点，在负荷变动不剧烈、对输出电压的波形要求不高的场合得到广泛的应用。

目前，在铁路信号电源设备中采用了自动补偿式稳压器、感应调压器式稳压器和稳压变压器及参数稳压器。

一、感应调压器认知

（一）设备认识

感应调压器外形如图 2-3-2 所示。

感应调压器

图 2-3-2 感应调压器外形

感应调压器有单相和三相之分。它的结构类似于一般的绕线式电动机，即由定子和转子组成，但又不同于电动机，它的转子被一套蜗轮蜗杆卡住，在交流电源作用下不能自由旋转，只有在电压不稳定需要调整时才由蜗轮传动机构使转子转动。这样转子平面相对于定子平面产生了角位移，对于单相感应调压器就改变了转子绕组的电压值，而不改变其相位；对于三相感应调压器就改变了定子绕组和转子绕组的感应电压之间的相位差。借助定子绕组和转子绕组的自耦式连接，可使输出电压获得平滑的调节，所以它的工作原理又类似于自耦变压器。感应调压器的定子绕组和转子绕组之间既有电的联系，又有磁的联系，它们共处于一个磁场中，很像一个自耦变压器，但两绕组的相对位置是可以改变的。

感应调压器按冷却方式，可分为干式和油浸式两种，信号电源设备中所用的都是干式感应调压器。

感应调压器式交流稳压器的功率可达数百千伏安，这是其他各类交流稳压器无法达到的。它的稳压范围宽，稳压精度可进行调节，输出电压波形几乎无畸变，稳压性能好。但是，它的体积庞大、价格较贵、功耗较大。

（二）感应调压器的工作原理

单相感应调压器由公共绕组 g 和二次串联绕组 c 组成。通常 g 置于定子上，c 置于转子上，有正接和反接两种接法，如图 2-3-3 所示。

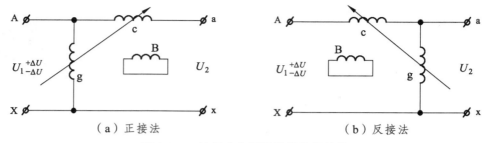

图 2-3-3 单相感应调压器的绕组连接

正接法仅有一个励磁绕组和由它产生的单一磁场，励磁电流和由它产生的磁场不是恒定的，是随电源电压的变化而变化的，因此它的空载电流和空载损耗不是恒定的，是在一定范围内变化的。反接法有两个励磁绕组和由它们共同产生的磁场，该磁场也是随着电源电压而变化的，但变化范围较小，因此空载电流和空载损耗变化范围较小。感应调压器按正接法或反接法设计，应视具体情况而定。

单相感应调压器的公共绕组平面与串联绕组平面在空间有一定的夹角 θ，公共绕组 g 的励磁磁势产生一个单相脉动磁场，即在串联绕组 c 中产生感应电势。当 c 的线圈平面和 g 的相对位置发生变化时，E_c 的大小随之变化，其方向与 g 的感应电势 E_g 相同或相反（视如何连接以及 θ 的大小而定）。线圈平面重合时，c 中的感应电势为最大值 $E_{c\,max}$。空载输出电压为

$$U_2 \approx U_1 \pm E_{c\,max} \cos\theta$$

式中，正接法取"＋"；反接法取"－"。

当 θ 在 0° ~ 180°变化时，U_2 在 $U_1 \pm E_{c\,max}$ 到 $U_1 \mp E_{c\,max}$ 间变化。改变角位移 θ 的大小，即可调节输出电压而达到稳压的目的。

单相感应调压器的输入、输出线都装在机壳的接线端子上，输入为 A、X，输出为 a、x。

（三）日常维护

使用感应调压器时，应注意以下事项：

（1）新安装或长期不用的感应调压器在投入运用前，应用 500 V 兆欧表测量绕组间和对地的绝缘电阻，不低于 0.5 MΩ时方可使用，否则要进行干燥处理。方法如下：

① 用电热器或其他热源加热，但必须有良好的通风条件，注意使其不致过热，防止热源触及绕组和其他导电部分，绕组温度不超过 120 ℃。

② 在感应调压器的输入端接上调压设备，输出端短接，在输入端加上 10%左右的额定电压，使输出端短路电流稍低于额定电流，热烘驱出潮气。

（2）感应调压器的机座应接地良好，以保证安全。

（3）传动装置应保持灵活，转子在 180°内转动，正反方向应注意均衡，当输出电压达到最高或最低极限时，行程开关应保证切断驱动电机电源。

（4）感应调压器的负载不得超过额定值，如超过时间较长，易使感应调压器烧毁或缩短寿命。

（5）应保持感应调压器的清洁，不许水滴、油污及尘土落入感应调压器内部，同时定期停电拆下网罩除去调压器内积存的尘土。感应调压器周围应留有适当空间，以利于通风散热。

（6）经常检查感应调压器的轴承有无漏油及发热等情况，定期补充滑动轴承的润滑油。

（7）感应调压器的保险螺栓被切断后，应立即查明原因，再换上同样材料同样尺寸的保险螺栓方可继续使用。

（8）不能与其他变压器、调压器并联运行。

自动补偿式交流稳压器

二、自动补偿式交流稳压器认知

（一）设备认识

自动补偿式交流稳压器外形如图 2-3-4 所示。

自动补偿式交流稳压器最初由线性变压器和自耦变压器组成，属于有触点自动补偿式交流稳压器，电路如图 2-3-5 所示。将线性变压器的次级绕组串联在主电路中，控制其初级电压的大小和极性，利用其次级电压进行补偿，以实现稳压的目的。

图 2-3-4　自动补偿式交流稳压器外形

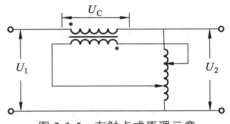

图 2-3-5　有触点式原理示意

自耦变压器有两个滑动触点，改变触点的位置，即可改变初级电压的大小和极性。触点由控制电路加以控制。

由于调压方式是机械式的，且有碳刷滑动触点，因而自耦变压器存在两个致命的缺点：一是动态响应性能差；二是机械传动和滑动触点的可靠性差，故障率高，易引起电弧、火花，增加了使用和维护的难度。

后期的自耦变压器，通过将滑动摩擦改为滚动摩擦，或者加大滑动触点的接触面，其性能有所改善，但未根本解决问题。要从根本上解决问题只能采用无触点化。

（二）无触点补偿式交流稳压器的工作原理

无触点补偿式交流稳压器的主电路如图 2-3-6 所示，由线性变压器 T_1、T_2、T_3 与晶闸管 $SCR_1 \sim SCR_8$ 构成组合式全桥电路，由控制电路控制晶闸管实现不同的组合导通，进而决定了各线性变压器的升压、降压、直通等不同状态和组合（可以构成 15 种不同的组合状态），可以在不同输入电压情况下实现输出电压的稳定。补偿变压器的数量和副边电压值决定了稳压器的稳压精度和稳定范围。根据需要，用控制电路控制各晶闸管的导通或截止，就能实现自动稳压。

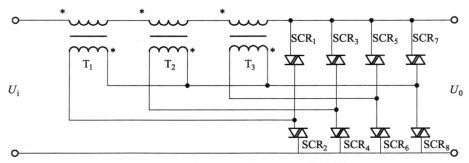

图 2-3-6　无触点补偿式交流稳压器电路

无触点补偿式交流稳压器采用 3 个变压器次级串联的方式，将 3 个变压器的次级电压串在输入电压与输出电压之间，通过改变变压器次级电压与输入电压之间的相位关系，使得变压器次级电压与输入电压为相加或相减的关系，输出电压保持在 $220 \times (1 \pm 3\%)$ V 的范围内。3 个变压器的初级线圈通过晶闸管组合全桥接在输出电压上，控制晶闸管的导通与关断，即可改变变压器次级电压的相位，3 个变压器变比的关系为 $n_1 : n_2 : n_3 = 1 : 2 : 4$，如 3%、6%、12%。通过调整各个变压器的升压、降压或直通等状态，使输出电压在规定的精度和范围内保持稳定。

SCR_1 与 SCR_2、SCR_3 与 SCR_4、SCR_5 与 SCR_6、SCR_7 与 SCR_8 构成 4 个桥臂，SCR_1 与 SCR_2 对应 3% 的变压器 T_1，SCR_3 与 SCR_4 对应 6% 的变压器 T_2，SCR_5 与 SCR_6 对应 12% 的变压器 T_3，SCR_7、SCR_8 为公共桥臂。每个桥臂中的两只晶闸管不可以同时导通，否则会损坏晶闸管。当公共桥臂的 SCR_8 导通时，电路处于升压状态。此时，如果其余 3 个桥臂中的 SCR_1、SCR_3 或 SCR_5 导通，则其对应的变压器处于升压状态；如果 SCR_2、SCR_4 或 SCR_6 导通，则其所对应的变压器处于不升不降（即直通）的状态。当公共桥臂的 SCR_7 导通时，电路处于降压状态。此时，如果其余 3 个桥臂中的 SCR_2、SCR_4 或 SCR_6 导通，则其对应的变压器处于降压状态；如果 SCR_1、SCR_3 或 SCR_5 导通，则其对应的变压器处于直通状态。当 SCR_1、SCR_3、SCR_5、SCR_8 导通时，变压器全升压，补偿量为 $+21\% U_i$。当 SCR_2、SCR_4、SCR_6、SCR_7 导通时，变压器全降压，补偿量为 $-21\% U_i$。当 SCR_1、SCR_3、SCR_5、SCR_7 导通或 SCR_2、SCR_4、SCR_6、SCR_8 导通时，所有变压器均处于直通状态，补偿量为 0。

8 个晶闸管导通排序与补偿电压的关系如表 2-3-1 所示。

表 2-3-1　晶闸管导通排序与补偿电压的关系

序号	晶闸管导通排序				补偿电压
1	1	3	5	8	+21%
2	2	3	5	8	+18%
3	1	4	5	8	+15%
4	2	4	5	8	+12%
5	1	3	6	8	+9%
6	2	3	6	8	+6%
7	1	4	6	8	+3%
8	2	4	6	8	0

序号	晶闸管导通排序				补偿电压
9	1	3	5	7	0
10	2	3	5	7	−3%
11	1	4	5	7	−6%
12	2	4	5	7	−9%
13	1	3	6	7	−12%
14	2	3	6	7	−15%
15	1	4	6	7	−18%
16	2	4	6	7	−21%

APC 系列无触点交流稳压电源电气特性如下：

（1）输入电压范围为 165 ~ 275 V。

（2）输入频率范围为 47 ~ 63 Hz。

（3）稳压精度不大于 3%。

（4）输出波形附加失真度不大于 1%。

（5）输出频率与市电同步。

（6）反应时间不大于 4 ms/s。

（7）输入功率因数为 0.95 ~ 1。

（8）输出功率因数为 0.7 ~ 1。

（9）满载效率不小于 95%。

（10）噪声不大于 45 dB。

（11）具有过载保护、过高/欠压保护、异常自动旁路功能。

（三）自动补偿式交流稳压器的特点

（1）性能好，效率高，各项指标和效果均优于电源屏中常用的参数稳压器、感应调压器式交流稳压器。

（2）输入功率因数高，在输入电压和负载变化的整个范围内，稳压器本身不会产生非线性电流成分，为净化电网环境提供了可靠保证。

（3）输出负载适应能力强，对各种非线性（强容性、强感性、冲击性等）负载都能可靠无误地供电。

（4）动态性能好，对输入电压的突然变化，输出电压的调整时间为 80 ms。

（5）电路中不存在铁磁谐振非线性电路环节，因而无附加波形失真。

（6）当输入电源频率变化以及输入电压或输出负载电流存在非线性成分时，受到的影响小于其他类型电源。

（7）无机械传动和触点磨损，可靠性高，噪声低。

（8）成本低。

三、稳压变压器认知

（一）设备认识

稳压变压器（Constant Voltage Transformers，CVT）属于铁磁谐振式交流稳压器。它是一种基于铁磁谐振原理的交流稳压器，依靠铁磁谐振使输出线圈所在的铁心处于磁饱和状态而达到稳压的目的。稳压变压器兼有稳压、变压双重功能，由于结构简单、维护方便、投资较省，而得到广泛应用。

（二）基本结构原理

1. 铁磁谐振

在线性电路中，线性电感和电容相串联或并联，在一定的频率下能使电路发生谐振。固定电源频率和电容量，调节线性电感，是调谐的方法之一。线性电感的改变只能通过改变线圈的匝数或铁心的位置来实现，在线圈匝数和铁心位置固定的条件下，改变电感线圈两端的电压不会使电感量发生变化。

然而，如果电感线圈的铁心工作于饱和状态，那么线圈两端电压的改变将会引起电感量的改变，这种电感称为非线性电感。由非线性电感与线性电容器所组成的串联或并联电路，可通过改变外加电压使电路达到谐振。通常把这种谐振称为铁磁谐振。

图 2-3-7（a）所示的电路中，调压变压器的输出端并联一个带铁心的电感线圈 L 和电容器 C，它们组成了并联谐振电路。在电源频率一定的情况下，调节变压器次级电压时，L 支路和 C 支路中的电压、电流的变化关系如图 2-3-7(b)所示。在 L 支路中，当 $I_L = 0$ 时，$U_L = 0$。此后，当 I_L 逐渐增大时，U_L 也随着升高。但到后来，I_L 再增大，U_L 却几乎不再升高，这是因为铁心已趋于饱和。而在 C 支路中，只要在电容器的耐压范围内，I_C 与 U_C 总是成正比地增大。

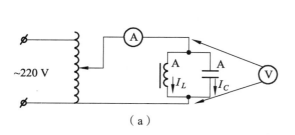
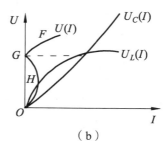

图 2-3-7　并联铁磁谐振电路

在并联谐振电路中，总电流 I 和电压 U 的变化关系如图 2-3-7（b）中的 $U(I)$ 曲线所示。开始 U、I 由零逐渐增加，如图 2-3-7（b）中的 OH 段曲线所示。但当 U 继续升高时，I 反而减小，如图 2-3-7（b）中的 HG 段曲线所示。当 U 调至 U_G 时，$I = 0$，即图 2-3-7（b）中的 G 点。此时，LC 并联电路的总电流为零，即处于该电路的阻抗达到最大值时的谐振状态，称为并联铁磁谐振。

如果再继续调节电压，使 U 高于 U_G，此后电流即使有较大的变化，LC 并联电路两端的电压就几乎不再发生变化，如图 2-3-7（b）中的 GF 段。

以上分析是忽略铁心的铁耗与线圈的铜耗（即设线圈的等值电阻 $r=0$）时的情况，由于实际电路总存在着功率损耗，即 $r \neq 0$，实际的伏安特性曲线要比图 2-3-7（b）所示的曲线右移一些。

同样，非线性电感与线性电容器串联，通过改变外加电压，也能产生串联铁磁谐振。不论是并联还是串联谐振，一旦电路谐振之后，线圈的铁心就处于深度饱和状态，对外加电压的变动反应十分"迟钝"，利用这种"惰性"即可进行稳压，制成铁磁谐振式交流稳压器。

2. 稳压变压器

稳压变压器在单一铁心上同时实现稳压和变压双重功能，既不同于普通的电源变压器，又不同于一般的磁饱和电抗器。稳压变压器具有较大的时间常数，因此对外来冲击干扰具有缓冲能力。它的主磁路是封闭的，所以漏泄较小，效率较高，对附近电子设备的干扰较小。其结构简单，工作可靠，维护方便，经济耐用，是一种性能优越的稳压设备，广泛用于各种自动化系统中。在信号电源设备中，小站电源屏采用了稳压变压器。

信号电源设备中的稳压变压器多采用外铁式结构，是用"日"字形铁心增加磁分路后构成的，如图 2-3-8 所示。磁分路将原有两个窗口再一分为二，使铁心整体形成"田"字形，通常上、下窗口容积之比约 1∶4。

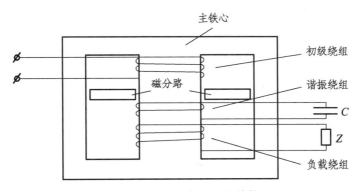

图 2-3-8 稳压变压器的结构

在中间的铁心（主铁心）上绕着初级绕组、谐振绕组和次级电压输出绕组（负载绕组）。初级绕组位于上部，接入输入电压。谐振绕组和负载绕组位于下部，谐振绕组和电容器组成谐振电路，负载绕组和负载连接，供给输出电压。

在中间，即初级和次级（包括谐振绕组和负载绕组）间有磁分路，磁分路由硅钢片叠成，截面面积通常为主铁心的 0.6~0.8，与主铁心内壁间保持 0.1~0.2 mm 的气隙。磁分路用以分路过剩的磁通。这样，磁路就分为三个回路，一个连着初、次级绕组，另一个连着初级绕组，还有一个只连着次级绕组。后两个回路是互相隔离的。

在初级还绕有与负载绕组反向连接的补偿绕组，它的感应电压与输出电压反向叠加，以进一步提高稳压精度。当输入电压较高时，负载绕组两端的电压略有升高，补偿绕组两端的电压也有所升高，因它们反向串联，只要配合恰当，负载绕组两端升高的电压几乎被补偿绕组两端升高的电压相抵消，使输出电压几乎不变。

上述磁分路放在内部，称为内磁分路。磁分路中的磁通方向与主磁路垂直，特别是磁分路中的磁通垂直穿过主磁路铁心叠片时，相当于在磁分路和主磁路间增设了多道气隙，使等效的漏磁电感明显下降。为解决这一问题，将磁分路附加在铁心两侧，如图 2-3-8 所示。这样，通过改变磁分路与主磁路之间的气隙，可按设计要求得到合适的等效漏磁电感。

外铁式结构虽然加工工艺性强，但漏磁少。此外，还有内铁式结构，它的绕组绕在两侧铁心柱上，磁分路在中间。

稳压变压器不同于一般的变压器，有其独特的工作特点，即它的初级工作在非饱和状态，而次级工作在饱和状态。次级之所以饱和，是因为谐振绕组与谐振电容器产生并联铁磁谐振所致。磁分路为部分初级绕组产生的磁通提供了直接返回初级的通路，而不与次级相交链，同时也为部分次级磁通返回次级提供了回路而不与初级相交链。

铁磁并联谐振电路的伏安特性如图 2-3-7（b）所示。起初，次级电压随着输入电压的升高而升高，次级中的超前电压的电容性电流也相应增大。而当次级铁心饱和时，谐振绕组中滞后电压的电感性电流增大，但谐振电路总电流较小，使初级电流减小。当输入电压继续升高时，容性电流与感性电流的绝对值相等，初级电流最小，此时的次级电压称为"谷点"电压，为稳压器的最佳工作点。

稳压变压器的简化等效电路如图 2-3-9 所示。在图中，虚线左边的部分起"变压"作用，但初级电压 U_1 与次级电压 U_2 的数值比不遵循匝比关系，为

$$U_1 / U_2 = nB_{m1} / B_{m2} = n'$$

式中　　n——初、次级匝数比；

n'——稳压变压器的内压比，它取决于磁路特性与匝数 n，比 n 小；

B_{m1}——初级铁心的最大磁通密度；

B_{m2}——次级铁心的最大磁通密度。

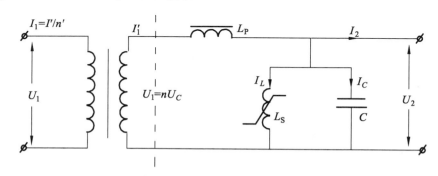

图 2-3-9　稳压变压器的简化等效电路

次级铁心饱和后，B_{m2} 就成为一个常数，而 B_{m1} 则随着输入电压而变化，因此，n' 也就不再是一个常数，而是随着输入电压的变化做相应变化。

虚线右边的部分与并联式铁磁谐振稳压器完全相同，具有明显的稳压作用。L_P 是初级绕

组和磁分路折算到次级的电感值，为一等效电感，它取决于磁路特性（磁分路的气隙长度、截面等）和绕组匝数。这样，因输入电压变化而引起的磁通变化主要表现在磁分路上。

可见，稳压变压器兼容了变压、稳压双重功能。它与普通变压器一样具有初级和次级隔离、变压、多组输出等功能，可做成低压多组输出的形式来代替普通的电源变压器。然而，它具有普通变压器所没有的稳压功能。

稳压变压器的电压电流向量图如图 2-3-10 所示。假设等效电路的各点电压均为正弦波，如以输出电压 $\dot{U}_2$ 为基准，$\dot{i}_2$ 与之同相，$\dot{i}_C$ 超前，$\dot{i}_L$ 滞后，则 $\dot{i}_1' = \dot{i}_C + \dot{i}_L + \dot{i}_2$。

由 $\dot{i}_1'$ 产生的电压 $\dot{U}_{LP}$ 超前 $\dot{i}_1'$ 90°，$\dot{U}_1'$ 是 $\dot{U}_2$ 和 $\dot{U}_{LP}$ 的向量和。在输入电流发生变化时，只引起 $\dot{i}_L$ 和 $\dot{i}_C$ 的变化，输入电压的变化完全作用在 $\dot{U}_{LP}$ 上，从而使输出电压保持恒定。

当负载电流超过额定值或短路时，在 L_P 上产生很大的压降，使加在并联谐振电路上的电压不足以维持次级铁心饱和，从而破坏了谐振状态，使得输出电压阶跃下降。当输出端完全短路时，输出电压为零，输出电流为额定电流的 1.5～2 倍。稳压变压器的输出电压随着过载电流的增大而下降的特性称为下垂特性，即保护特性，如图 2-3-11 所示。图中，I_2 由于稳压变压器的初级和次级由磁分路隔开，相互间有一定距离，其间的分布电容很小，从电源引入的干扰信号不易耦合到次级。谐振电容器对干扰信号的旁路作用及饱和工作状态，则进一步抑制了干扰，因此，稳压变压器具有一定的抗干扰能力。

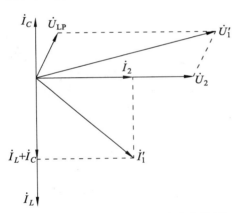

图 2-3-10　稳压变压器电压电流向量图

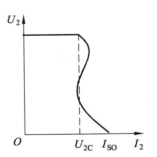

图 2-3-11　稳压变压器的保护特性

稳压变压器的输出负载性能较差，当负载由空载到满载变化时，输出电压变化在 3% 左右。它的输出波形有较大失真，特别是输入电压偏高和轻载时，输出波形近似梯形波。它的输出电压对频率极敏感，当输入电源频率变化 1% 时，输出电压变化 2% 左右，这就限制了它在电网频率变化较大的场合下使用，解决的方法是采用电压反馈来控制频率变化，使输出电压保持稳定。相对普通变压器来说，稳压变压器的温升高、噪声大。

稳压变压器的输出电压波形严重畸变，是因为其工作在磁饱和状态，输出电压中包含着丰富的奇次谐波。它的各次谐波有效值和整个波形有效值之比为：基波 90%～95%，三次谐波 25%～35%，五次谐波 7%～10%，七次谐波 3%～5%。可见，高次谐波的幅值很小，只要滤除三次、五次谐波后，就能得到较好的正弦波形。

四、参数稳压器认知

（一）设备认识

参数稳压器是一种新型的交流稳压器，它集隔离变压、稳压、抗干扰、净化功能于一体，具有稳压范围宽、精度高、响应速度快、抗干扰能力强、负载短路自动保护、高可靠、长寿命等一系列优点。尤其是它能有效滤除电网及负载所产生的各种频率的正负脉冲和浪涌电压，输出正弦波。参数稳压器外形如图 2-3-12 所示。

（二）基本结构

参数稳压器也是由铁心、绕组和电容器组成的，但其铁心结构、能量传递方式、稳压原理与稳压变压器大相径庭。参数稳压器的主要部件是参量变压器，它的结构如图 2-3-13 所示。磁路由两只 C 形铁心组成，其中一只转动了 90°。在两铁心上分别绕有初级绕组和次级绕组。

图 2-3-12　参数稳压器外形

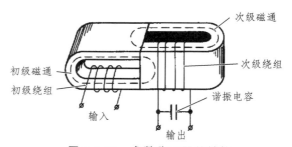

图 2-3-13　参数稳压器的结构

稳压变压器传递能量的形式与普通变压器相同，是经磁通链耦合初级与次级绕组的。由于磁耦合，来自初级的干扰和瞬变可产生次级的干扰和瞬变。除了磁耦合外，实现初级、次级间的电能传递还有电磁辐射、电容耦合和参量耦合，但在低频条件下，只能是后者。在参数稳压器中，初级绕组的电流对次级绕组的电感进行调制。这是因为铁磁材料在磁化时存在饱和、磁滞现象，它的磁导率取决于磁化程度和磁化过程，即随着磁化电流的不同而变化，这不是一个定值，而是磁路中磁通密度的函数。初级的一部分磁通通过次级铁心，使得次级绕组的电感不是一个定值而随着初级绕组电流的大小而改变，成为非线性电感。次级绕组的两端又接有电容器，它们构成谐振回路。当次级电感达到一定数值时，谐振回路即产生振荡，输出稳定的正弦波。

谐振回路产生振荡及负载均需要能量，这些能量是由初级绕组经参量耦合提供的。它与稳压变压器不同，两个绕组的磁路不是互相耦合，而是单独存在的。

（三）功　能

参数稳压器具有满载起振、软启动功能，限制了启动电流，减少了对电源的冲击。

参数稳压器稳压范围特别宽，单相为 120 ~ 300 V，三相为 260 ~ 460 V，这是其他类型的交流稳压器所不及的。电压稳定度为 – 7% ~ + 2%。

参数稳压器对干扰的抑制能力也是目前各类稳压器中最好的。如尖峰抑制，差模输入 2 kV 尖峰信号，输出不大于 40 Vp，差模噪声抑制不小于 25 dB（10 kHz ~ 2 MHz）。这种抑制对两个方向都起作用，由初级电源的噪声和瞬变产生的次级噪声及瞬变实际为零，负载产生的瞬变也不会传入初级。这样，次级只能得到初级电压的正弦分量。即使初级电压为方波时，参数稳压器仍具有带通滤波作用，保持正弦波形输出，相对谐波含量不大于 3.5%。

参数稳压器具有较强的过载能力，当负载短路或内部元件损坏时，具有自动保护特性，此时谐振电路失谐，输出电压自动降至零。短路消除后能自动恢复工作，总恢复时间为 10 ~ 90 ms。输入过电压时，即使两倍电源电压冲击，也不会出现过压输出。

参数稳压器的功率因数高，$\cos\phi \leqslant 0.95$。机内无有源器件，故障率低，寿命长，平均无故障工作时间（MTBF）为 80 000 h。

参数稳压器的缺点是温升较高、噪声较大、频率特性较差、初级空载电流较大。

使用参数稳压器时，屏蔽、铁心接地端子应连接后由专用地线（接地电阻小于 4 Ω）接地。当有负载地线时，参数稳压器可连接于负载系统地线。当负载短路时，参数稳压器虽有自动保护功能，但仍需关机检查，消除短路后再开机。

任务四　开关电源认知

【学习目标】

【素质目标】

（1）引领学生感受新技术的先进性和安全性，增强其岗位荣誉感。

（2）培养学生严谨的工作态度和专业的工作精神。

（3）培养学生全面思考、把握全局的意识。

【知识目标】

（1）掌握开关电源的作用。

（2）掌握开关电源主电路流程及各部分的功能。

（3）掌握开关电源在信号电源屏中的应用。

【能力目标】

（1）会画开关电源的电路图。

（2）能区分开关电源与其他稳压电路。

（3）会分析开关电源的工作原理。

【相关知识】

开关电源是高频开关型稳压电源的简称。开关电源是将市电整流后，经功率变换电路，把直流电源变换成高频的交流电源，再经高频整流成低压的直流电源。开关电源是广泛使用的稳压电源，也被用于智能型信号电源屏中。

一、开关电源的基本组成

开关电源通常由主电路、控制电路和辅助电路三部分组成。

开关电源功能及结构

（一）主电路

主电路完成从交流输入到直流输出的过程，包括交流输入滤波、整流、功率因数校正、直流变换、直流滤波等，如图 2-4-1 所示。

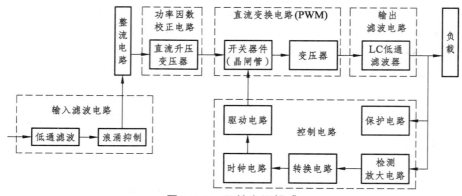

图 2-4-1　开关电源组成

输入滤波电路包括低通滤波、浪涌抑制等电路，主要用来衰减电网中的高次谐波分量，同时也防止开关电源所产生的高次谐波分量进入电网影响其他用电设备。输入滤波电路通常采用 LC 低通滤波器。为了有效衰减高次谐波分量，也用几个单级滤波器构成多级滤波器。

整流电路采用单相或三相桥式整流电路将工频交流输入电压变换为直流电压，并向功率因数校正电路提供直流电源。

功率因数校正电路的主要作用是通过升高整流电路输出的直流电压，使交流输入电源与交流输入电压的波形及相位基本相同，从而使功率因数接近 1，减小谐波电流对电网的污染和无功损耗。功率因数校正电路通常采用直流升压变换器。

直流变换器电路由逆变和高频整流两部分组成，用来将从功率因数校正电路输入的直流高压变换为用电设备所需的直流电压。常用的直流变换器分为 PWM（脉冲宽度调制）型变换器和谐波型变换器两类。

PWM 型变换器是在开关频率恒定的情况下，将整流后的输出电压的波动变换为脉冲宽带变化，从而改变脉冲的占空比，驱动开关器件，使得输出电压稳定。

输出滤波电路包括高频滤波和抗磁干扰等电路，用来滤除直流变换器电路输出电压中的高频谐波分量，降低输出电压中的纹波电压，提供稳定可靠的直流电源，以满足用电设备的要求。输出滤波电路也采用 LC 低通滤波器。

（二）控制电路

控制电路从主电路输出端取样，与设定值进行比较，取出误差信号去控制主电路的相关部分，改变脉宽或频率，使输出电压稳定，同时根据反馈信号对整机进行监控和显示。控制电路包括检测放大电路 U/W（电压/脉宽）转换电路或 U/f（电压/频率）转换电路、时钟振荡器、驱动电路、保护电路等。

控制电路为开关管提供激励信号，能将主电路输出端电压的微小变化转换为脉宽或者频率变化，以调整电压。

（三）辅助电路

辅助电路是对开关电源中的有源网络提供所要求的各种电源。

二、开关电源与其他稳压电路的比较

常用的直流稳压电源有线性稳压电源、相控稳压电源和开关电源。

线性稳压电源即串联稳压电路，它的调整管串联在负载电路中，其他作用犹如可变电阻。输入电压变化或者负载变化使输出电压波动时，改变调整管的压降，使输出电压保持稳定。其主要优点是电路比较简单，稳压精度较高，输出电压中纹波电压也较低。但是，当输入电压过高时，调整管功率很大，故效率很低。当输入电压波动范围为 ±20%时，5 V 线性稳压器的效率只有 35%。

相控稳压电源在输入电压变化或负载变化使输出电压波动时，改变晶闸管的导通角，使输出电压保持稳定。由于晶闸管工作在开关状态，所以功耗较小，效率也较高，通常达 70%。但要求输入和输出相隔离时，相控稳压电源的工作频率低，在其输入端必须加入工频变压器。该变压器体积和质量很大，输出端的滤波电感和电容的体积和质量也很大。

开关电源的调整管处于开关状态，输入电压变化或负载变化使输出电压波动时，通过改变控制器信号的脉冲宽带来改变调整管的导通时间，使输出电压保持稳定。调整管导通时，其压降接近于零，调整管关断时，流过的电流接近于零，功耗非常小，所以效率很高，可达 90%以上。谐波型开关电源的工作频率高达 400 kHz，由于工作频率高，直流变换器中的变压器、滤波电感和电容的体积和质量大大减小，而且省去了工频变压器。在容量相同的条件下，开关电源的体积和质量只有相控稳压电源的 20%左右。当然，开关电源也有缺点，如电路比较复杂、成本较高、可靠性差等。

三、开关电源的特点

开关电源具有以下特点：

（1）体积小、质量小。一般开关电源工作频率都在 50～100 kHz，也有高达 200～1 000 kHz，可大大减小变压器的体积和质量。

（2）节能。开关电源效率在 90%以上。

（3）功率因数高。一般大于 0.92，有功率因数校正电路时接近 1，对公共电网不会造成污染。

（4）可靠性高。模块可热备冗余应用。

（5）便于集中监控。装有监控模块，可与计算机相结合，组成智能化电源系统。

（6）噪声小。当开关电源工作频率在 40 kHz 以上时，基本无噪声。

（7）扩展容易，调试简单。

（8）维护方便，易于更换故障模块。

四、开关电源的基本原理

开关电源就是利用电子开关器件（如晶体管、场效应管、可控硅闸流管等），通过控制电路，使电子开关器件不停地"接通"和"关断"，让电子开关器件对输入电压进行脉冲调制，从而实现 DC/AC、DC/DC 电压变换，以及输出电压可调和自动稳压，如图 2-4-2 所示。

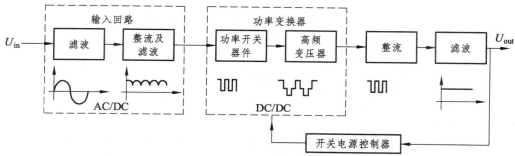

图 2-4-2　开关电源原理

开关电源一般有三种工作模式：频率、脉冲宽度固定模式，频率固定、脉冲宽度可变模式，频率、脉冲宽度可变模式。前一种工作模式多用于 DC/AC 逆变电源，或 DC/DC 电压变换；后两种工作模式多用于开关稳压电源。另外，开关电源输出电压也有三种工作方式：直接输出电压方式、平均值输出电压方式、幅值输出电压方式。前一种工作方式多用于 DC/AC 逆变电源或 DC/DC 电压变换；后两种工作方式多用于开关稳压电源。

根据开关器件在电路中连接的方式，目前使用比较广泛的开关电源，大体上可分为串联式开关电源、并联式开关电源、变压器式开关电源三大类。其中，变压器式开关电源（变压器开关电源）还可以进一步分成推挽式、半桥式、全桥式等；根据变压器的激励和输出电压的相位，又可以分成正激式、反激式、单激式和双激式等多种。

下面将对串联式、并联式、变压器式三种最基本、最常见的开关电源的工作原理进行简单介绍。

（一）串联式开关电源

图 2-4-3（a）所示是最简单的串联式开关电源的工作原理，图 2-4-3（a）中 U_i 是开关电源的工作电压，即直流输入电压；S 是控制开关，R 是负载。当控制开关 S 接通的时候，开关电源就向负载 R 输出一个脉冲宽度为 T_{on}、幅度为 U_i 的脉冲电压 U_p；当控制开关 S 关断的

时候，又相当于开关电源向负载 R 输出一个脉冲宽度为 T_{off}、幅度为 0 的脉冲电压。这样，控制开关 S 不停地"接通"和"关断"，在负载两端就可以得到一个脉冲调制的输出电压 U_o。

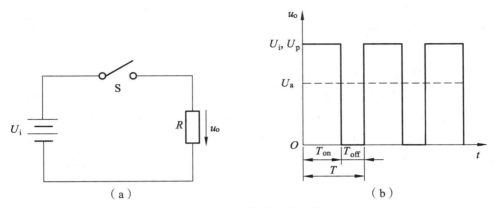

（a）　　　　　　　　　　　　　　　（b）

图 2-4-3　串联式开关电源

图 2-4-3（b）所示是串联式开关电源输出电压的波形，从图中看出，输出电压 U_o 是一个脉冲调制方波，脉冲幅度 U_p 等于输入电压 U_i，脉冲宽度等于控制开关 S 的接通时间 T_{on}，由此可求得串联式开关电源输出电压 U_o 的平均值 U_a 为

$$U_a = U_i \frac{T_{on}}{T} = DU_i \tag{2-4-1}$$

式中　　T_{on}——控制开关接通的时间；

　　　　T——控制开关的工作周期。

改变控制开关 S 接通时间 T_{on} 与关断时间 T_{off} 的比例，就可以改变输出电压 U_o 的平均值 U_a。

串联式开关电源输出电压 U_o 的幅值 U_p 等于输入电压 U_i，其输出电压 U_o 的平均值 U_a 总是小于输入电压 U_i，因此，串联式开关电源一般都是以平均值 U_a 为输出电压。所以，串联式开关电源属于降压型开关电源。

串联式开关电源也可称为斩波器，由于它工作原理简单，工作效率很高，因此在输出功率控制方面应用很广。例如，电动摩托车速度控制器以及灯光亮度控制器等，都属于串联式开关电源的应用。如果串联式开关电源只单纯用于功率输出控制，电压输出可以不用接整流滤波电路，而直接给负载提供功率输出；但如果用于稳压输出，则必须要经过整流滤波。

串联式开关电源的缺点是输入与输出共用一个地，因此，容易产生 EMI（电磁干扰）和底板带电，当输入电压为市电整流输出电压的时候，容易引起触电，对人身不安全。

大多数开关电源输出都是直流电压，因此，一般开关电源的输出电路都带有整流滤波电路。图 2-4-4 所示是带有整流滤波功能的串联式开关电源工作原理。

图 2-4-4 是在图 2-4-3（a）所示电路的基础上，增加了一个整流二极管和一个 LC 滤波电路。其中，L 是储能滤波电感，它的作用是在控制开关 S 接通 T_{on} 期间限制大电流通过，防止输入电压 U_i 直接加到负载 R 上，对负载 R 进行电压冲击防护，同时对流过电感的电流 i 转化成磁能进行能量存储，然后在控制开关 S 关断 T_{off} 期间把磁能转化成电流 i 继续向负载 R 提供能量输出。C 是储能滤波电容，它的作用是在控制开关 S 接通 T_{on} 期间把流过储能电感 L

的部分电流转化成电荷进行存储，然后在控制开关 S 关断 T_{off} 期间把电荷转化成电流继续向负载 R 提供能量输出。D 是整流二极管，其主要功能是续流，故称之为续流二极管，其作用是在控制开关关断 T_{off} 期间，给储能滤波电感 L 释放能量提供电流通路。

在控制开关关断 T_{off} 期间，储能电感 L 将产生反电动势，流过储能电感 L 的电流 i_L 由反电动势 e_L 的正极流出，通过负载 R，再经过续流二极管 D 的正极，然后从续流二极管 D 的负极流出，最后回到反电动势 E_L 的负极。

图 2-4-5 ~ 图 2-4-7 分别是控制开关 S 的占空比 $D = 0.5$、$D<0.5$、$D>0.5$ 时，图 2-4-4 电路中几个关键点的电压和电流波形。图 2-4-5（a）、图 2-4-6（a）、图 2-4-7（a）分别为控制开关 S 输出电压 u_o 的波形；图 2-4-5（b）、图 2-4-6（b）、图 2-4-7（b）分别为储能滤波电容两端电压 u_C 的波形；图 2-4-5（c）、图 2-4-6（c）、图 2-4-7（c）分别为流过储能电感 L 的电流 i_L 的波形。

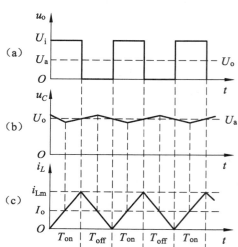

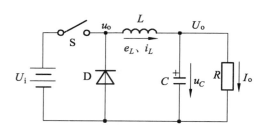

图 2-4-4　串联式开关电源输出电压滤波电路

图 2-4-5　$D=0.5$ 电压和电流波形

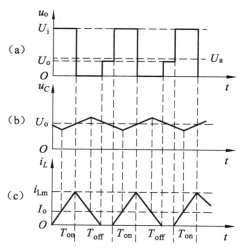

图 2-4-6　$D<0.5$ 电压和电流波形

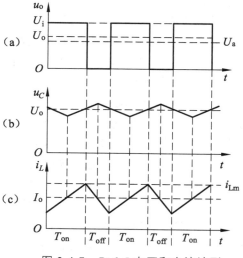

图 2-4-7　$D>0.5$ 电压和电流波形

（二）并联式开关电源

并联式开关电源的工作原理比较简单，工作效率很高，因此应用很广泛，特别是在一些小电子产品中，并联式开关电源作为 DC/DC 升压电源应用最广。例如，很多使用干电池的手提式电器，由于干电池的电压一般只有 1.5 V 或 3 V，为了提高工作电压，都是使用并联式开关电源把工作电压提高一倍。并联式开关电源的缺点是输入与输出共用一个地，因此，容易产生 EMI 干扰。

图 2-4-8（a）所示是最简单的并联式开关电源的工作原理，图 2-4-8（b）所示是并联式开关电源输出电压的波形。图 2-4-8（a）中 U_i 是开关电源的工作电压，L 是储能电感，S 是控制开关，R 是负载。图 2-4-8（b）中 U_i 是开关电源的输入电压，u_o 是开关电源输出的电压，U_p 是开关电源输出的峰值电压，U_a 是开关电源输出的平均电压。

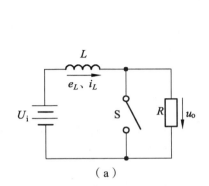
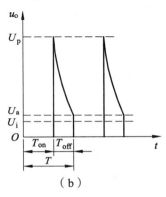

图 2-4-8　并联式开关电源

当控制开关 S 接通时，输入电源 U_i 开始对储能电感 L 加电，流过储能电感 L 的电流开始增加，同时电流在储能电感中也要产生磁场；当控制开关 S 由接通转为关断的时候，储能电感会产生反电动势，反电动势产生电流的方向与原来电流的方向相同，因此，在负载上会产生很高的电压。

当并联式开关电源不带输出电压滤波电路时，输出脉冲电压的幅度将非常高。但在应用中，大多数并联式开关电源输出电压还是经过整流滤波后的直流电压。因此，一般开关电源的输出电路都带有整流滤波电路。

图 2-4-9 所示是带有整流滤波功能的并联式开关电源工作原理图。图 2-4-9 中，U_i 是开关电源的工作电压，L 是储能电感，e_L 为电流 i_L 在储能电感两端产生的反电动势，S 是控制开关，R 是负载。

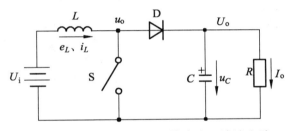

图 2-4-9　并联式开关电源输出电压滤波电路

当控制开关 S 接通时，输入电源 U_i 开始对储能电感 L 加电，流过储能电感 L 的电流 i_L 开始增加，同时电流在储能电感中也要产生反电动势 e_L；当控制开关 S 由接通转为关断的时候，储能电感也会产生反电动势 e_L。e_L 反电动势的方向与开关 S 关断前的方向相反，但电流的方向相同。因此，在控制开关 S 两端的输出电压 U_o 等于输入电压 U_i 与反电动势 e_L 之和。因此，在 T_{on}（S 接通）期间：

$$e_L = L\mathrm{d}t\,/\,\mathrm{d}t = U_i$$

当开关 S 工作占空比 D 小于 0.5 时，由于流过储能滤波电感 L 的电流会不连续，电容器放电的时间将远远大于电容器充电的时间。因此，开关电源滤波输出电压的纹波将显著增大。另外，开关电源的负载一般也不是固定的，当负载电流增大的时候，开关电源滤波输出电压的纹波也将会增大。因此，设计开关电源的时候要留有充分的余量。

（三）变压器开关电源

变压器开关电源的最大优点是，变压器可以同时输出多组不同数值的电压，改变输出电压和输出电流很容易，只需改变变压器的匝数比和漆包线截面面积的大小即可。另外，变压器初、次级互相隔离，不需共用同一个地。因此，也有人把变压器开关电源称为离线式开关电源。这里的离线并不是不需要输入电源，而是输入电源与输出电源之间没有导线连接，完全通过磁场耦合传输能量。

变压器开关电源采用变压器把输入输出进行电气隔离的最大好处是，提高设备的绝缘强度，降低安全风险，还可以减轻 EMI 干扰，同时还容易进行功率匹配。

变压器开关电源有单激式变压器开关电源和双激式变压器开关电源之分，单激式变压器开关电源普遍应用于小功率电子设备之中。而双激式变压器开关电源一般用于功率较大的电子设备之中，并且电路一般也要复杂一些。

单激式变压器开关电源的缺点是变压器的体积比双激式变压器开关电源的变压器的体积大，因为单激式开关电源的变压器的磁芯只工作在磁回路曲线的单端，磁回路曲线变化的面积很小。

图 2-4-10（a）所示是单激式变压器开关电源的最简单工作原理图。图 2-4-10（a）中，U_i 是开关电源的输入电压，T 是开关变压器，S 是控制开关，R 是负载电阻。

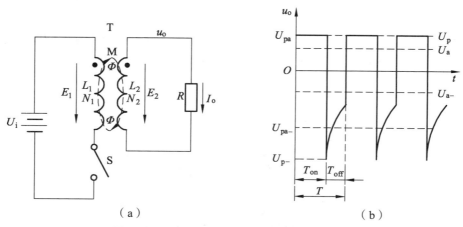

（a）   （b）

图 2-4-10　单激式变压器开关电源工作原理

当控制开关 S 接通的时候，直流输入电压 U_i 首先对变压器 T 的初级线圈 N_1 绕组供电，电流在变压器初级线圈 N_1 绕组的两端会产生自感电动势 E_1；同时，通过互感 M 的作用，在变压器次级线圈 N_2 绕组的两端也会产生感应电动势 E_2；当控制开关 S 由接通状态突然转为关断状态的时候,电流在变压器初级线圈 N_1 绕组中存储的能量（磁能）也会产生反电动势 E_1；同时，通过互感 M 的作用，在变压器次级线圈 N_2 绕组中也会产生感应电动势 E_2。

因此，在控制开关 S 接通之前和接通之后，在变压器初、次级线圈中感应产生的电动势方向是不一样的。

任务五　UPS 认知

【学习目标】

【素质目标】

（1）培养学生认真负责、严谨细致的工作态度。

（2）培养学生的安全作业意识，并严格遵守安全制度。

（3）引导学生热爱工作岗位，增强职业认同感。

【知识目标】

（1）掌握 UPS 的作用。

（2）熟悉 UPS 的分类。

（3）掌握 UPS 的工作方式。

【能力目标】

（1）能分析不同类型 UPS 的区别。

（2）会按照操作规程进行开、关机。

（3）会按照操作规程对 UPS 进行维护。

【相关知识】

一、UPS 设备认知

UPS 设备认识

（一）UPS 的概念

不间断供电系统又称不间断电源或不停电电源（UPS），是一种含有储能装置（蓄电池组），以逆变器为主要组成部分的，能够实现两路电源之间不间断地相互转换的电气装置。

目前，电网存在以下问题：断电、雷击尖峰、浪涌、频率振荡、电压突变、电压波动、频率漂移、电压跌落、脉冲干扰等。这些问题对重要的用电设备会造成无法估量的经济损失。如计算机系统，对供电质量的要求非常高，要求不间断供电，而且要求电压稳定、频率稳定、波形无畸变等。而计算机已越来越广泛地应用于铁路信号领域的各个方面，对于应用计算机的各信号系统，必须配备 UPS，以保证不间断供电，使系统正常工作。

（二）UPS 的基本组成

以 3 进/3 出在线式不间断电源为例，本系列 UPS 主要由整流模块和逆变模块组成的双变换电路（由交流转换为直流，再转换为交流）、静态旁路、维修旁路、电池充放电回路等几个主要模块组成。市电与旁路通过继电器加反向并联的可控硅来进行切换。系统架构如图 2-5-1 所示。

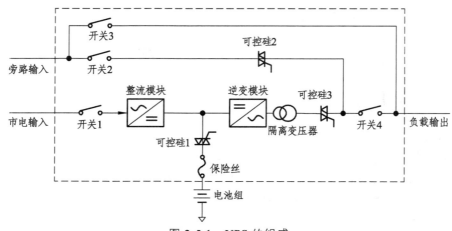

图 2-5-1 UPS 的组成

本系列 UPS 共享同一市电系统，构成单电源输入；提供旁路输入和市电输入两路输入，用户可以根据实际情况，将两路输入分别接入不同的市电系统，构成双电源输入。

（三）UPS 的作用

UPS 的主要功能：当市电输入正常时，将市电电压稳压后供应给负载使用；当市电中断或其他故障时，会及时由蓄电池向负载提供电源，使设备仍能持续工作一段时间，保证设备正常运行，避免因市电故障而造成影响；在通信信号专业中，避免因此而影响行车，甚至中断行车。

UPS 的作用可以归纳为 5 点：

（1）两路电源之间不间断地相互转换。

（2）隔离作用：将瞬间间断、谐波、电压波动、频率波动以及电压噪声等电网干扰隔离在负载之前，使电网对负载不产生干扰，反之一样。

（3）电压变换作用：当市电输入正常时，UPS 将市电稳压后供应给负载使用，此时的 UPS 就是一台交流市电稳压器，通过逆变的转换方法向负载继续供应 220 V 交流电，使负载维持正常工作并保护负载软、硬件不受损坏。

（4）频率变换作用：可根据需要调节输出频率。

（5）提供一定的后备时间：UPS 带有电池，平常它还向机内电池充电；当市电中断（事故停电）时，UPS 立即将机内电池的电能，通过逆变器向负载继续供应一段时间 220 V 交流电，后备时间可按用户的要求设定。

（四）UPS 的分类

UPS 按功率大小可以分为小功率（<10 kV·A）、中功率（10~100 kV·A）、大功率（>100 kV·A）三种功率容量；按输出波形可以分为方波、梯形波和正弦波；按输入输出方式可以分为单相入单相出、三相入单相出和三相入三相出；按工作原理还可以分为动态型 UPS 和静态型 UPS 两大类。动态型 UPS 由发电机、惯性飞轮、电动机和蓄电池组成，具有笨重、噪声大、效率低、切换时间长等缺点，已被静态型 UPS 取代。静态型 UPS 分为三类：离线式（off line，又称为后备式）、在线式（on line）和在线互动式（on line interactive）。

（五）UPS 的工作状态

根据市电供电的具体情况，UPS 常见的工作模式有以下几种。

（1）正常工作模式：在主路市电正常时（指 UPS 可以接受、认可的电压幅值、频率和波形比负载接受的范围要大），UPS 一方面通过整流器、逆变器给负载提供高品质交流电源；另一方面通过整流器为电池充电，将能量储存在电池中，如图 2-5-2 所示。此时旁路输入处于备用状态。

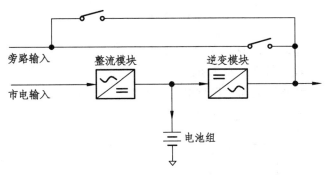

图 2-5-2 市电工作模式

（2）电池工作模式：当主路市电异常时，系统自动无间断地切换到电池工作模式，由电池通过逆变器输出交流电向负载供电，如图 2-5-3 所示。此时旁路输入处于备用状态。市电恢复后系统自动无间断地恢复到正常工作模式。

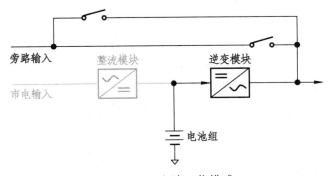

图 2-5-3 电池工作模式

（3）旁路工作模式：可以被启用和被禁用，但默认是启用的，如图 2-5-4 所示。当以下状况发生时，系统会自动切换到旁路向负载供电。

- 机器未开机；
- 市电模式时过载；
- 整流或逆变出现故障；
- 市电异常且电池放电至低压。

待上述异常情况消除后，系统自动恢复正常的市电模式或电池模式。

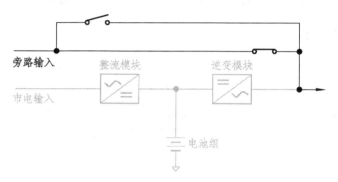

图 2-5-4　旁路工作模式

（4）维修旁路工作模式：当 UPS 需要进行维护，但又不希望负载供电中断时，可以先断开机器市电输入和电池输入开关，此时机器会转入旁路工作模式。然后合上维修旁路开关，再断开旁路开关，此时旁路输入通过维修旁路继续给负载供电，实现 UPS 内部不带电而对负载仍然供电的维修工作模式，如图 2-5-5 所示。

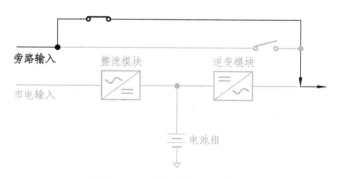

图 2-5-5　维修旁路工作模式

（5）节能工作模式（ECO）：可以被启用和禁用，默认是禁用的。如果负载对电源的质量要求不是很高，而对系统的效率要求较高时，可以启用"节能工作模式"，如图 2-5-6 所示。在这种模式下，旁路输入正常时系统通过静态旁路给负载供电，市电这一路也同时在工作，并给电池进行充电，只是输出的静态开关属于断开状态。当旁路输入异常，系统会自动切换到市电或电池模式供电，切换时间少于 10 ms。当旁路输入恢复正常，系统又切回到旁路供电，在很大程度上提升了系统的供电效率。

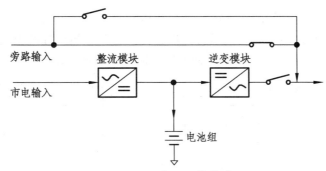

图 2-5-6　节能工作模式

（6）其余工作模式。

除了以上几种工作模式外，还存在 Standby 模式、Power off 模式及 Fault 模式。

Standby 模式为等待模式，当不满足输出条件时，机器则处于此模式下，此时市电可以对电池充电。当机器在 Standby 模式下，等待一段时间后无其他模式可以转换时，则会进入 Power off 模式。当 UPS 进入 Power off 模式，机器不能再次被开启，需要等待 5 min 后让机器完全断电后再启动。

当 UPS 出现故障后进入 Fault 模式，此模式下机器无须断电，进行"退出 Fault 模式"功能设置即可退出故障模式，机器可以不重启。

（六）UPS 的发展趋势

UPS 的发展趋势是智能化、高频化、绿色化。

1. 智能化

智能化的 UPS 由普通 UPS 加上微型计算机组成。微型计算机通过对各类信息的综合分析，完成 UPS 的正常控制功能，而且可以对 UPS 进行实时监测、故障诊断、记录数据、自我保护，实现无人值守，能根据不同的蓄电池的要求，选择不同的充电方式。

2. 高频化

第三代 UPS 的功率开关采用功率场效应管，其开关速度高。变换电路频率的提高，大大减小了滤波电感和电容的容量，提高了 UPS 的效率、精度和动态响应特性，减小了体积和噪声。

3. 绿色化

UPS 除设高效输入滤波器外，还采用功率因数校正技术，消除整流滤波电路的谐波电流，使 UPS 的输入功率因数高达 0.98，减小了对电网的污染。

二、UPS 的工作原理

（一）后备式 UPS

1. 后备式 UPS 的原理

如图 2-5-7 所示，市电供给交流电源，它直接通过 UPS 传输到负载。电池充电器把输入的交流电转换成直流电，维持电池充电。如果市电故障，逆变器将电池的直流电转换成交流电供给负载。逆变器在大多数时间里运行在后备方式，充电器仅保持电池充电状态的功率。一旦市电出现超出规定范围的变化，逆变器从电池获得电能，直到电池耗尽。

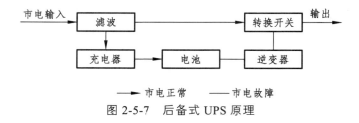

图 2-5-7　后备式 UPS 原理

2. 性能特点

后备式 UPS 对市电利用率高，可达 98% 以上，输入功率因数和输入电流谐波取决于负载性质，输出能力强，对负载电流波峰因数、浪涌系数、输出功率因数、过载等没有严格限制，转换时间一般为 4 ~ 10 ms。一般来说，后备式 UPS 具有运行效率高、噪声小、价格较低等优点。常见的小型后备式 UPS 可向满负载提供的供电时间一般在 12 ~ 15 min。

（二）在线互动式 UPS

1. 在线互动式 UPS 的原理

在线互动式 UPS 采用变压器或电感器串联在市电电源和负载之间，如图 2-5-8 所示。这种串联式电感器提供一定程度的电压调节能力，使 UPS 逆变器能够同输入电源"相互作用"（互动式名称的由来）。在市电正常时，在线互动式 UPS 通过稳压器对市电进行稳压，同时对蓄电池进行充电。当市电电压波动超出一定范围时，UPS 会自动切换到电池供电模式，通过逆变器将电池的直流电转换为交流电，为负载提供稳定的电力。在线互动式 UPS 具有一定的稳压能力，适用于对电压波动敏感的场合。

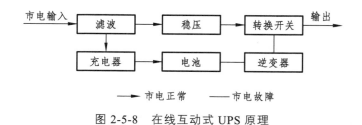

图 2-5-8　在线互动式 UPS 原理

2. 性能特点

在多数情况下，在线互动式 UPS 的"双向"转换器是恒定的电压装置，它用改变输出相位角去调节负载的变化。由于相位角不能快速变化，需要电池提供功率差，这会导致电池寿命的降低。在线互动式 UPS 的另一个限制是如果不由电池供电运行，它不能完全使输入电源隔离负载。公用电源的干扰、频率上的干扰和其他电源的异常情况可能直接传递到关键负载上，因为它不是完全的电气隔离。同后备式 UPS 相比，由于该 UPS 的逆变器和输出总是处于连通状态，因而它能对电源起到滤波及削波的作用。当市电存在时，市电利用率高，可达

98%以上。输入功率因数和输入电流谐波取决于负载性质，对负载电流波峰系数、浪涌系数、输出功率因数、过载等没有严格的限制。其逆变器具有稳压、调压作用，当电压过低时，UPS自动切换到蓄电池供电方式，因而这种 UPS 在电源质量很差的地方照样能正常运行。逆变器的设计使得即使它发生故障，仍然能由交流输入电源直接提供输出，消除了"一处失灵，全局崩溃"的隐患，有效地提供了两个独立的电源通道。应该说在线互动式 UPS 效率很高、很可靠，同时它具有很优越的电源保护功能。市电掉电时，输出虽有转换时间，但比后备式 UPS 要短。

（三）在线式 UPS

1. 在线式 UPS 的原理

在线式 UPS 原理如图 2-5-9 所示。当市电输入、负载和 UPS 本身都正常工作时，UPS 将输入的交流市电先通过整流器变成直流电，然后通过逆变器将直流电逆变成交流电，输出标准、稳定、纯净的正弦波电源，即在一切都正常的情况下，负载得到的是由逆变器输出的高质量的正弦波电源。同时，整流器通过充电器为电池充电。

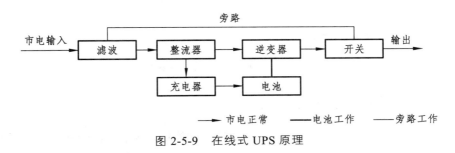

图 2-5-9　在线式 UPS 原理

当市电输入故障时，电池的直流电经逆变器变换为交流电后输出给负载，开关状态不需要改变，逆变器也不需要重新启动。

逆变器故障时，控制开关接通旁路，由市电直接向负载供电。

2. 性能特点

在线式 UPS 与后备式 UPS 相比，在线式 UPS 的供电质量明显优于后备式 UPS，因为它可以实现对负载的稳频、稳压供电，在线式 UPS 可以向负载提供稳压、精度高、频率稳定、波形失真度小、无干扰的瞬态响应特性好的高质量交流电。当在线式 UPS 的输出端承受 100%的加载或减载时，它的输出电压波动不但小于 5%，而且即便是这样小的瞬态电压波动也会在20 ms 内恢复到正常稳压值。当市电供电中断时，UPS 中的逆变器利用蓄电池所提供的直流电来维持负载的正常运转，由于不存在从市电供电到逆变器供电的转换步骤，因此就不存在转换时间长短的问题，可以向用电设备提供高质量的电流，这是在线式 UPS 的最大优势。不论市电正常与否，负载都由逆变器供电，所以当市电发生故障的瞬间，UPS 的输出电压不会产生任何间断，且在由市电供电转换到蓄电池供电时，其转换时间为零。

总的来说，后备式 UPS 对负载的保护最差，在线互动式 UPS 相对较好，在线式 UPS 则几乎可以解决常见的电力问题。

三、蓄电池的认知

UPS 要求所选用的蓄电池必须具有在短时间内输出大电流的特性，现阶段常见的蓄电池主要有铅酸蓄电池、镍镉蓄电池、镍氢蓄电池和锂离子蓄电池等，而铅酸蓄电池由于具有较高性价比而应用最为广泛。目前，UPS 普遍使用的铅酸蓄电池基本上有两种：防酸隔爆铅酸蓄电池和阀控式密封铅酸蓄电池（VRLA）。铅酸蓄电池的电化学反应原理就是充电时将电能转化为化学能在电池内储存起来，放电时将化学能转化为电能供给外系统。其充电和放电过程是通过电化学反应完成的，电化学反应式如图 2-5-10 所示。

正极：
$$PbSO_4 + 2H_2O \underset{\text{放电}}{\overset{\text{充电}}{\rightleftharpoons}} PbO_2 + H_2SO_4 + 2H^+ + 2e^-$$

副反应：
$$H_2O \xrightarrow{\text{充电}} 1/2O_2 + 2H^+ + 2e^-$$

负极：
$$PbSO_4 + 2H^+ + 2e^- \underset{\text{放电}}{\overset{\text{充电}}{\rightleftharpoons}} Pb + H_2SO_4$$

副反应：
$$2H^+ + 2e^- \xrightarrow{\text{充电}} H_2$$

图 2-5-10　铅酸蓄电池电化学反应式

（一）防酸隔爆铅酸蓄电池

这种电池在早期的 UPS 中使用较多，具有较长的使用寿命，但由于在运行中存在大量的电解液水分散失，需经常测量电解液的温度、密度，往电池内部添加蒸馏水，维护工作量极大，现在的 UPS 中已很少配用。

（二）阀控式密封铅酸蓄电池（VRLA）

阀控式密封铅酸蓄电池分为 AGM（吸附式玻璃纤维棉）和 GEL（胶体）电池两种。AGM 电池采用吸附式玻璃纤维棉作隔膜，电解液吸附在极板和隔膜中，贫电液设计，电池内无流动的电解液，电池可以立放工作，也可以卧放工作；GEL 电池以 SiO_2 作凝固剂，电解液吸附在极板和胶体内，一般立放工作。

（三）蓄电池容量（A·h）

蓄电池容量（A·h）是指在标准环境温度下，每 2 V 电池单体在给定时间至 1.80 V 终止电压时，可提供的恒定电流值（A）与持续放电时间（h）的乘积。给定持续放电时间为 10 h 的容量称为 10 h 率容量，用符号 C_{10} 来表示。蓄电池容量可用 20 h 率、10 h 率、8 h 率、5 h 率、3 h 率、1 h 率、0.5 h 率等多种方法表示，一般采用 C_{10} 作为蓄电池的额定容量来标称蓄电池。

（四）蓄电池性能的均一性

理论上，蓄电池的电压、内阻、寿命等性能应该是一致的，可以无限多组数地进行并联以达到要求的容量。但在实际生产过程中，由于存在所用材料纯度、生产工艺、工作人员、生产环境温度等差异，即使同一品牌、同一型号、相同生产日期生产的相同批次蓄电池，性能也不可能做到完全一致。

（五）蓄电池的充、放电方法

1. 蓄电池初充电

蓄电池初充电分为两个阶段：第一阶段是用 0.1 C、5 A 电流，充电至电池的端电压普遍升到 2.4 V；第二阶段是用 0.05 C、5 A 电流充电至电解液剧烈产生气泡，电压与密度稳定 2~3 h 不变，且充电量达到额定容量的 4.5~5 倍。

2. 蓄电池正常充电

经过初充电正常使用的电池，再进行充电称为"正常充电"。正常充电也分为两个阶段：第一阶段是用 0.14 C、5 A 电流，充电至电池的端电压普遍升到 2.4 V；第二阶段是用 0.07 C、5 A 电流充电至电解液剧烈产生气泡，电压与密度稳定 2~3 h 不变，充电量为上次放电量的 1.2 倍左右，但新电池前 5 次的充电量应为上次放电量的 1.5 倍左右。蓄电池常见的充电方法有以下几种。

（1）恒流充电法：一般采用 10 h 率或 20 h 率电流进行恒定电流充电。

（2）分段恒流充电法：一般开始时用 3~5 h 率电流进行充电，当端电压达到 2.4 V 以上时，或者液温显著升高时，将电流降到 10~20 h 率电流继续充电（又称递减电流充电法）。

（3）恒压充电法：按每个单体电池以 2.3~2.5 V 恒定电压进行，因此充电初期电流相当大，随着充电的进行，电流逐渐减小，在终期几乎无电流通过。

（4）限流恒压智能充电法：首先设定恒定电流充电，当电池电压达到一定值后，自动转为恒压充电，充电电流随着充电时间的延长不断减小。

（5）补充充电法：除了浮充电以外，尽管正常的充电进行得很好，但在搁置一段时间以后，由于自放电而使容量减小，因此根据搁置时间的长短，以 10~20 h 率电流予以适当地充电，称为补充充电。蓄电池作为备用的情况下，充电后长期搁置不用时，应定期进行补充充电。

（6）均衡充电法：先将电池进行正常充电，待充电完毕，静置 1 h，再用正常充电第二阶段的电流继续充电，直到产生剧烈气泡时，停充 1 h。如此反复数次，直至电压、密度保持不变，于间歇后再进行充电便立即产生剧烈气泡为止。

电池在使用中，每月应进行一次均衡充电。如有下列情况之一时，均应进行均衡充电：放电电压经常降至终止电压以下；放电电流值经常过大；放电后未及时进行充电；电解液混入危害不大的杂质；经常充电不足或较长时间未使用；将极群组取出检查或清除沉淀物后。

3. 蓄电池的放电

（1）蓄电池的自放电。

蓄电池非因工作原因而发生的放电现象，称为自放电。自放电的危害：能量损失、电池易硫化等。电池自放电通常有以下几个方面的原因：过量补水造成电解液溢出，表面放电；加入含有杂质的酸或水；长期放置导致电解液分层。

（2）蓄电池的深度放电。

蓄电池在使用时，放出容量一般要求不得超过其额定容量的 80%，当电池放出容量超过80%时，即为电池深度放电。此时应该立即前往充电场所进行充电。

深度放电对电池的危害：易硫化，易使极板膨胀变形，使活性物质脱落致使容量下降、寿命缩短等。

（六）蓄电池的常见故障及处理

1. 极板硫酸盐化

铅酸蓄电池在正常放电情况下，正、负极板上的活性物质（PbO_2 及 Pb）大都变为松软的硫酸铅小晶体。这些小晶体均匀分布在多孔的极板上，在充电时很容易和电解液接触，起化学反应而恢复为原来的二氧化铅和绒状铅。但如果维护管理不当，极板上的硫酸铅结晶，就会逐渐形成体积大而导电不良的粗结晶硫酸铅，甚至可以结成面积较大、几乎不溶于电解液的较为坚实的硫酸铅结晶层，附在极板表面，造成极板硬化。这种结晶导电性差，体积大，会堵塞极板的微孔，妨碍电解液的渗透，增加了极板电阻，并在以后一般充电中很难使其恢复原状，这样就使极板上的活性物质减少，容量降低，严重时将使极板失去可逆作用而损坏。这就是所谓极板的硫酸盐化。

预防极板硫酸盐化的方法：不过放电；放电后及时进行充电；定期进行均衡充电；液面下降，及时补充纯净水，切勿加浓硫酸；蓄电池因故倾倒，损耗酸液，应按倾倒前的密度补充；暂不用的蓄电池，应充足电，上好注液盖，清洁蓄电池上口，再放置。

2. 蓄电池内部短路

蓄电池内部短路是因正、负极板搭接形成的。蓄电池内部短路的故障特征：电解液温度升高；充电时电解液的密度上升慢或者不上升；充电时气泡少或无气泡；放电时开路电压低、电压下降快等。

造成这些故障可能的原因：隔板破损；蓄电池内部落入导电物质；蓄电池槽底部的沉淀物太多；极板弯曲等。

处理方法：更换破损的极板；去除引起短路的导电物；排除蓄电池底部的沉淀物；更换新蓄电池等。

3. 蓄电池的容量不足

蓄电池在使用中达不到额定容量的要求或容量不足，首先应该考虑蓄电池初充电不足或使用后充电不足，检查电解液的密度是否降低，充电后是否有密度上升的现象。如果密度不变，应考虑外接线路不畅通，电阻较大。

蓄电池容量如果逐渐降低，检查极板是否有硫酸盐化现象，电解液是否混入了有害杂质，蓄电池是否有局部短路现象。蓄电池因使用时间较长是否有板栅腐蚀、极板断裂、活性物质过量脱落现象，并分别采取处理措施。

蓄电池在使用中容量突然降低，应首先检查蓄电池接线端是否有白色硫酸铅析出物，测量电压检查是否有电池反极现象，电池内部是否有短路，是否有极板或整个极群脱落现象。

4. 蓄电池发生爆炸

蓄电池充电到末期，转化为有效物质后，再继续充电，就会产生大量的氢气和氧气。当这种混合气体的体积百分比在空气中达到 4% 时，遇到明火就会发生爆炸。

预防爆炸的方法：控制充电量，不过充；充电中，接线点要牢固，不因松动产生火花；使用中采用低压恒压充电，减小析气量；预防蓄电池外壳裂痕、电解液渗漏到电缆沟，引起线路短路，产生火花，起火爆炸。

5. 极板活性物质过量脱落

蓄电池槽底部短时间内积聚了大量的沉淀物，容量下降，温度升高，电解液混浊，析气量大。这是极板活性物质过量脱落的主要特征。

极板活性物质过量脱落的原因：充电电流过大，时间过长，温度过高；经常过放电，生成大量硫酸铅，体积过分膨胀，结合力下降；电解液密度过大，腐蚀性大，活性物质机械强度下降；经常过充电，活性物质过度氧化、疏松，板栅受到腐蚀，失去承受活性物质的能力；经常在高温下充电，正极活性物质形成泥浆软化，易脱落；杂质进入电池，碱性物质引起负极多孔金属铅膨胀脱落。

6. 蓄电池反极

蓄电池在多个串联使用中，如果有某个电池容量降低，甚至完全丧失容量，那么在放电过程中，它很快就放完了自己的容量。该电池不但不继续放电，还因为它的端电压比其他电池的端电压低而被反充电，致使它的极板的正、负极性发生逆转。

反极故障的主要原因多是过量放电后充电不足，或是初充电没有充足而造成硫酸烟花，或者极板间有短路故障存在。

四、UPS 的使用与维护

UPS 维护

接下来以威德力斯的 3 进/3 出在线式 UPS 为例，详细介绍 UPS 的使用和维护。

（一）人机界面

UPS 的前面板上 LED 显示屏如图 2-5-11 所示。其 LED 指示灯的功能定义参见表 2-5-1。

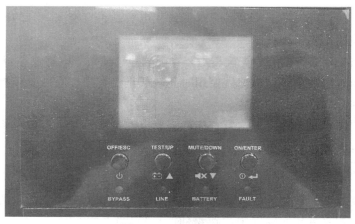

图 2-5-11　LED 显示

表 2-5-1　LED 指示

模　式	旁路灯	市电灯	电池灯	告警灯
UPS 启动	●	●	●	●
旁路模式	●	○	○	○
市电模式	○	●	○	○
电池模式	○	○	●	○
输出故障	○	○	○	●
旁路输出故障	●	○	○	●
市电 ECO 模式	●	●	○	○
电池 ECO 模式	●	○	●	○

注：●指 LED 亮，而○指 LED 熄灭。

各个按键的名称及作用如下：

开机/确认按键（ON/ENTER Button）：按此按键进入菜单进行模式设定，此外，在设置菜单中，按此按键，可对选项进行确定操作。

关机/取消按键（OFF/ESC Button）：按此按键 1 s 以上则开机（冷启动）；按此按键 5 s 以上则关机；在设置菜单中，按此按键，则视为取消键，可回到上一级菜单。

测试/向上按键（TEST/UP Button）：在市电模式或 CVCF 模式（恒压恒频模式）下，按此按键 5 s 以上，测试电池是否正常。在设置菜单中，按此按键，可显示下一个选项。

静音/向下按键（MUTE/DOWN Button）：按此按键 3 s 以上，可消除告警音。在设置菜单中，按此按键，可显示上一个选项。

（二）UPS 的操作

1. 开机动作

➤ 启动 UPS 前，请按照电气安装内容完成机器的输入与输出连接，确认各输入源及负载参数均符合机器规格要求。再开启市电输入、旁路输入和电池开关（见图 2-5-12），UPS 便会自动开启。

> 等待机器完成自检。
> 点击"ON/ENTER"按键 5 s。
> 当 UPS 开机完成后，LED 会亮绿灯。此时，再打开输出开关。

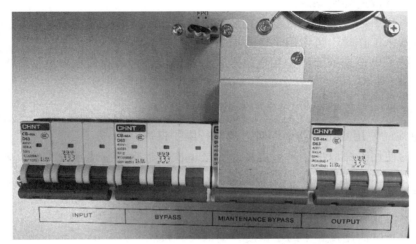

图 2-5-12　市电输入、旁路输入、维修旁路、输出开关

2. 电池冷启动

当没有市电的时候，UPS 可以通过电池进行冷启动，其对应步骤如下：

> 打开电池断路器，然后点击"OFF/ESC"2 s。
> 等待液晶屏点亮后，再按照正常开机步骤打开 UPS。

注意：当自动旁路功能被使能后，只要旁路输入正常，机器液晶屏被点亮后，会自动切换到旁路输出。当进入菜单使能"立即开机"后，机器才会转入市电工作模式。

3. 关机步骤

> 点击"OFF/ESC"5 s，UPS 关机。
> 如果旁路被启动，且旁路输入正常，则转入旁路继续供电；否则机器进入待机模式。当市电也不存在时，机器转入关机模式，准备断电关机。
> UPS 关机后，关闭交流输入断路器和电池开关，将机器彻底断电。
> 关闭旁路输入断路器和交流输出开关。

4. 旁路维修使用步骤

> 先让 UPS 转入旁路模式工作状态。
> 将遮挡维修旁路断路器的铁件取下，再开启维修旁路断路器。
> 断开交流输入断路器和电池开关。
> 断开旁路输入断路器，UPS 即工作在维修旁路模式下。

此时，负载应正常运作。维护完成后，依次打开电池开关、交流输入断路器和旁路输入断路器。然后关闭维护旁路断路器，并放回铁件。

（三）UPS 的维护

1. 系统维护

➤ 检查控制面板：确认 LED 和液晶屏参数显示正常，无异常信息显示，按键可正常使用。

➤ 确认系统没有异常噪声。

➤ 确保风扇出风口无阻塞，没有异常高温情况。

➤ 在机器未工作时，可使用干燥的棉布清洁机器表面。

➤ 对系统配电电缆绝缘外皮和连接端进行定期检查，检查需在断电情况下进行，周期建议不超过 2 年。

2. 电池维护

为确保电池的使用寿命，需定期对电池进行维护保养：

➤ 电池的使用寿命取决于环境温度和充放电次数，高温下使用或深度放电会缩短电池的使用寿命，尽量保持电池环境温度在 15 ~ 25 ℃ 之间。

➤ 每周检查一次蓄电池的总电压；每月检查一次单节电池的电压。

➤ 保持电池放置环境的清洁。

➤ 定期检查电池连接端子的松紧度，确保没有松脱。

➤ 长时间不使用电池，需每隔 1 个月充电一次。

➤ 若发现电池放电时间大大缩短，请联系经销商，确认是否需要更换电池。

【思考题】

（1）简述变压器的结构及功能。

（2）画出开关、按钮、隔离器及断路器符号。

（3）画出继电器线圈符号和接点符号。

（4）使用电流互感器应注意什么，为什么？

（5）交流接触器的触头有哪几种？有何区别？

（6）交流接触器与继电器有何区别？

（7）简述稳压器的分类及不同点。

（8）简述开关电源主电路的组成及各部分的功能。

（9）列举生活中常见的开关电源。

（10）简述 UPS 的分类及功能。

项目三 信号电源屏认知

【项目导引】

本项目介绍了国铁、客专、地铁等部门常用的几种电源屏，包括中站机械电源屏、大站机械电源屏、计算机联锁电源屏、区间电源屏、提速电源屏、25 Hz 轨道电源屏等。随着铁路信号设备现代化发展的步伐，铁路科研人攻坚克难、不断创新，研制开发了 DSG 型智能电源屏、PKX 型智能电源屏、PMZG 型智能电源屏、PZG 系列智能电源屏、PK-JXCG2-1 系列智能电源屏。本项目将介绍电源屏结构、图纸识读方法、实物认知及操作等内容。

现场使用的电源屏多种多样，只要掌握了基础的图纸识读方法，学生便可自主识读其他电源屏图纸。在未来的工作岗位上，会遇到形形色色的难题，就如同此刻眼前看似复杂的图纸，唯有秉持不怕困难、迎难而上的态度，才能攻克难关。

任务一 中站机械电源屏认知

【学习目标】

【素质目标】

（1）培养学生对知识的探索精神，感受设备设计的逻辑性。

（2）培养学生的逻辑思维能力和把握全局的意识。

（3）培养学生严谨认真的工作态度，严格按照规程操作，避免因疏忽造成全站停电等严重后果。

【知识目标】

（1）掌握中站信号机械电源屏的结构与功能。

（2）掌握以 PYT-10Y 型电源屏为代表的电路工作原理。

（3）掌握电源屏的两路电源切换及调压等基本操作。

【能力目标】

（1）会中站信号机械电源屏图纸识读。

（2）能进行图物对照。

（3）具备熟练操作电源屏的能力，能够准确无误地进行两路输入电源切换操作、调压器的接入与甩开操作、调压操作（手动与自动）以及交直流屏的倒屏操作。

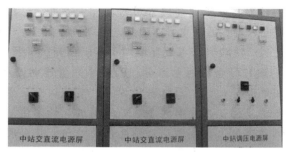

【相关知识】

一、中站机械电源屏简介

中站机械屏综述

中站机械电源屏按所采用的交流稳压方式不同，有感应调压式、参数稳压式和无触点稳压式。各种稳压方式的中站电源屏又有 5 kV·A、10 kV·A 两种不同的规格。

中站机械电源屏由 3 面屏组成，分别为中站调压屏 1 面、中站交直流屏 2 面（1 面主用，1 面备用）。电源屏实物平面如图 3-1-1 所示。上排为指示灯，指示电源屏工作情况。中间为测试仪表，用来测量电源屏输入输出电源。下方为操作按钮开关，用于电源屏相关操作。

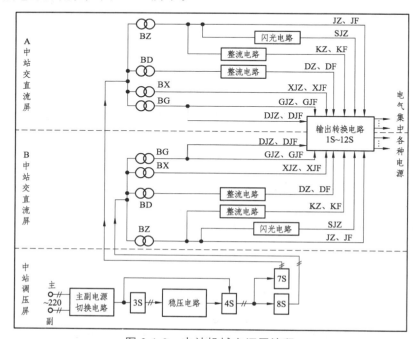

图 3-1-1　中站机械电源屏

中站调压屏用作交流稳压，由电动机驱动单相感应调压器进行调压，有自动和手动两种控制方式。两路交流电源引入调压屏，并在调压屏中进行切换稳压，输出一路交流电源为交直流屏供电，交直流屏对电源进行隔离变换后供给各信号设备。

现以 PYT-10Y 型中站调压屏和 PYJZ-10Y 型中站交直流屏为例来介绍。

中站机械电源屏流程如图 3-1-2 所示。

图 3-1-2　中站机械电源屏流程

二、电源屏图纸识读

（一）调压屏图纸识读

PYT-10Y 型中站交流调压屏能实现两路输入电源的自动和手动切换，并利用交流稳压器实现稳压，为交直流屏提供稳定、可靠的交流电源。当调压屏输入电源电压在 $220 \times (1 \pm 15\%)$ V 变化时，能自动调节输出电压在 $220 \times (1 \pm 3\%)$ V 的精度内。

PYT-10Y 型中站调压电源屏包含两路电源切换电路及稳压电路，其电路如附图 1 所示。

两路单相电源
切换电路原理

1. 两路电源切换电路

两路输入电源为单相 220 V 工频交流电，采用主备方式供电。

两路都有电时，1S、2S 接通，表示灯 1YLD、2YLD 点亮。开机时若先将开关 1HK 置于接通位置，则 1XLC 励磁，Ⅰ路电源经 1XLC 主触头 L_1-T_1、L_2-T_2 供电。其工作表示灯 1YBD 点亮，表示Ⅰ路电源供电。随后将 2HK 也置于接通位置，因 1XLC 常闭触头 21-22 断开，所以 2XLC 仍处于失磁状态，Ⅱ路处于备用状态，Ⅰ路电源断电时就可转换至Ⅱ路电源供电。

自动转换的过程如下：Ⅰ路电源断电后，1XLC 失磁，1XLC 主触头（L_1-T_1、L_2-T_2）断开，Ⅰ路电源不再供电，1XLC 的 21-22 常闭触头闭合，2XLC 励磁电路接通，其主触头（L_1-T_1、L_2-T_2）接通，即由Ⅱ路电源供电。2YBD 灯点亮，表示由Ⅱ路电源供电。

手动转换是通过开关 1HK、2HK 进行的。Ⅰ路电源供电时，如需转换至Ⅱ路电源供电，确认Ⅱ路电源有电后扳动 1HK 至"断开"，1XLC 失磁，此后电路流程同自动转换过程，转换至Ⅱ路电源供电，再闭合 1HK，Ⅰ路电源备用。

Ⅰ路电源主用时，S 置于 1-3 通，若故障后转换至Ⅱ路电源供电，2XLC 的 43-44 闭合，2FMQ 鸣响报警，将 S 置于 1-2 通，2FMQ 不再鸣响。Ⅰ路电源正常后，手动切换Ⅱ至Ⅰ路，Ⅰ路电源供电，1XLC 的 43-44 闭合，2FMQ 鸣响，再将 S 置于 1-3 通。

交流电源输入端设有防雷组合单元 1FL、2FL。

2. 稳压电路

稳压电路由调整、驱动、控制电路三部分组成。其额定输出电压 220 V，输入电源为 176～253 V，稳压精度为 $220 \times [1 \pm (3\% \sim 4\%)]$ V。

调压原理

（1）调整部分。

调整部分即单相感应调压器 GTQ，由驱动电机带动感应调压器的转子转动，在定、转子间产生角位移，从而改变转子串联绕组感应电压的大小，使输出电压得到稳定。

开关 3S 置于接通位置，4S 扳至上方 1-2、3-4 接通位置时，由感应调压器稳压后向交直流屏供电。当调压电路发生故障或需要检修时，应先将隔离开关 4S 扳至下方 1'-2'、3'-4'接通位置，由输入电源直接供电，再将 3S 扳断。恢复感应调压器供电时，应先将开关 3S 接通，观察电压表 PV_2 示数正常时再将 4S 扳至上方 1-2、3-4 接通位置。若不按顺序操作，会造成全站停电。

经 5S 输出的是不稳压的备用电源，经 6S 输出的是稳压的备用电源。

稳压后的交流电源通过开关 7S、8S 分别向两面交直流屏供电。两面交直流屏一主一备，若 7S 闭合，同时 8S 断开，则 A 屏为主用屏，B 屏为备用屏，需要主备屏切换时，要先接通备屏，确认备屏工作正常后，再断开主屏。

交流电压表 PV$_1$ 和交流电流表 PA$_1$ 用来测量输入电压和电流，用交流电压表 PV$_2$ 测量调压后的输出电压。

（2）驱动部分。

驱动部分为三相异步电动机，用来带动感应调压器调压。外电网电压偏高时，带动感应调压器降压，外电网电压偏低时，带动感应调压器升压。

三相异步电动机的三相电源由输入的单相电源经电感 L、电容 C 移相而成，克服了原单相电动机在调压过程中因电压突变而产生的过压现象。

用升压继电器 SYJ 或降压继电器 JYJ 的第一、第二、第三组前接点将三相电源接入电动机，电源接入电动机的相序不同，电动机的转动方向就不同。

（3）控制部分。

控制部分有自动调压和手动调压两种方式，可通过万能开关 WHK 选择手动或自动，正常状态下 WHK 位于自动挡位，自动调压电路自动调压。

自动调压控制电路由变压、整流、滤波、取样、比较、放大和继电器等部分组成，除继电器外，集成为一个控制板盒 YKBH。

如附图 1 所示，调压后的电压一端由 WHK 的 7-8 进入控制板盒 22 端子，另一端进入控制板盒 23 端子，此取样电压与基准电压范围进行比较，输出电压超上（或下）限时，控制板盒控制 JG（或 JD）励磁吸起，JG 的 61-63 端子闭合（或 JD 的 42-43 端子闭合），此时若 WHK 位于"自动"挡位，3-4 闭合，就接通了 JYJ（或 SYJ）励磁电路，再利用 JYJ 或 SYJ 继电器接点控制电动机反转（或正转），带动感应调压器降压（或升压）。

手动升压时，先将 WHK 扳至手动挡位，接通 5-6，再按下 1KA，1KA 的 3-4 闭合，接通 SYJ 励磁电路，利用 SYJ 前接点接通电动机，电动机正转，带动感应调压器升压。

手动降压时，先将 WHK 扳至手动挡位，接通 5-6，再按下 2KA，2KA 的 3-4 闭合，接通 JYJ 励磁电路，利用 JYJ 前接点接通电动机，电动机反转，带动感应调压器降压。

测量自动调压精度时需要使用手动调压。先手动升压或手动降压至超出电压允许波动范围，再将 WHK 扳至自动挡位，自动调压控制电路启动调压，调压结束后根据输出电压结果与 220 V 标准值比较，可计算出自动调压精度，若精度超出技术要求，需要检修自动调压控制电路。

行程开关 3KA、4KA 分别在电压调至下限、上限时动作，1-2 断开，3-4 闭合，断开 JYJ 或 SYJ 励磁电路，不再调压。同时通过行程开关 3-4 接通 DL 报警电路。

保护板盒 HBH 采样调压后的输出电压，升压超上限时，HBH 端子 41-42 断开，42-43 闭合，切断 SYJ 励磁电路，接通 DL 报警电路。

（4）电动机制动电路。

调压结束，电动机依靠惯性会继续转动，若转动时间过长，会导致输出电压偏离 220 V，利用电动机制动电路可以使电动机快速停转。在需要制动时，为电动机定子线圈加上直流电，电动机内部产生恒定的磁场，电动机依靠惯性转动切割磁力线，产生感应电流，继而产生电磁力，根据楞次定律，此电磁力会阻碍电动机的转动，电动机会快速停转。电路如附图 1 所示，通过整流器 1GZ 获得直流电。

① 不调压时不需制动：SYJ 落下，JYJ 落下，制动继电器 ZDJ 落下，直流电未接通。

② 正在调压时不需制动：SYJ 和 JYJ 总有一个励磁吸起，另一个失磁落下，直流电未接通。此时 ZDJ 励磁吸起，电容 C_2 正在充电。

③ 调压刚结束，需要制动：SYJ 落下，JYJ 落下，电容 C_2 放电，ZDJ 缓放（ZDJ 仍为吸起状态），此时直流电电路沟通，电动机快速停转。电容 C_2 的放电电压低至不能使 ZDJ 吸起时，ZDJ 落下，直流电电路断开，制动结束。

ZDJ 缓放时间由电容器放电电路决定，若需要延长缓放时间，可增大电容量或增大放电回路电阻 R_2；若需要缩短缓放时间，可减小电容量或减小放电回路电阻 R_2。

（二）交直流屏图纸识读

交直流屏将输入电源变换为信号设备需要的交流电源和直流电源并输出。PYJZ-10Y 型中站交直流电源屏电路图如附图 2 所示，参数见表 3-1-1。

表 3-1-1　交直流屏电源参数

序号	输出回路	电压/V	电流/A
1	电动转辙机电源	直流 220	12
2	继电器电源	直流 24	15
3	信号点灯电源	交流 220	2.5 + 2.5
4	轨道电路电源	交流 220	2.5 + 2.5
5	道岔表示电源	交流 220	1
6	表示灯电源	交流 24	2.5
7	闪光电源	交流 24	2
8	闭塞电源	直流 24/36/48/60	2

经稳压后的交流电源由调压屏引出来，用若干台干式变压器进行隔离，其中变压器 BZ 供继电器动作电源、控制台表示灯电源用；变压器 BD 供电动转辙机动作电源用；信号变压器 BX 供信号点灯电源两线路用；轨道变压器 BG 供轨道电路电源两线路和道岔表示电源用；闭塞方向电源整流变压器 ZBF 供闭塞电源用。

各种电源的输出端分别设有监督继电器 BSJ、JDJ、DDJ、1XHJ、2XHJ、1GDJ、2GDJ、DBJ、1BJ、2BJ、3BJ、4BJ，用来监视控制台表示电源、继电器动作电源、电动转辙机电源、信号点灯电源、轨道电路电源、道岔表示电源和闭塞电源的工作情况。正常时，它们都吸起，分别用前接点点亮各自的工作表示灯（白色）。若某种电源故障时，相应的监督继电器落下，对应工作灯熄灭，通过监督继电器后接点点亮故障表示灯 GHD（红灯），并使蜂鸣器 FMQ 鸣响，通知信号值班人员前来处理。转换至备用屏后，拉断故障屏的输入开关，GHD 熄灭，FMQ 停止鸣响。

两面交直流屏的各相应输出端子并接后向外供电，分别用隔离开关 1S ~ 12S 进行通断，即主用屏的 1S ~ 12S 都扳至接通位置，备用屏的 1S ~ 12S 都置于断开位置。欲转换至备用屏供电时，先将设在中站调压屏的备用屏输入开关闭合，备用屏的 1S ~ 12S 扳至接通位置，再将原主用屏的 1S ~ 12S 扳断，再扳断设在中站调压屏的原主用屏输入开关，就可使原主用屏完全断电，以便于维修。

转换过程中两面交直流屏同时工作时，两屏的各监督继电器都吸起，它们的前接点并联后，各屏的 4D-1 和 4D-2 端子接通，且串联后，使设在调压屏中的故障表示灯 GHD 点亮，蜂鸣器 1FMQ 鸣响（为了能与上述交直流屏中 FMQ 相区别，故设在调压屏中，如附图 1 所示）。这是正常现象，转换完毕蜂鸣器即停止鸣响。

屏面上的测试仪表和万能转换开关配合可以测试交直流屏的各路输出电源的电压和电流信息。

输出、指示灯、
报警电路原理

1. 控制台表示灯电源

控制台表示灯电源为 24 V 交流电源；额定输出电流 12.5 A（包括闪光电源）。它直接由变压器 BZ 副边线圈 II 1-II 3 引出，在端子 1D-5、6、7 和 1D-8、9、10 上输出。若电路工作正常，继电器 BSJ 励磁吸起，利用继电器 BSJ 前接点，接通 SBD 工作灯，说明表示灯电源正常。若电路故障断电，则继电器 BSJ 失磁落下，工作灯 SBD 灭，利用继电器 BSJ 后接点接通故障灯 GHD 和故障铃 FMQ 电路，以示报警。

2. 继电器电源

继电器动作电源为直流 24 V，额定输出电流为 15 A。交流变压器 BZ 副边 III 1-III 2 线圈引出，经 1GZ 全波整流，经电感线圈 L 和电容器 C_1 组成的"L"型滤波电路滤波后输出，电源输出端设有防雷组合单元 1FL。若工作正常，继电器 JDJ 励磁吸起，利用继电器前接点，接通 JBD 工作灯，表示继电器电源正常。若电路故障断电，则继电器 JDJ 失磁落下，工作灯 JBD 灭，利用继电器 JDJ 后接点接通故障灯 GHD 和故障铃 FMQ 电路，以示报警。安培表 PA_1 和分流器 1FLQ 配套测量输出电流。伏特表 PV_1 测量电压。

3. 电动转辙机电源

电动转辙机电源又称为道岔动作电源，直流转辙机需要直流 220 V，额定输出电流为 12 A。交流电由变压器 BD 副边 II 1-II 2 线圈引出，经 2GZ 全波整流后输出。电源输出端设有防雷组合单元 2FL。若工作正常，继电器 DDJ 励磁吸起，利用继电器前接点，接通 DBD 工作灯，表示继电器电源正常。若电路故障断电，则继电器 DDJ 失磁落下，工作灯 DBD 灭，利用继电器 DDJ 后接点接通故障灯 GHD 和故障铃 FMQ 电路，以示报警。伏特表 PV_2 测量电压，安培表 PA_2 和分流器 2FLQ 配套测量输出电流。

4. 信号点灯电源

信号点灯电源为交流 220 V，分为两束向室外信号机供电，每束额定输出电流 2.5 A。两线束分别由变压器 BX 副边的 II 1-II 2 和 III 1-III 2 线圈引出。若工作正常，继电器 1XHJ 及 2XHJ 励磁吸起，利用两个继电器的前接点串联接通 XBD 工作灯电路。若某束电路故障，对应的继电器失磁落下，XBD 工作灯灭，利用继电器后接点接通故障灯和故障铃电路，以示报警。安培表 PA_3 与电流互感器 1LH、2LH 及万能转换开关 2WHK 配套测量信号点灯输出电流，伏特表 PV_3 和万能转换开关 1WHK 配套，在测试点①②、③④处测量信号点灯电压。

5. 轨道电路电源

轨道电路电源为交流 220 V，分两束供电，每束额定输出电流为 2.5 A。两线束分别由变压器 BG 副边的 Ⅱ1-Ⅱ2 和 Ⅲ1-Ⅲ2 线圈引出。若工作正常，继电器 1GDJ 及 2GDJ 励磁吸起，利用两个继电器的前接点串联接通 GBD 工作灯电路。若某束电路故障，对应的继电器失磁落下，GBD 工作灯灭，利用继电器后接点接通故障灯 GHD 和故障铃 FMQ 电路，以示报警。安培表 PA_3 测量电流，伏特表 PV_3 测试电压。

6. 道岔表示电源

道岔表示电源从变压器 BG 副边的 Ⅲ1-Ⅲ2 线圈引出，为交流 220 V，额定输出电流为 1 A。若工作正常，继电器 DBJ 励磁吸起，利用继电器前接点，接通 CBD 工作灯，表示道岔表示电源正常。若电路故障断电，则继电器 DBJ 失磁落下，工作灯 CBD 灭，利用继电器 DBJ 后接点接通故障灯 GHD 和故障铃 FMQ 电路，以示报警。电压值与轨道 Ⅱ 路电压相等。

7. 闭塞电源

闭塞电源为直流 24 V/36 V/48 V/60 V 可调，分四束供电。四线束分别由变压器 ZBF 及整流器 4～7GZ 供出，可调节变压器副边抽头改变输出电压。此时应调节对应电路中的 RP_1～RP_4，使 1～4BJ 能正常吸起。若工作正常，继电器 1～4BJ 励磁吸起，利用 1BJ 和 2BJ 继电器的前接点串联接通 1、2BBD 工作灯电路，利用 3BJ 和 4BJ 继电器的前接点串联接通 3、4BBD 工作灯电路。若某束电路故障，对应的继电器失磁落下，对应工作灯灭，利用继电器后接点接通故障灯 GHD 和故障铃 FMQ 电路，以示报警。4～7GZ 整流器在一块电路板上，直流伏特表 PV_4 和万能转换开关 3WHK 配套，在测试点⑨⑩、⑪⑫、⑬⑭、⑮⑯处分别测得闭塞回路的电压值。

三、电源屏操作

设备操作

（一）两路输入电源切换操作

1. Ⅰ路输入电源供电切换至 Ⅱ 路输入电源供电

断开 1HK，Ⅱ 路输入电源供电正常后，再闭合 1HK，Ⅰ 路输入电源备用。

2. Ⅱ路输入电源供电切换至 Ⅰ 路输入电源供电

断开 2HK，Ⅰ 路输入电源供电正常后，再闭合 2HK，Ⅱ 路输入电源备用。

（二）调压器操作

1. 甩开调压器

将 4S 开关置于备用位置，再断开 3S，调压器被甩开，可以对其进行检修。

2. 接入调压器

先闭合 3S，再将 4S 开关置于主用位置，接入调压器，调压后的稳压电源向交直流屏供电。

（三）调压操作

手动升压：将 WHK 扳至手动挡位，按下按钮 1KA，升压开始，升压至标准电压后松开按钮 1KA，将 WHK 扳至自动挡。

手动降压：将 WHK 扳至手动挡位，按下按钮 2KA，降压开始，降压至标准电压后松开按钮 2KA，将 WHK 扳至自动挡。

（四）倒屏操作

A 交直流屏工作转换至 B 交直流屏工作：先将 B 屏总开关 8S 闭合，闭合 B 屏的各个输出开关 1S～12S，确认 B 屏工作正常后，先断开 A 屏的各个输出开关 1S～12S，再断开 A 屏总开关 7S。

B 交直流屏工作转换至 A 交直流屏工作：先将 A 屏总开关 7S 闭合，闭合 A 屏的各个输出开关 1S～12S，确认 A 屏工作正常后，先断开 B 屏的各个输出开关 1S～12S，再断开 B 屏总开关 8S。

任务二　大站机械电源屏认知

【学习目标】

【素质目标】

（1）培养学生对知识的探索精神，感受设备设计的逻辑性。

（2）培养学生严谨的工作态度和团队协作精神。

（3）引导学生严格遵守规章制度，严禁违章作业。

【知识目标】

（1）掌握大站信号机械电源屏的结构与功能。

（2）掌握转换屏、交流调压屏、交流屏、直流屏的电路组成和工作流程。

【能力目标】

（1）会识读大站信号机械电源屏图纸。

（2）能进行图物对照。

（3）具备熟练操作电源屏的能力，能够准确无误地进行开关机操作、两路输入电源切换操作、甩开（接入）调压屏操作、交流屏倒屏操作、直流屏倒屏操作。

【相关知识】

一、大站机械电源屏简介

大站计算机联锁
电源屏综述

大站电源屏按容量分为 15 kV·A 和 30 kV·A 两种不同的规格。

15 kV·A 的大站电源屏有感应调压式和无触点补偿式，30 kV·A 大站电源屏为感应调压式。本任务以感应调压式 15 kV·A 大站电源屏为例予以介绍。

感应调压式 15 kV·A 大站电源屏由 6 面屏构成，分别为转换屏 1 面、交流调压屏 1 面、交流屏主备 2 面和直流屏主备 2 面，采用两路三相交流输入，由转换屏完成两路电源切换和主备屏切换；调压屏进行交流稳压；交流屏、直流屏产生各种交直流电源，再经转换屏输出。

大站电源屏参数见表 3-2-1，电路如图 3-2-1 所示。

表 3-2-1　大站电源屏电源参数

回路类别			输出容量			
			供电电压/V	最大输出电流/A	功率/（kV·A）	变压器容量/（kV·A）
感应调压器输出回路			三相 AC 380	31	20	
输出回路	信号点灯电源		AC 220、180	5×4		2.5
	轨道电路电源	Ⅰ、Ⅱ	AC 220、127	20		5
		Ⅲ、Ⅳ	AC 220	20（220 V）、5（127 V）		
	道岔表示电源		AC 220	4		
	表示灯电源		AC 24、19.6	50		
	闪光电源		AC 24、19.6		0.1	
	继电器电源		DC 24、26、28	40		
	电动转辙机电源		DC 220、210、230、240	30		
	闭塞电源		DC 24、30、48、60	1×4		0.35

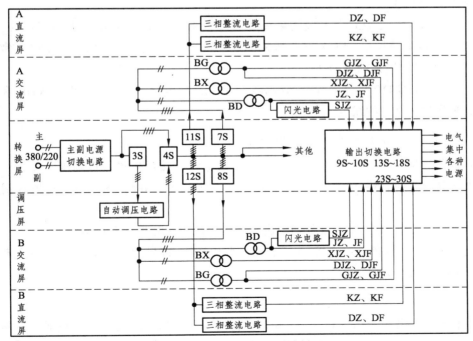

图 3-2-1　大站电源屏电路框图

二、电源屏图纸识读

大站计算机联锁转换调压屏

（一）转换屏图纸识读

以 PH1 型转换电源屏为例来讲解图纸识读。转换屏的作用：进行两路电源的转换；交流屏、直流屏主备用屏的手动转换，可做到备用屏完全断电；调压屏故障或需检修时可手动切除，并做到调压屏完全断电；输入、输出电源汇接。

转换电源屏电路包括两路电源切换电路、两面交流屏转换电路、两面直流屏转换电路、甩开调压屏电路，PH1 型大站转换电源屏电路如附图 3 所示。

1. 两路电源切换电路

（1）在转换开关 1HK 闭合、2HK 断开的情况下，依次闭合断路器 1S、2S，此时交流接触器 1XLCl 励磁、2XLC 失磁，Ⅰ路工作电源表示灯 1BD 点亮，然后再闭合 2HK。

（2）闭合隔离开关 3S，Ⅰ路电源经 1XLC 主触头（L_1-T_1、L_2-T_2、L_3-T_3）送至调压屏，Ⅱ路电源不能供出。

（3）Ⅰ路电源停电或手动切换按下停止按钮 1TA 时，1XLC 失磁落下，1XLC 主触头断开，切断Ⅰ路电源供电，2XLC 主触头（L_1-T_1、L_2-T_2、L_3-T_3）闭合，将Ⅱ路电源送至调压屏。Ⅱ路工作电源表示灯 2BD 点亮。

（4）断相监督继电器 1DXJ~4DXJ 分别跨接在Ⅰ、Ⅱ路电源的 V-O 间、W-O 间。任何一路电源的任何一相发生断相，都可以使 1XLC 失磁或 2XLC 失磁，切换至另一路供电。电源表示灯 1HD、2HD 既可以监督输入电源，也可以监督断相。1DXJ~4DXJ 的第 4 组后接点可接通报警音响 1FMQ。

（5）通过 1XLC、2XLC 常开辅助触头 21-22，可接通控制台主副电源表示灯（L、B）和报警电铃 DL。按下或拉出 ZFDA 可控制 ZFDJ↑或↓用于切断 DL。1XLC 和 2XLC 常开触头 43-44 用于接通屏内报警蜂鸣器 3FMQ。

（6）点灯变压器 DB 提供电源屏面板表示灯的 6.3 V 电源。万能转换开关 WHK 和电压表用于测试两路输入电源的线电压。

2. 电源直供电路（甩开调压屏电路）

（1）正常情况下隔离开关 4S 置于 1'-2'、3'-4'、5'-6'接通位置，将调压屏稳压后的电源接入。调压屏故障时，将 4S 扳到 1-2、3-4、5-6 接通位置，并将 3S 断开，可甩开调压屏直接供电。

（2）闭合断路器 5S、6S，可分别输出不稳压备用电源和稳压备用电源。

（3）控制台设信号调压按钮 XTA 和表示灯调压按钮 BTA，用来控制信号调压继电器 XTJ 和表示灯调压继电器 BTJ。

3. 交流屏转换电路

（1）平时将隔离开关 7S 闭合、8S 断开，稳压后的三相电源送至 A 交流屏。将隔离开关 10S 闭合，13S~18S、23S 置于 1-2、3-4 接通，1'-2'、3'-4'断开位置，A 交流屏供电。

（2）A交流屏故障或检修时，先闭合8S、9S，并将13S～18S、23S置于1-2、3-4断开，1′-2′、3′-4′接通位置，B交流屏供电，然后断开10S、7S。转换过程控制台表示灯不间断。

（3）交流屏工作继电器AJZJ、BJZJ分别监督A、B交流屏工作状态。

（4）A交流屏工作时，将3HK置于1-2、4-5接通位置，A交流屏中某一输出电源故障时，A交流屏2D-13、2D-14接通，2D-15、2D-16接通，故障表示灯AJHD和蜂鸣器1FMQ报警。B交流屏工作时，将3HK置于1-3、4-6接通位置，B交流屏中某一输出电源故障时，B交流屏2D-13、2D-14接通，2D-15、2D-16接通，故障表示灯BJHD和蜂鸣器1FMQ报警。

（5）轨道电源分4束供电，每束设一个轨道供电监督继电器1GDJ～4GDJ，第1组前接点作为6502轨道停电继电器GDJ的工作条件，第2组前接点作为交流屏轨道电源监督继电器1GDJ、2GDJ的检查条件。

4. 直流屏转换电路

（1）平时将隔离开关11S闭合、12S断开，稳压后的三相电源送至A直流屏。将隔离开关24S闭合，26S～30S置于1-2、3-4接通，1′-2′、3′-4′断开，A直流屏供电。

（2）A直流屏故障或检修时，先闭合12S、25S，并将26S～30S置于1-2、3-4断开，1′-2′、3′-4′接通位置，然后断开24S、11S，B直流屏供电。转换过程中继电器电源不间断。

（3）直流屏工作继电器AZZJ、BZZJ分别监督A、B直流屏工作状态。

（4）A直流屏工作时，将4HK置于1-2、4-5接通位置，A直流屏中某一输出电源故障时，A直流屏1D-13、1D-14接通，1D-15、1D-16接通，故障表示灯AZHD和蜂鸣器2FMQ报警。B直流屏工作时，将4HK置于1-3、4-6接通位置，B直流屏中某一输出电源故障时，B直流屏1D-13、1D-14接通，1D-15、1D-16接通，故障表示灯BZHD和蜂鸣器2FMQ报警。

（5）转辙机电源DZ输出端3D-11、3D-12间串联控制台上的电流表。

（二）交流调压屏图纸识读

交流调压屏由调整系统、驱动系统、控制系统组成，完成交流稳压。电路流程如图3-2-2所示，PDT-20Y型大站调压电源屏电路如附图4所示。

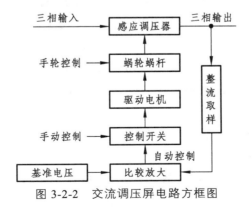

图3-2-2 交流调压屏电路方框图

1. 调整系统

调整系统包括三相感应调压器、蜗轮及蜗杆。

2. 驱动系统

驱动系统包括三相异步电动机和相关控制电路。正常工作时闭合 1ZK、2ZK、3ZK。

（1）升压动作继电器 SYDJ 和降压动作继电器 JYDJ 分别受升压继电器 SYJ 和降压继电器 JYJ 控制，并联后跨接在 C 相、O 相间。

（2）需要升压时，SYJ↑→SYDJ↑，将三相电源 A、B、C 接到电动机 1、2、3，电机正转，电压升高。利用 SYJ 的 41、42 点亮升压灯 SHD。调整完毕，SYJ↓→SYDJ↓→电机停转。

（3）需要降压时，JYJ↑→JYDJ↑，将三相电源 A、B、C 接到电动机 3、2、1，电机反转，电压降低。利用 JYJ 的 41、42 点亮降压灯 JLD。调整完毕，JYJ↓→JYDJ↓→电机停转。

（4）断相保护继电器 DXJ 由 3GZ 供电，平时 C_8、C_9、C_{10} 公共点为 0 电位，3GZ 无输出，DXJ↓，发生断相时，3GZ 输出直流使 DXJ↑，用 11-13、21-23 切断电机电源，用 41-43 切断 SYDJ 或 JYDJ 电路，用 31-32 接通断相报警灯 DXD 和 FMQ。

（5）5GZ 提供制动继电器 ZDJ 电源，6GZ 提供电机制动电源。当 SYDJ↑ 或 JYDJ↑ 时 ZDJ↑，调压结束，SYDJ↓ 或 JYDJ↓，利用 ZDJ 缓放将直流电压加到电机 1、3 端制动。2R、11C 吸收感应电势。

3. 控制系统

控制系统包括比较放大电路（电压控制板 1B）和控制继电器电路。

（1）将 2WHK 置于"自动"位置（1-4、5-8）。经变压器 1SB ~ 3SB 降压，三相整流器 4GZ 输出直流 28 V，通过 A_5-A_6，经 R_{17} 降压、VZ_2 和 VZ_3 稳压、C_3 滤波，1B 得到直流 22 V 工作电源。

（2）由 VZ_1 得到基准电压，分别送至运放 F_1 的正向输入端和 F_2 的反向输入端。

（3）由 R_9、R_{11}、RP_1 串联提供的取样电压送至 F_1 反向输入端；由 R_{10}、R_{15}、RP_2 串联提供的取样电压送至 F_2 正向输入端。

（4）取样电压升高 3% 时，F_1 反向输入端电位降低，F_1 输出高电位→VT_1 导通→高压继电器 JG↑→JYJ↑→JYDJ↑（JYJ：W 相—$2WHK_{5-8}$—A_4—JD_{1-9}—JG_{8-12}—A_8—SYJ_{51-53}—JYJ_{1-2}—$4KA_{1-2}$—$3KA_{1-2}$—O 相）。

（5）取样电压降低 3% 时，F_2 正向输入端电位升高，F_2 输出高电位→VT_2 导通→低压继电器 JD↑→SYJ↑→SYDJ↑（SYJ：W 相—$2WHK_{5-8}$—A_4—JG_{9-1}—JD_{12-8}—A_7—HBH_{41-42}—JYJ_{51-53}—SYJ_{1-2}—$4KA_{1-2}$—$3KA_{1-2}$—O 相）。

（6）自动调压至标准值后，取样电压恢复标准，F_1（F_2）关闭→VT_1（VT_2）截止→JG↓（JD↓）→JYJ↓（SYJ↓）→JYDJ↓（SYDJ↓）。

（7）需进行手动调压时，将 2WHK 置于"手动"位置（6-7 接点闭合）。升压：按下 1KA→SYJ↑→SYDJ↑。降压：按下 2KA→JYJ↑→JYDJ↑。直接转动调压器手轮也可手动调压。

（8）电路中 3KA、4KA 为感应调压器的行程开关，转子旋转至极限时动作；HBH 为保护板盒，升压达到 420 V 时 41-42 接点断开。

（三）交流屏图纸识读

PJ-15 型交流电源屏供给电气集中所需的各种交流电源。经调压屏稳压后的交流电源由转换屏引至本屏，在屏内进行隔离、变压及转换成闪光电源，分别向信号机、轨道电路、道岔表示继电器和控制台表示灯供电。一套设备有两面交流屏，一面使用，另一面备用。PJ-15 型大站交流电源屏电路如附图 5 所示。

1. 信号点灯电源（XJZ、XJF）

（1）由信号变压器 BX1、BX2 次级得到相互隔离的 4 束电源，对信号机分束供电。

（2）夜间可降压供电。在控制台上按下 XTA→1XTJ↑、2XTJ↑，改变次级使用抽头，输出 180 V。拉出 XTA→1XTJ↓、2XTJ↓，恢复为 220 V。控制台设 L、U 表示灯。

2. 轨道电路电源（GJZ、GJF）

轨道变压器 BG1 的输出 1D-10 和 1D-11 经转换屏分为Ⅰ、Ⅱ束，BG2 的输出 1D-14 和 1D-15 经转换屏分为Ⅲ、Ⅳ束。1D-10、1D-16 输出站内电码化电源。

3. 道岔表示电源（DJZ、DJF）

经轨道变压器 BG1 次级输出（功耗较小，未单独设置变压器，JPXC-1000 约 0.5 W）。

4. 表示灯电源（JZ、JF）

（1）经表示灯变压器 BD 隔离、降压后输出，夜间可调整为 19.6 V。在控制台上按下 BTA→BTJ↑，改变初级使用抽头，输出 19.6 V。拉出 BTA→BTJ↓，恢复为 24 V。

（2）闪光电源 SJZ 由交直流两用的闪光板盒 SGBH 输出，电路如图 3-2-3 所示。

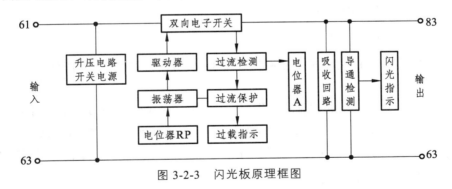

图 3-2-3　闪光板原理框图

闪光板上设置两个 LED 指示灯：供电及过载保护指示灯和闪光状态指示灯。正常工作时，供电及过载保护指示灯为绿色常亮，过载时为绿色闪亮。闪光状态指示灯与负载的闪光频率同步，交流供电时，此灯为橙色；直流供电时，此灯为红色。

闪光板上设置两只调整电位器。其中，"电位器 RP"调整闪光频率，出厂时已将闪光频率调整在 90 次/min。顺时针调整，频率升高；逆时针调整，频率降低。"电位器 A"调整过载保护电流。

变压器 BD 副边还有 22 V 和 30 V 抽头。

继电器 BSJ、1XHJ～4XHJ、1GDJ、2GDJ、DBJ 并接在各种电源的输出端，分别用来监视各电源的工作情况。通常它们都吸起，用它们的前接点分别点亮 BBD、XBD、1GBD、2GBD

和 DBD，表示工作正常。当某种电源故障时，相应的监视继电器落下，通过其后接点在转换屏中报警，以通知进行人工转换。其中，交流屏 1GDJ 的吸起还需检查转换屏中轨道电路各线束的监视继电器 1GDJ、2GDJ、3GDJ、4GDJ 的吸起状态。

交流电压表 $PV_1 \sim PV_4$ 分别用来测量信号点灯电源的各线束的输出电压。PV_5 用来测量控制台表示灯电源的输出电压。PV_6、PV_8 分别用来测量轨道电路电源Ⅰ、Ⅱ和轨道电路电源Ⅲ、Ⅳ的输出电压。PV_7 用来测量轨道电路电码化电源的输出电压。

交流电流表 $PA_1 \sim PA_4$ 和电流互感器 1LH ~ 4LH 配合分别用来测量信号点灯电源的各线束的输出电流。交流电流表 PA_5、PA_7 和电流互感器 5LH、7LH 配合分别用来测量轨道电路电源Ⅰ、Ⅱ和轨道电路电源Ⅲ、Ⅳ的输出电流。交流电流表 PA_6 和电流互感器 6LH 配合用来测量道岔表示电源的输出电流。

5. 其他电路

各路输出正常，监督继电器励磁，后接点断开，2D-13、2D-14 断开，2D-15、2D-16 断开，若有任一路故障，对应监督继电器失磁，上述接点闭合，接通转换屏中的报警灯和报警铃。

（四）直流屏图纸识读

PZ-15 型直流电源屏供出 24 V 和 220 V 直流电源，分别作为继电器和直流电动转辙机的动作电源，还提供两束闭塞电源和两束方向电源，根据需要可供出 24 V、36 V、48 V 或 60 V 电源。

一套设备中有两面直流屏，一面使用，另一面备用，可通过转换屏人工转换。PZ-15 型大站直流电源屏电路图如附图 6 所示。

1. 继电器电源（KZ、KF）

（1）三相变压器 JDB 次级连接三相整流器 1GZ，1GZ 输出直流电压脉动系数小、平滑度好。

（2）断路器 1ZK、3ZK 起过流防护作用，C_1、R_1 可吸收感应电势，同时也起滤波作用。

（3）改变三相变压器初级抽头，可将直流输出电压提高到 26 V 或 28 V。

（4）电压表 PV_1 测试输出电压，直流电流表 PA_1 与分流器 1FLQ 配合，测试输出电流。

2. 转辙机电源（DZ、DF）

用三相变压器 DZB 隔离变压，三相整流器 2GZ 输出直流。改变 DZB 次级抽头可将输出电压改变为 210 V、230 V、240 V。C_2、R_2、PV_2、PA_2、2FLQ 的作用同继电器电源电路。

3. 闭塞电源和方向电源

（1）由变压器 ZFB 隔离、变压，次级 4 个绕组分别连接 4GZ ~ 7GZ，分别输出闭塞Ⅰ、闭塞Ⅱ、上行方向、下行方向电源。

（2）改变次级抽头可获得 24 V、36 V、48 V、60 V 输出电压。

（3）输出端⑤、⑥、⑦、⑧、⑨、⑩、⑪、⑫与万能转换开关 WHK 连接，用伏特表 PV_3 对输出电压分别进行测试。

　　每一路输出电源设一个监督继电器：JDJ、DZJ、Z_1J、Z_2J、SFJ、XFJ。吸起时点亮相应的表示灯，落下时后接点闭合，2D-13、2D-14 及 2D-15、2D-16 接通，转换屏内的报警灯和报警铃被接通。

三、电源屏操作

　　大站电源屏要进行的操作包括开（关）机操作、两路输入电源切换操作、甩开（接入）调压屏操作、交流屏倒屏操作、直流屏倒屏操作等。这些操作需要使用的开关或按钮大部分设置在转换屏平面上，只有各屏的输出开关设置在相应屏后，方便操作。

（一）开关机操作

　　开机前，检查电源屏屏面和屏后所有开关，使开关置于断开位置。下面仅介绍开机操作，关机操作顺序与开机操作顺序相反。

　　（1）在转换开关 1HK 闭合、2HK 断开的情况下，闭合断路器 1S，此时交流接触器 1XLC↑、2XLC↓，Ⅰ路电源灯点亮，Ⅰ路工作灯点亮，Ⅰ路正常供电。

　　然后再依次闭合 2S 和 2HK，Ⅰ路电源灯点亮，Ⅱ路正常备用。

　　（2）闭合转换屏内部开关 3S，将 4S 置于"主用"位置，即 4S 为 1′-2′、3′-4′、5′-6′接通位置，将调压屏接入电路进行稳压。

　　（3）若闭合 7S 和 11S，此时 8S 和 12S 为断开，则 A 交流屏和 A 直流屏工作，B 交流屏和 B 直流屏备用。

　　若闭合 8S 和 12S，此时 7S 和 11S 为断开，则 B 交流屏和 B 直流屏工作，A 交流屏和 A 直流屏备用。

　　（4）将工作的交流屏和直流屏后的各输出开关扳至闭合位置，电源屏各电源正常输出。

　　（5）若为 A 交流屏和 A 直流屏工作，则将 3HK 扳至 A 交流屏位置（1-2 通），将 4HK 扳至 A 直流屏位置（4-5 通）。若 A 交流屏或 A 直流屏中某路电源有故障，则转换屏内报警灯和报警铃报警。

　　若为 B 交流屏和 B 直流屏工作，则将 3HK 扳至 B 交流屏位置（1-3 通），将 4HK 扳至 B 直流屏位置（4-6 通）。若 B 交流屏或 B 直流屏中某路电源有故障，则转换屏内报警灯和报警铃报警。

（二）两路输入电源切换

　　（1）可使用自复式按钮 1TA 和 2TA。按下按钮为断开，松开按钮，按钮自动闭合。1TA 和 2TA 常态均为闭合。操作方法如下：

　　Ⅰ路输入切换至Ⅱ路输入电源：按下停止按钮 1TA，Ⅱ路工作灯点亮，Ⅱ路正常工作。松开 1TA，Ⅰ路电源正常备用。

　　Ⅱ路输入切换至Ⅰ路输入电源：按下停止按钮 2TA，Ⅰ路工作灯点亮，Ⅰ路正常工作。松开 2TA，Ⅱ路电源正常备用。

（2）可使用开关 1HK 和 2HK，开关竖直为闭合，开关水平为断开。1HK 和 2HK 常态均为闭合。操作方法如下：

Ⅰ路输入切换至Ⅱ路输入电源：将 1HK 断开，切换至Ⅱ路电源工作，Ⅱ路工作灯点亮。再将 1HK 闭合，Ⅰ路电源正常备用。

Ⅱ路输入切换至Ⅰ路输入电源：将 2HK 断开，切换至Ⅰ路电源工作，Ⅰ路工作灯点亮。再将 2HK 闭合，Ⅱ路电源正常备用。

（三）A、B 交流屏倒屏（各开关设置在转换屏内）

1. A 屏工作转换至 B 屏工作

平时隔离开关 7S 闭合、8S 断开，稳压后的三相电源送至 A 交流屏；隔离开关 10S 闭合，13S～18S、23S 置于 1-2、3-4 接通，1′-2′、3′-4′断开位置，A 交流屏供电。

A 交流屏故障或检修时，先闭合 8S、9S，并将 13S～18S、23S 置于 1-2、3-4 断开，1′-2′、3′-4′接通位置。此时 A、B 交流屏同时供电，报警铃响。然后，断开 10S、7S，A 交流屏停止供电，报警铃停止报警。

2. B 屏工作转换至 A 屏工作

平时隔离开关 8S 闭合、7S 断开，稳压后的三相电源送至 B 交流屏；隔离开关 9S 闭合，13S～18S、23S 置于 1′-2′、3′-4′接通，1-2、3-4 断开位置，B 交流屏供电。

B 交流屏故障或检修时，先闭合 7S、10S，并将 13S～18S、23S 置于 1-2、3-4 接通，1′-2′、3′-4′断开位置。此时，A、B 交流屏同时供电，报警铃响。然后，断开转换屏的 9S、8S，B 交流屏停止供电，报警铃停止报警。

（四）A、B 直流屏倒屏（各开关设置在转换屏内）

1. A 屏工作转换至 B 屏工作

平时隔离开关 11S 闭合、12S 断开，稳压后的三相电源送至 A 直流屏。将隔离开关 24S 闭合，26S～30S 置于 1-2、3-4 接通，1′-2′、3′-4′断开位置，A 直流屏供电。

A 直流屏故障或检修时，先闭合 12S、25S，并将 26S～30S 置于 1-2、3-4 断开，1′-2′、3′-4′接通位置，此时 A、B 直流屏同时供电，报警铃响。然后断开 24S、11S，A 直流屏停止供电，报警铃停止报警。

2. B 屏工作转换至 A 屏工作

平时隔离开关 12S 闭合、11S 断开，隔离开关 25S 闭合，26S～30S 置于 1′-2′、3′-4′接通，1-2、3-4 断开位置，B 直流屏供电。

B 直流屏故障或检修时，先闭合 11S、24S，并将 26S～30S 置于 1-2、3-4 接通，1′-2′、3′-4′断开位置，此时 A、B 直流屏同时供电，报警铃响。然后断开 12S、25S，B 直流屏停止供电，报警铃停止报警。

（五）甩开（接入）调压屏

1. 甩开调压屏（电源直供）

正常情况下隔离开关 4S 置于 1'-2'、3'-4'、5'-6'接通位置，将调压屏稳压后的电源接入。

调压屏故障时，将 4S 扳到 1-2、3-4、5-6 接通位置，并将 3S 断开，可甩开调压屏由输入电源直接供电。

2. 接入调压屏

调压屏检修完成后，先将 3S 闭合，调压屏输出电压显示正常后，再将 4S 扳到 1'-2'、3'-4'、5'-6'接通位置，接入调压屏，由调压后的稳压电源供电。

【操作练习】

一、Ⅰ、Ⅱ路电源转换

（1）Ⅰ路—Ⅱ路：先观察Ⅰ、Ⅱ路电源指示灯是否点亮。Ⅰ路工作灯点亮，此时按压 1TA 或扳动 1HK 至断后，Ⅱ路电源工作，Ⅱ路工作灯点亮，Ⅰ路工作灯灭，再将 1HK 扳至接通位置。

（2）Ⅱ路—Ⅰ路：先观察Ⅰ、Ⅱ路电源指示灯是否点亮。Ⅱ路工作灯点亮，此时按压 2TA 或扳动 2HK 至断后，Ⅰ路电源工作，Ⅰ路工作灯点亮，Ⅱ路工作灯灭，再将 2HK 扳至接通位置。

二、稳供—直供

先将 4S 接通 1-2、3-4、5-6 后，再断开 3S，调压屏完全断电，由输入电源直接供电。

三、A 交流屏 – B 交流屏

（1）平时将隔离开关 7S 闭合、8S 断开，稳压后的三相电源送至 A 交流屏。将隔离开关 10S 闭合，13S ~ 18S、23S 置于 1-2、3-4 接通，1'-2'、3'-4'断开位置，A 交流屏供电。

（2）A 交流屏故障或检修时，先闭合 8S、9S，并将 13S ~ 18S、23S 置于 1-2、3-4 断开，1'-2'、3'-4'接通位置，B 交流屏供电，然后断开 10S、7S，转换过程中，控制台表示灯不间断。

四、A 直流屏 – B 直流屏

（1）平时将隔离开关 11S 闭合、12S 断开，稳压后的三相电源送至 A 直流屏。将隔离开关 24S 闭合，26S ~ 30S 置于 1-2、3-4 接通，1'-2'、3'-4'断开位置，A 直流屏供电。

（2）A 直流屏故障或检修时，先闭合 12S、25S，并将 26S ~ 30S 置于 1-2、3-4 断开，1'-2'、3'-4'接通位置，B 直流屏供电，然后断开 24S、11S，转换过程中，直流屏输出电源不间断。

任务三 计算机联锁电源屏认知

【 学习目标 】

【素质目标】

（1）培养学生对设备安全运行的重视度和严谨的工作态度，确保在铁路信号系统中不出现因电源问题导致的安全事故。

（2）培养学生的团队合作意识和沟通能力。

（3）培养学生对铁路通信信号领域的专业认同感和敬业精神。

【知识目标】

（1）认识计算机联锁电源屏的结构。

（2）理解三相稳压电源屏和计算机联锁输出电源屏的电路原理。

【能力目标】

（1）能进行图物对照。

（2）会计算机联锁电源屏图纸识读。

（3）能进行设备操作。

【 相关知识 】

本任务以采用自动补偿式交流稳压器的计算机联锁电源屏为例进行介绍。

一、计算机联锁电源屏简介

采用自动补偿式交流稳压器（无触点稳压器）的计算机联锁电源屏，除了三相稳压电源屏外，还有计算机联锁输出屏（或计算机联锁交流屏、计算机联锁直流屏）。各种规格的计算机联锁电源屏的型号见表 3-3-1。

表 3-3-1 采用自动补偿式交流稳压器的计算机联锁电源屏的型号

容 量	5 kV·A	10 kV·A	15 kV·A	20 kV·A	30 kV·A
三相稳压屏	PW-10	PW-10	PW-15	PW-20	PW-30
A 输出屏	PSW-5-4A	PSW-10-A	PSW 15 A	PSW-20-4A	PWJ1（交流屏 2 面）
B 输出屏	PSW-5-4B	PSW-10-B	PSW-15-B	PSW-20-4B	PWZ1（直流屏 2 面）

二、电源屏图纸识读

（一）三相稳压电源屏图纸识读

计算机联锁屏-
三相输入电路

三相稳压电源屏采用无触点稳压器进行稳压。本屏输入两路三相380 V/220 V电源，可选择任一路供电，另一路备用。将供电的电源送到稳压器进行稳压。稳压器的电源分成两路，向A、B输出电源屏（或交流屏、直流屏）供电。现以15 kV·A稳压电源屏为例，介绍其电路原理。

1. 技术条件

（1）额定功率15 kV·A。

（2）输入电压：三相 380×[1+（−20%～15%）]V/220×[1+（−20%～15%）]，（50±1）Hz。

（3）输出电压：三相 380×（1±3%）V/220（1±3%）V。

（4）额定电流：22.5 A。

（5）用人工方法可做到：开机时选择任意一路电源供电，另一路备用；能对两路电源进行手动转换。当供电电源停电或其中任意一相断路时，能自动转换到备用电源供电。手动转换或自动转换的断电时间不大于0.15 s。

（6）屏中设7个指示灯。两路电源分别设红色指示灯1HL、3HL和白色指示灯2HL、4HL，红灯点亮表示该路电源有电，并且三相电无断相，白灯点亮表示该路电源供电。白色指示灯5HL点亮表示无触点稳压器工作正常；5HL灭，表示稳压器故障。红色指示灯6HL点亮，表示A输出电源屏故障；红色指示灯7HL点亮，表示B输出电源屏故障。

（7）屏内设交流电压表PV_1、PV_2、PV_3。PV_1指示Ⅰ路输入电源的电压，扳动万能转换开关1SA可依次指示各线电压和相电压；PV_2指示Ⅱ路输入电源的电压，扳动万能转换开关2SA可依次指示各线电压和相电压；PV_3指示供电电源的电压，扳动万能转换开关3SA可依次指示各线电压和相电压。交流电流表PA指示供电电源的电流，扳动万能转换开关4SA可依次指示各相电流。

2. 电路原理

PW1-15型三相稳压电源屏电路如附图7所示，包括两路输入电源转换电路、稳压电路、输出电源屏故障报警及人工倒屏电路。

计算机联锁屏-
两路电源切换

（1）两路输入电源转换电路。

在两路电源的输入端分别设置有安全型继电器1KA、2KA，交流接触器1KM、2KM，安全继电器3KA、4KA组成的断相保护电路。

在1KM控制电路中接入1KA、2KA的前接点，1KA监视A相电路，2KA监视B相电路，1KM监视C相电路，只要有一相电源断电时，1KM即失磁。2KM的工作原理同1KM两路。三相电源通过1QF、2QF引入本屏。如果由Ⅰ路电源供电，先闭合断路器1QF，1KM励磁，随之闭合2QF，使Ⅱ路电源处于备用状态。反之，若先闭合2QF，再闭合1QF，则Ⅱ路电源供电，Ⅰ路电源备用。

两路电源转换是通过 1KA、2KA、1KM 和 3KA、4KA、2KM 实现的。当 Ⅰ 路电源供电时发生故障，1KM 释放，1KM 常闭接点 21-22 接通，2KM 励磁，即由 Ⅰ 路电源自动转换到 Ⅱ 路电源供电。同理，Ⅱ 路电源供电时发生故障，2KM 释放，2KM 常闭接点 21-22 接通，1KM 励磁，即由 Ⅱ 路电源自动转换到 Ⅰ 路电源供电。

两路电源的手动转换，可通过按钮 1SB 或 2SB 进行。当 Ⅰ 路电源供电时，按下 1SB，1KM 释放，其常闭接点 21-22 接通，2KM 励磁，改由 Ⅱ 路电源供电。同理，当 Ⅱ 路电源供电时，按下 2SB，2KM 释放，其常闭接点 21-22 接通，1KM 励磁，改由 Ⅰ 路电源供电。

屏内设两路电源转换报警电路。Ⅰ 路电源供电时，将转换开关 7SA 的手柄扳向接点 1-2 接通，1-3 断开。Ⅰ 路电源故障自动转换到 Ⅱ 路电源供电时，1KM 的常开接点 31-32 闭合，电铃 1HA 鸣响。信号值班员确认后，将 7SA 扳向下方，电铃停止鸣响。

（2）稳压电路。

屏内设一套三相无触点稳压器 EW。EW 开机前，闭合断路器 3QF，供电电源即送入 EW。如果 EW 工作正常，EW 接点 11-12 接通，3KM 励磁，3KM 主触头接通，再将隔离开关 1QS 的手柄扳向上方，接通 1-2、3-4、5-6 经 EW 稳压后的电源供电。此时，将转换开关 8SA 的手柄扳向上方 1-2 接通，使电铃 1HA 不鸣响；再将 5SA 的手柄扳向右方，使其 3-4 接点接通。灯 5HL 点亮，表示 EW 工作正常。

如果 EW 发生故障，其常开接点 11-12 断开，3KM 释放，断开 EW 的输出电源。3KM 的常闭接点 21-22 接通，4KM 励磁，4KM 主触头 L_1-T_1、L_2-T_2、L_3-T_3 闭合，由外电网自动直接由 4KM 主触头及 1QS 的 1-2、3-4、5-6 向负载供电。3KM 的 31-32 接通 1HA 电路，使其鸣响。信号值班员确认后，将转换开关 8SA 扳向下方，1HA 停响。此后，把 1QS 的手柄扳向下方，1′-2′、3′-4′、5′-6′接通，断开 3QF，可对 EW 进行检修。故障排除后，先闭合 3QF，EW 工作正常后，将 1QS 的手柄扳向上方，闭合 1-2、3-4、5-6，断开外电网直供电路，恢复由 EW 供电。

（3）输出电源屏故障报警及人工倒屏电路。

调压屏声光报警电路

本屏与 A、B 输出电源屏的相关元器件组成输出电源屏故障报警及人工倒屏电路。隔离开关 2QS、3QS 的输出端分别设置监督继电器 5KA、6KA，报警红灯 6HL，电铃 1HA，转换开关 6SA。输出电源屏的监督继电器的两组常闭接点分别并联后，2XT-11 ~ 2XT-14 与本屏的端子 2XT-1 ~ 2XT-5、3XT-3 或 3XT-4 连接报警电路。

如果使用的是 A 输出电源屏，B 输出电源屏备用，闭合隔离开关 2QS，向 A 输出电源，继电器 5KA 励磁，其前接点 31-32 接通，把 6SA 扳至 "A 屏" 位置，其接点 1-2、5-6 接通，报警电路处于预警状态。当 A 屏中各输出电源工作都正常时，各监督继电器的后接点全部断开，A 屏的 2XT-11、2XT-12 断开，2XT-113、2XT-14 断开，报警电路不工作。当 A 屏中某路输出电源发生故障时，监督继电器落下，后接点接通，报警电路工作，6HL 红灯点亮，1HA 电铃鸣响。信号值班人员确认后，把 6SA 扳向 "B 屏" 位置，其接点 1-2、5-6 断开，6HL 熄灭，1HA 停止鸣响。此时，6SA 的接点 3-4、7-8 接通，使 B 屏故障报警电路处于预警状态。信号值班人员先闭合 3QS，使 B 屏工作，检查其各路输出电源，待它们工作正常后，闭合 B 屏中各输出电源的隔离开关，断开 A 屏中各输出电源的隔离开关，确认 B 屏的各负载供电后，再断开 2QS。此时，由 B 屏供电，A 屏备用。

B 屏故障报警及人工倒屏的原理与上述相同。

为确保备用输出电源屏处于断电备用状态，当 2QS、3QS 都闭合时，A、B 屏同时工作，通过 5KA、6KA 的前接点 41-42 串联接通 1HA 电路，使电铃鸣响。

计算机联锁输出电源屏

（二）计算机联锁输出电源屏

计算机联锁输出电源屏有 5 kV·A、10 kV·A、15 kV·A、20 kV·A 四种不同的规格。它们的电路结构相同，只是容量不同。若使用计算机联锁输出屏，就不使用计算机联锁交流电源屏和直流电源屏。

两面计算机联锁输出屏分别称 A 屏和 B 屏，其中一面使用，一面备用，两面可互为主备用。它们和相应容量的三相调压电源屏组成一套电源屏组，作为采用计算机联锁的车站的专用供电设备。

计算机联锁输出屏的输入电源从调压电源屏引入，根据计算机联锁信号设备的用电要求，进行隔离、变压或整流，向多种用电设施供电。

以 15 kV·A 计算机联锁输出屏为例，进行图纸识读。计算机联锁 A、B 输出电源屏电路如附图 8 所示。

1．技术条件

（1）信号点灯电源供交流 220 V（白天）、180 V（夜间）两种电压，输出电流 4×5 A。

（2）轨道电路电源供交流 220 V 电压，输出电流 4×5 A。

（3）道岔表示电源供交流 220 V 电压，输出电流 4 A。

（4）电动转辙机电源供直流 220 V 电压，输出电流 30 A。

（5）微机电源供交流 220 V 电压，输出电流 10 A。

（6）电码化电源供交流 127 V 电压，输出电流 5 A。

（7）继电器电源供直流 24 V 电压，输出电流 20 A。

（8）应急盘电源供交流 220 V 电压，输出电流 4 A。

（9）屏面为 8 种电源各设一个绿色指示灯。绿灯亮，表示工作正常；绿灯灭，表示故障。

（10）屏内设交流电压表 PV_1，扳动万能转换开关 1WHK，可分别指示四束信号点灯、轨道电路、微机电源的电压；设交流电流表 PA_1，扳动万能转换开关 2WK，可分别指示四束信号点灯电源的工作电流；设交流电流表 PA_2，扳动万能转换开关 3WK，可分别指示轨道电路、道岔表示、电码化、微机电源的工作电流；设直流电压表 PV_2、直流电流表 PA_3，对电动转辙机电源进行监视；设直流电压表 PV_3、直流电流表 PA_4，对继电器电源进行监视；设交流电压表 PV_4，对电码化电源进行监视。

2．电路原理

电动转辙机电源由变压器 ZB 变压，三相全波整流 1GZ 整流，输出直流 220 V 电源。

信号点灯电源由变压器 XB 变压，其副边有四个绕组分成四束，由 5XJ、6XJ 接点进行 220 V 和 180 V 两种电压的转换。5XJ、6XJ 受控制台上的信号调压按钮控制，5XJ 还用其前、后接点分别点亮控制台上的黄灯和绿灯。

轨道电路电源、道岔表示电源、电码化电源、应急盘电源由变压器 GB 变压，其中轨道电路电源分成四束向外供电。

计算机联锁所用微机电源由变压器 WB 变压，供交流 220 V 电源。

继电器电源由变压器 JB 变压，单相全波整流电路 2GZ 整流，向外供电 24 V 直流电源。输出电源屏中装有 5 个 ZFD 系列防雷单元 1FL～5FL。在 A 屏中，1FL～5FL 接在 4 个信号点灯电源和电动转辙机电源的输出端；在 B 屏中，1FL～5FL 接在四束轨道电路电源和道岔表示电源的输出端。A、B 输出电源屏除了 5 个防雷组合电源的接线不同之外，其余的电路完全一样。

各路电源的输出端设置人工倒屏用的隔离开关和故障报警用的监视继电器。如果各输出电源工作正常，则监视继电器吸合，其前接点接通屏面上绿灯点亮。若电源发生故障，则监视继电器落下，前接点断开，屏面上绿灯灭，后接点接通，使故障报警电路工作。

任务四　区间电源屏认知

【学习目标】

【素质目标】

（1）培养学生认真负责、严谨细致的工作态度。

（2）培养学生的团队合作意识和沟通能力。

（3）培养学生应对突发情况的心理素质和解决实际问题的能力。

【知识目标】

（1）认识区间电源屏的结构。

（2）理解两路输入电源转换电路、交流稳压电路、输出电路和表示报警电路的工作原理。

【能力目标】

（1）能够看懂 PQY-3 型三相区间电源屏的电路图纸。

（2）能掌握电路中设备的状态。

（3）能进行图物对照。

（4）能进行设备操作。

【相关知识】

一、区间电源屏简介

区间电源屏是自动闭塞的供电装置。先后有多种类型的区间电源屏，如 8 信息移频电源屏、18 信息均流多信息电源屏、18 信息无绝缘均流多信息电源屏、UM71 三相区间电源屏及 UM71 单相区间电源屏等。本任务以 PQY-3 型 UM71 三相区间电源屏为例进行介绍。

PQY-3 型三相区间电源屏是 UM71 无绝缘自动闭塞的专用供电设备，它提供无绝缘轨道电路电源、区间继电器电源、通过信号机点灯电源、方向电源、电码化电源以及站间联系电源。

一套电源设备是由两面相同的区间电源屏组成的，其中一面为主用电源屏，另一面为备用电源屏。屏内有隔离开关和断路器，控制投入运行或切断使用，实现屏内故障时的继续供电和完全断电维修。

区间电源屏技术参数见表 3-4-1。

表 3-4-1　区间电源屏技术参数

序号	输出回路	电压/V	电流/A
1	区间移频电源	直流 25	5×30
2	移频继电器电源	直流 25	10
3	区间点灯电源	交流 220	5×2
4	方向电源	交流 220	2
5	电码化电源	交流 220	10
6	站间联系电源	直流 48～60	2
7	闪光电源	交流 24	2

二、电源屏图纸识读

PQY-3 型三相区间电源屏电路包括两路输入电源转换电路、交流稳压电路、输出电路和表示报警电路。PQY-3 型三相区间电源屏电路如附图 9 所示。

（一）两路输入电源转换电路

两路输入电源转换电路原理与大站电源屏的两路输入电源转换电路相同，当某路电源发生故障或人为需要进行转换时，能在 0.15 s 内转换至另一路电源。

Ⅰ路电源的各相分别设监督继电器 1KA、2KA、3KA，Ⅱ路电源的各相分别设监督继电器 4KA、5KA、6KA，用来监督各相电源。将 1KA、2KA、3KA 的前接点串在 1XLC 电路中，4KA、5KA、6KA 的前接点串在 2XLC 电路中。当某相电源断电时，其监督继电器落下，使该路电源的 XLC 失磁，即转换至另一路电源供电。

两路输入电源的手动转换通过按钮 1SA 或 2SA 进行。

（二）交流稳压以及输出电路

本屏采用三相参数稳压器作为稳压设备，具有工作稳定、可靠性高的优点。

经两路输入电源转换电路转换的三相电源从三相参数稳压器的绕组 1、2、3、4 输入三相参数稳压器。从它的 5-6、8-9、11-12、14-15、17-18 绕组分别输出 5 路区间点灯电源；从 20-21 绕组输出方向电源；从 23-24 绕组输出电码化电源；从 23-24 绕组的输出再经变压器 TM、整流器 1GZ 整流后输出站间联系电源；从 26-28、30-32、34-36 绕组输出的交流电源分别经 2GZ、3GZ、4GZ 整流后得到的直流电源并联起来，由 L、C_1、C_2 滤波，然后分为 5 路区间移频电源和 1 路移频继电器电源。

站间联系电源出厂时输出电压为 60 V，使用时可根据实际需要调整站间联系变压器抽头来获得相应输出电压。区间移频直流输出电压出厂时是根据 160 V 输出调整的，当实际负载不足时，输出电压可能变高，可根据实际情况调整参数稳压器 WY 的输出端子，以满足技术要求。

在各路电源输出端设有监督继电器 7KA～20KA。7KA～20KA 的 8-11 后接点并联起来接入 21KA 电路，只要 7KA～20KA 中有一个落下，21KA 就吸起，接通 1HAU 警铃电路报警。

（三）表示和报警电路

其中，1KA、2KA、3KA 的前接点 6-7 串联点亮表示灯 1HL，表示 I 路电源有电；4KA、5KA、6KA 的前接点 6-7 串联点亮表示灯 2HL，表示 II 路电源有电。1XLC 的 43-44 常开触头点亮表示灯 3HL，表示 I 路电源供电；2XLC 的 43-44 常开触头点亮表示灯 4HL，表示 B 路电源供电。

7KA～11KA 的前接点 6-7 串联点亮表示灯 5HL，表示区间点灯电源正常；12KA 的前接点 6-7 点亮表示灯 6HL，表示方向电源正常；13KA 的前接点 6-7 点亮表示灯 7HL，表示电码化电源正常；14KA 的前接点 6-7 点亮表示灯 8HL，表示站间联系电源正常；15KA～19KA 的前接点 6-7 串联点亮表示灯 9HL，表示区间移频电源正常；20KA 的前接点 6-7 点亮表示灯 10HL，表示移频继电器电源正常。

21KA 的前接点 6-7 点亮表示灯 11HL，表示有某电源故障。此时，由 21KA 的前接点 9-11 接通蜂鸣器 1HAU 电路，使之鸣响。扳动开关 3SA，1HAU 暂停鸣响。故障排除后，21KA 落下，11HL 熄灭，1HAU 再次鸣响。再扳动开关 3SA，1HAU 停止鸣响。1D-82、1D-83、1D-84 所接 21KA 的 1-3、1-4 接点，为屏内故障报警信号输出端子。

1XLC、2XLC 的 13-14 常开触头提供输入电源监督条件。当两路输入电源转换时，通过 1XLC、2XLC 的 31-32 常开触头使蜂鸣器 2HAU 鸣响，扳动开关 4SA 可切断报警。

电压表 PV_1 和万能转换开关 1WHK 配合，可测量两路输入电源各相的相电压。电压表 PV_2 和万能转换开关 2WHK 配合，可测量各路区间点灯电源、方向电源、电码化电源的输出电压。电压表 PV_3 测量站间联系电源电压。电压表 PV_4 测量区间移频电源的输出电压。电流表 PA_1～PA_7 分别测量各路区间点灯电源、方向电源、电码化电源的输出电流。电流表 PA_8 和分流器 RS 配合，测量区间移频电源的输出电流。

三、电源屏操作

主、备用电源屏的转换步骤如下：

（1）转换前，应确认不影响行车使用。主用电源屏在转换前的断路器 1QF～18QF 和隔离开关 1QS～14QS 均在接通位置，备用电源屏的断路器 1QF～18QF 均在接通位置，隔离开关 1QS～14QS 均在断开位置，备屏指示灯点亮且正常。

（2）转换时，操作者确认两台电源屏使用的主、副电源一致，即主用屏和备用屏都是Ⅰ路电源工作或主用屏和备用屏都是Ⅱ路电源工作。如果不一致，应按下备用屏的1SA或2SA，使主用屏和备用屏使用同一路电源。

（3）再接通备用屏的隔离开关8QS～14QS，此时两台电源屏的区间移频电源和站间联系电源并联使用，而区间点灯电源等交流输出回路则仍由主用屏继续供电。

（4）断开主用屏的断路器1QF～18QF和隔离开关1QS～14QS，再将备用屏的1QS～7QS接通输出，区间点灯电源由备用屏供电。

至此主用屏至备用屏的转换全部结束。

备用屏至主用屏的转换过程与上述相似，只是把主用屏与备用屏互调即可。

任务五　提速电源屏认知

【学习目标】

【素质目标】

（1）培养学生对知识的探索精神。

（2）培养学生严谨的工作态度和专业的工作精神。

（3）培养学生全面思考、把握全局的意识。

【知识目标】

（1）掌握提速电源屏的结构与功能。

（2）理解输入电源引入电路、交流变压器电路、三相电源相序保护电路和表示报警电路的工作原理。

【能力目标】

（1）会提速电源屏图纸识读。

（2）能掌握电路中的设备状态。

（3）能进行图物对照。

（4）能进行设备操作。

【相关知识】

一、提速电源屏简介

为满足列车提速的要求，我国铁路近年来大量铺设提速道岔，较多地区使用S700K型电动转辙机和ZYJ7型电动液压转辙机，它们采用的是三相异步电动机，需要三相交流电源。为满足交流转辙机对三相交流电源的要求，设计了专用的交流转辙机电源屏。

　　交流转辙机电源屏按不同容量分为 PZJTI-5、PZJTI-10、PZJTI-15、PZJTI-30 四种型号，容量分别为 5 kV·A、10 kV·A、15 kV·A、30 kV·A，以满足不同规模车站的需要。

二、电源屏图纸识读

　　各种型号的交流转辙机电源屏电路结构和工作原理基本相同，本任务以 PZJTI-15 型为例进行介绍。

　　为使电路简单明了，便于掌握，将 PZJTI-15 型交流转辙机电源屏按功能不同设计成独立的单元式电路。它由输入电源引入电路、三相交流变压器电路、三相电源相序保护电器电路和报警电路 4 个单元电路组成。

（一）输入电源引入电路识读

　　输入电源引入电路如图 3-5-1 所示。

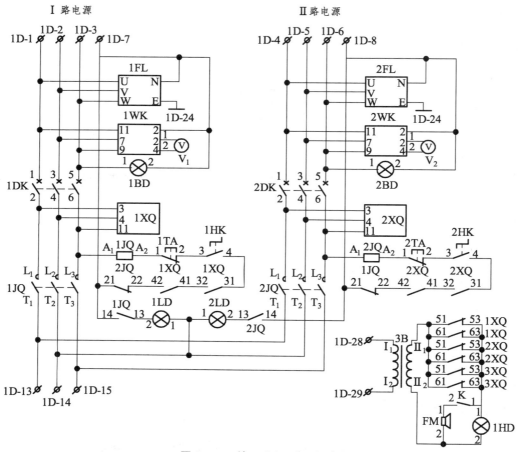

图 3-5-1　输入电源引入电路

　　输入电源引入有两种方式，可根据现场实际情况选择一种。

1. 两路三相电源引入本屏

两路三相 380 V/200 V 外电网电源直接引入本电源屏，分别接至端子 1D-1、1D-2、1D-3、零线 1D-7 和 1D-4、1D-5、1D-6、零线 1D-8 上。闭合隔离开关 1DK、组合开关 1HK（或 2DK、2HK），可从两路电源中选出一路供电，另一路备用。

通过按压按钮 1TA 或 2TA，可进行两路电源的人工转换。

如给本屏设置稳压电源，则将稳压电源的输入端接通端子 1D-13、1D-14、1D-15、零线 1D-9 上，稳压电源的输出端接至图 3-5-2 中端子 1D-10、1D-11、1D-12、零线 1D-9 上。

如不给本屏设置稳压电源，则将端子 1D-13、1D-14、1D-15 与图 3-5-2 中 1D-10、1D-11、1D-12 连接。

2. 不使用本屏的两路电源输入电路

如果不使用本屏的两路电源输入电路，可将其他电源屏经切换的三相 380 V/220 V 电源引入本屏，接至图 3-5-2 中端子 1D-10、1D-11、1D-12、零线 1D-9 上，作为供电电源。

（二）三相变压器电路

三相变压器电路如图 3-5-2 所示。屏内设 1B、2B 两台三相变压器。每个变压器有 360 V、380 V、400 V、420 V 四种输出电压可供选择，由万能转换开关 5WK、6WK 分别控制 1B、2B 的输出电压。当 5WK、6WK 的手柄扳至"1""2""3""4"位置时，输出电压分别是 360 V、380 V、400 V、420 V。通过万能转换开关 7WK 选择使用 1B 还是 2B。使用 1B 时，将 7WK 的手柄扳至"1"位置，使用 2B 时，将 7WK 的手柄扳至"2"位。

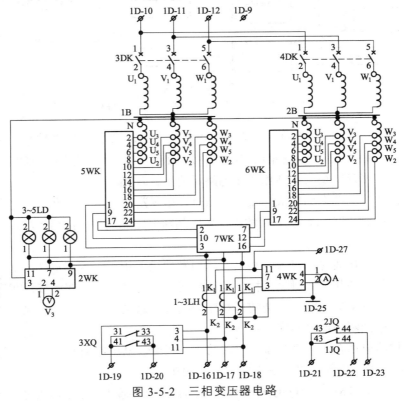

图 3-5-2 三相变压器电路

（三）三相电源相序保护器电路

屏内设三个 XBQ-1 型三相电源相序保护器 1XQ～3XQ，分别设于两路电源的输入端和本屏电源的输出端。

XBQ-1 型三相电源相序保护器对三相电源的相序、缺相具有监控、判断、报警输出功能。当三相电源出现断相或错相时，相序保护器能及时通过指示灯表示，并通过继电器输出报警信号。当故障排除后，相序保护器恢复原正常监控状态。其原理如图 3-5-3 所示，断相输出电路接继电器 J1，错相输出电路接继电器 J2，J1 和 J2 各有两组接点可供输出。输入电压范围，三相 300～450 V（2～50 Hz），三相不平衡度不大于 13%。每相设一个缺相指示灯，设一个错相指示灯。正常工作状态下，4 个指示灯均亮（对应的继电器均呈吸起状态）。出现缺相或错相时，对应的指示灯熄灭，同时对应的继电器呈落下状态并输出报警信号。

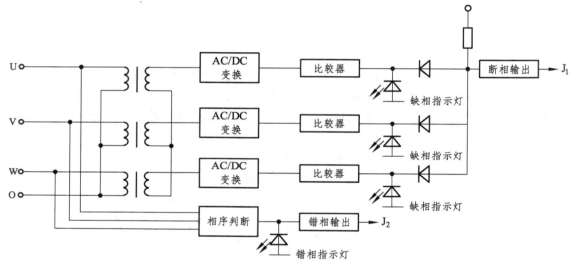

图 3-5-3　三相电源相序保护器原理框图

每相设一个 AC/DC 变换电路，当本相有电时，AC/DC 变换电路有输出，经比较器，点亮本相的缺相指示灯（红色）。三相均有电时，J1 吸起。有一相断电时，AC/DC 变换电路无输出，本相的缺相指示灯熄灭，断相输出电路无输出，J1 落下。

错相监控由相序判断电路完成，相序正确时，相序判断电路有输出，通过错相电路使 J2 吸起，并点亮错相指示灯（绿色）。错相时，相序判断电路无输出，错相指示灯或缺相指示灯熄灭，J2 落下。

相序保护器初始接线时，接入三相电源，如发现绿色错相指示灯不亮，则表示初始接线相序不符，应将任意两相接线颠倒重接，当绿色指示灯亮时，表示初始接线相序已正确。无论哪种接法，一旦发生缺相情况，会使得相序判断失去意义，此时应先解决缺相故障，缺相故障排除后，相序判断功能自然恢复正常。

如相序保护器应用在（初级是星形接法的）三相变压器电路前端，应特别注意：三相变压器初级公共端"O"不能和供电输入端"零"相接。

如图 3-5-1 所示，1XQ、2XQ 的主接点 3、4、11 分别接通Ⅰ、Ⅱ路输入电源接触器 1JQ、

2JQ 的主触头 L_1、L_2、L_3 上。输入电源正常时，XQ 工作，4 个指示灯都点亮，其用于监督错相的常开接点 31-32、用于监督缺相的常开接点 41-42 接通，接触器 JQ 工作。电源故障时，31-32 或 41-42 断开，JQ 不工作。

若 I 路电源供电。先闭合 1DK、1HK，该路电源正常，1JQ 工作，其主触头 L_1-T_1、L_2-T_2、L_3-T_3 接通，经端子 1D-13、1D-14、1D-15 供电，再闭合 2DK、2HK，为 II 路电源供电做好准备。此时，若 I 路电源故障，1XQ 释放，1XQ 接点 31-32 或 41-42 断开，1JQ 释放，其主触头断开，I 路电源停止供电，1JQ 的常闭触头 21-22 接通，使 2JQ 工作，改由 II 路电源供电。

II 路电源供电发生故障时，自动转换过程同上述内容。

如图 3-5-2 所示，3XQ 的主接点 3、4、11 接在本电源屏的输出端子 1D-16、1D-17、1D-18 上，输出电源正常时，3XQ 工作，4 个指示灯全亮。输出电源故障时，3XQ 释放，31-33、41-43 接通，利用端子 1D-19、1D-10 使报警系统工作。

（四）报警电路

报警电路如图 3-5-4 所示，由报警电源变压器 3B、红灯 1HD 和蜂鸣器 FM 等组成。1XQ ~ 3XQ 中有一个释放，其接点 51-53 或 61-63 接通，点亮 1HD，使 FM 鸣响，予以报警。此时，信号维修人员可从 1XQ ~ 3XQ 的指示灯判断故障。1XQ 上的指示灯灭，说明 I 路电源有故障；2XQ 上的指示灯灭，说明 II 路电源有故障；3XQ 上的指示灯灭，说明输出电源有故障。XQ 的绿灯灭，说明相序不对；红灯灭，说明缺相，且某相的红灯灭说明缺的是这一相。据此，可进一步查找故障。

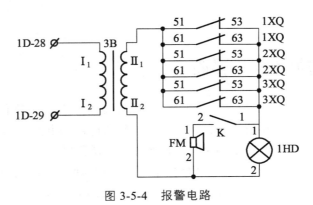

图 3-5-4 报警电路

如图 3-5-2 所示，3XQ 的常闭接点 31-33、41-43 引至端子 1D-19、1D-20，作为电源屏外报警电路的启动条件。

如图 3-5-1 和图 3-5-2 所示，电压表 V_1、V_2、V_3 分别指示 I、II 路输入电压和输出电压，通过万能转换开关 1WK ~ 3WK，可分别指示上述三种电源的三相线电压和相电压。电流表 A 指示输出电流，通过 4WK，可分别指示输出电源的三相电流。

指示灯 1BD、2BD 分别表示 I、II 路电源有电，1LD、2LD 分别表示 I、II 路电源供电，3LD ~ 5LD 分别表示三相输出电源供电。

任务六　25 Hz 轨道电源屏认知

【学习目标】

【素质目标】

（1）培养学生认真负责、严谨细致的工作态度。

（2）培养学生的团队合作意识和沟通能力。

（3）培养学生对铁路通信信号领域的专业认同感和敬业精神。

【知识目标】

（1）掌握 25 Hz 轨道电源屏的结构与功能。

（2）了解变频器电路、输出相位保证电路和短路切除电路的工作原理。

【能力目标】

（1）会 25 Hz 轨道电源屏图纸识读。

（2）能掌握电路中设备的状态。

（3）能进行图物对照。

（4）能进行设备操作。

【相关知识】

一、25 Hz 轨道电源屏简介

25 Hz 轨道电源屏将 50 Hz 交流电变频为 25 Hz 交流电，作为电气化区段"25 Hz 相敏轨道电路"的电源，也可在非电气化区段作为区间长轨道电路的电源。25 Hz 是交流电源中最易获得的稳定可靠的便于维修而无须进行测量和调整的最低频率。

25 Hz 轨道电源屏分别向轨道回路和轨道继电器局部线圈回路提供 25 Hz 的 220 V、110 V 电源。轨道电压是 25 Hz、220 V，局部电压是 25 Hz、110 V，要求局部电压相位超前轨道电压相位 90°。

二、电源屏图纸识读

25 Hz 轨道电源屏由变频器电路、输出相位保证电路、短路切除电路组成。本任务以 PZT-2000/25 型 25 Hz 中站轨道电源屏为例进行介绍。PZT-2000/25 型 25 Hz 中站轨道电源屏电路如附图 10 所示。

（一）变频器电路

25 Hz 电源屏主要靠变频器把输入的 50 Hz 交流电变为 25 Hz。

1BP 为轨道变频器，为轨道回路供电，2BP 为局部变频器，为继电器局部线圈供电。1BP 与 2BP 的输入均为 50 Hz、220 V 电源，但相位相差 180°，经过变频器变换，两变频器的输出 1、3 端子均为 25 Hz、220 V 电源，1、2 端子均为 25 Hz、110 V 电源，且两变频器的输出相位相差 90°，但不能保证局部电压超前轨道电压。

（二）输出相位保证电路

根据二元二位继电器的性能要求局部线圈电压超前于轨道线圈电压 90°时，二元二位继电器才能吸合，因此要求供此继电器的两个变频器输出电压需有 90°相移，而且供局部线圈的变频器输出的电压要超前供轨道线圈变频器的输出电压。

为了保证电源屏输出的局部电压超前轨道电压，设置了相位检查继电器 XJJ 和转极继电器 ZJ，由局部变频器和轨道变频器分别供给 XJJ 的局部线圈 110 V 电压和轨道线圈 220 V 电压。当 XJJ 继电器的局部电压超前轨道电压 90°时，XJJ 继电器吸合，输出电压的相位正确，此时 ZJ 继电器断电。当相位不符合上述情况时，XJJ 继电器不动作。

转极继电器 ZJ 线圈是通过 XJJ 继电器的常闭接点 31、33 接在直流 24 V 电源上。当局部变频器和轨道变频器输出电压相位不正确时，XJJ 继电器不吸，使 ZJ 继电器受电吸合，用 ZJ 继电器的接点改变轨道变频器向外供电的相位，使之极性相反，以保证向外供出的局部电压超前轨道电压。

（三）短路切除电路

短路切除电路由继电器 1GKJ、2GKJ、3GKJ、4GKJ、1FJJ、2FJJ、3FJJ、4FJJ 以及电阻等构成。现以轨道 I 输出回路有短路故障来说明短路切除原理。

当变频器输出回路短路时，由于变频器具有短路停振、短路故障消除后变频器自动起振的特点，所以当轨道 I 输出回路有短路故障时，变频器自动停振，使继电器 1FJJ ~ 4FJJ 断电，其常开接点 11、12 断开，从而使继电器 1GKJ ~ 4GKJ 线圈断电，其常开接点 11、12 及 21、22 断开，切除所有负载线束。短路线束切除后，变频器恢复正常工作，同时通过继电器 1GKJ ~ 4GKJ 的常闭接点 11、13 及 21、23 把负载线束（包括短路过载）与继电器 1FJJ ~ 4FJJ 线圈并联。因故障线束负载实际阻抗电流较大，使继电器 1FJJ 端电压降低不能吸起，保证了轨道变频器不再向故障线束供电，正常负载与 2FJJ ~ 4FJJ 并联后，2FJJ ~ 4FJJ 仍能正常吸起，2GKJ ~ 4GKJ 也正常吸起，轨道电源 2 ~ 4 能正常工作。

当短路故障消除后，继电器 1FJJ 吸起，使 1GKJ 吸起，于是轨道变频器恢复向此线束供电。

任务七　DSG 型智能电源屏认知

【学习目标】

【素质目标】

（1）引领学生感受新技术的先进性，增强其岗位荣誉感。

（2）培养学生对设备稳定运行和铁路运输安全的高度责任感。

（3）培养学生对安全风险的敏锐感知和重视度，避免因误操作引发停电事故。

【知识目标】

（1）了解 DSG 型智能电源屏的整体结构。

（2）掌握 DSG 型智能电源屏的工作原理。

【能力目标】

（1）会 DSG 型智能电源屏图纸识读。

（2）能掌握电路中设备的状态。

（3）能进行图物对照。

（4）能进行设备操作。

【相关知识】

DSG 型智能电源屏
整体简介

一、DSG 型智能电源屏简介

（一）DSG 型智能电源屏的特点

DSG25-10 kW 智能电源屏由两面配电柜组成，整体结构如图 3-7-1 所示。系统输入为一主一备的"Y"型供电模式，电源屏内设有两路输入电源转换电路，当某路供电电源发生故障或需要人为进行转换时，能在 0.15 s 内转换至另一路电源。输出交流电源采用 1 + 1 热机备用方式，当某一主用模块发生故障时，备用模式能自动投入工作。直流电源采用 1 + 1 并用方式。智能监测单元模块具有良好的人机界面和自诊断功能，能够采集各供电单元的工作情况及状态信息，并将数据通过标准通信接口上传到微机监测系统，支持历史数据查询。

（二）电源屏技术特性

电源屏
技术特性

电源屏由 1#电源屏和 2#电源屏组成，DSG25-10 kW 信号智能电源屏 1#屏电路如附图 11 所示，2#屏电路如附图 12 所示。

电源屏输入电源为三相 380 V、50 Hz 交流电，送入 1#电源屏。

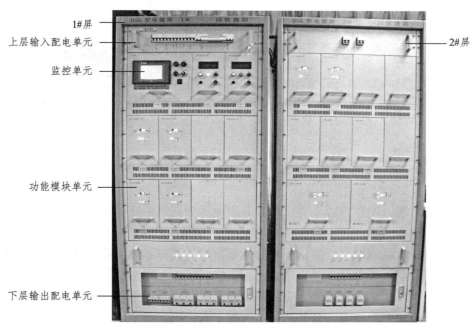

图 3-7-1 DSG 电源屏整体认识

电源屏输出电源为信号机点灯电源 AC 220 V、三相转辙机电源 AC 380 V、继电器电源 DC 24 V、道岔表示电源 AC 220 V、微机监测电源 AC 220 V、25 Hz 轨道电路电源 AC 220 V 及 AC 110 V、计算机联锁电源 AC 220 V 等。

系统采用智能化、模块化、标准化设计，可实现信号电源的智能化管理，能适应现场各种负荷种类及容量的需要。

二、DSG 电源屏模块认知

DSG25-10 kW 型智能电源屏的主要组成包括上层输入配电单元、中部功能模块单元、下层输出配电单元以及背面配线端子单元。

（一）上层输入配电单元

配电单元开关，均为向上为闭合，向下为断开。

1. 1#屏上层输入配电单元

位于 1#屏最上方的上层输入配电单元如图 3-7-2 所示，包括用来将两路电源引入电源屏的 Ⅰ 路输入电源开关和 Ⅱ 路输入电源开关，用来给 1#屏中两个计算机联锁和微机监测电源模块供电的计联微监电源开关 1 和计联微监电源开关 2，用来给 1#屏中两个继电器电源模块供电的继电器模块开关 1 和继电器模块开关 2，用来给三相交流转辙机电源供电的交转机开关，以及当 1#屏内部的输入模块出现故障时，为了保证供电，用来给后续的交直流模块直接供电的Ⅰ路直供开关和Ⅱ路直供开关。其中，在Ⅰ路直供开关和Ⅱ路直供开关之间设置有机械挡板，可以防止两路电源的直供开关同时闭合。

<table>
<tr><td>Ⅰ路电源</td><td>Ⅱ路电源</td><td>计联微监1</td><td>计联微监2</td><td>继电模块1</td><td>继电模块2</td><td>交转机</td><td>Ⅰ路直供</td><td>Ⅱ路直供</td></tr>
</table>

图 3-7-2　1#电源屏上层输入配电单元

注意：1#屏内输入配电单元中，Ⅰ路、Ⅱ路电源旁路直供开关用于对输入模块进行检修或故障更换。

对输入模块进行检修时，应确认另一输入模块处于良好状态。若检修的输入模块的供电电源可靠，此时可以不转至另一路备用电源，直接将该路电源直供开关闭合后，断开模块输入开关，即可对输入模块进行检修。需要特别注意的是，若供电不可靠，在检修时停电，则系统不能转至另一路电源供电，会导致整个系统输出停电。

2. 2#屏上层输入配电单元

位于2#屏最上方的上层输入配电单元如图 3-7-3 所示，包括用来给 2#屏中两个信号机电源和微机监测道岔表示电源模块供电的信号道表 1 电源开关、信号道表 2 电源开关以及给 25 Hz 轨道电路电源模块供电的 25 Hz 模块 1 电源开关和 25 Hz 模块 2 电源开关。

<table>
<tr><td>信号道表1</td><td>信号道表2</td><td>25 Hz 模块1</td><td>25 Hz 模块2</td></tr>
</table>

图 3-7-3　2#电源屏上层输入配电单元

（二）中部功能模块单元

1. 1#屏功能模块

1#屏包括 2 个输入模块、1 个监测模块、2 个计算机联锁及微机监测电源模块和 2 个继电器电源模块等。

（1）输入模块。

系统的Ⅰ、Ⅱ路电源采用主、备方式工作，输入模块用来实现两路输入电源切换电路，当某路供电电源发生故障或需要人为进行转换时，能在 0.15 s 内转换至另一路电源。输入模块外观如图 3-7-4 所示（电源屏前视图）。输入模块面板上包括显示两路输入电源电压、电流信息的显示窗，指示灯，转换按钮以及检修插孔。

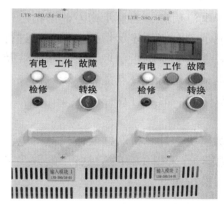

图 3-7-4 输入模块

① 输入模块 1。

"有电"（1HD）——红色指示灯，Ⅰ路输入电源正常时点亮。

"工作"（LD）——绿色指示灯，Ⅰ路输入电源工作时点亮。

"故障"（2HD）——红色指示灯，Ⅰ路输入电源故障时点亮。

"转换"（TA）——红色按钮，用于输入电源Ⅰ路转Ⅱ路。

"检修"（CZ）——黑色插孔，对输入模块 2 进行检修时，将维修插头插入此孔。

② 输入模块 2。

"有电"（1HD）——红色指示灯，Ⅱ路输入电源正常时点亮。

"工作"（LD）——绿色指示灯，Ⅱ路输入电源工作时点亮。

"故障"（2HD）——红色指示灯，Ⅱ路输入电源故障时点亮。

"转换"（TA）——红色按钮，用于输入电源Ⅱ路转Ⅰ路。

"检修"（CZ）——黑色插孔，对输入模块 1 进行检修时，将维修插头插入此孔。

（2）直流电源模块。

1#屏中使用到的直流电源模块为继电器电源模块，输出稳定的直流电源，如图 3-7-5 所示（电源屏前视图），系统配置时采用 1+1 并用的方式工作。直流电源模块的面板上包括显示窗、指示灯、显示切换按钮及调压旋钮。

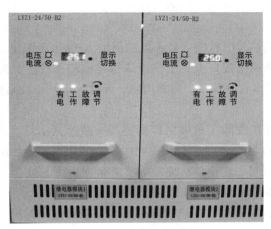

图 3-7-5 直流电源模块

显示窗用于显示电压或者电流信息，当显示窗左侧的指示灯点亮时，显示电压，当指示灯熄灭时，显示电流。通过显示窗右侧的显示切换按钮可以进行显示切换。

显示窗下方的指示灯共有3个：有电指示灯、工作指示灯及故障指示灯。有电指示灯点亮，表示该模块输入电源有电；工作指示灯点亮，表示该模块正在工作；故障指示灯平时处于灭灯状态，当该模块出现故障时，故障灯点亮。

（3）交流电源模块。

1#屏中使用到的交流电源模块为计算机联锁及微机监测电源模块，输出稳定的交流电源，如图3-7-6所示（电源屏前视图），采用1+1热机备用的方式工作。交流电源模块的面板上包括显示窗、指示灯、显示切换按钮。

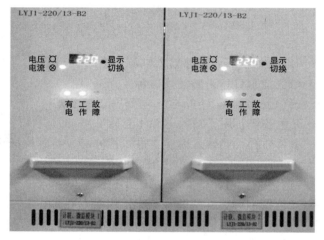

图3-7-6　交流电源模块

显示窗用于显示电压或者电流信息，当显示窗左侧的指示灯点亮时，显示电压，当指示灯熄灭时，显示电流。通过显示窗右侧的显示切换按钮可以进行显示切换。

显示窗下方的指示灯共有3个：有电指示灯、工作指示灯及故障指示灯。有电指示灯点亮，表示该模块输入电源有电；工作指示灯点亮，表示该模块正在工作；故障指示灯平时处于灭灯状态，当该模块出现故障时，故障灯点亮。

（4）监测模块。

智能监测单元模块能够实时检测、显示电源屏输入/输出电源电压、电流及模块的工作状态等，可将数据通过标准通信接口上传上位机或微机监测系统，支持历史数据查询。本智能监测系统采用触摸屏，操作直观简便，画面清晰，人性化设计。监测模块的外观如图3-7-7所示（电源屏前视图）。

监测模块上设置有并机故障、故障报警蜂鸣器、故障指示灯、正常监督/故障消音开关。

"并机故障"——蜂鸣器，红色，交流1+1主备电源同时输出时发出声光报警。

"故障报警"——蜂鸣器，红色，系统发生故障时发出声光报警，可通过"正常监督/故障消音"旋钮切除声光报警。

"故障指示"——红色指示灯，系统故障时点亮，恢复正常时灭灯。系统故障时不能通过"正常监督/故障消音"旋钮令其灭灯。

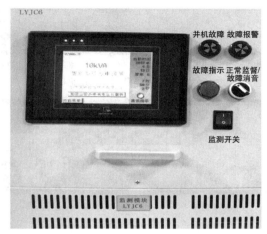

图 3-7-7　监测模块

"正常监督/故障消音"——旋钮开关。系统正常时位于"正常监督"位置，系统故障时可旋至"故障消音"位置以切除"故障报警"蜂鸣器声光报警并查找故障原因，但"故障指示"红色指示灯仍然点亮。当故障修复后，"故障报警"蜂鸣器亦会发出声光报警，提示值班员将旋钮恢复至"正常监督"位置。

"船型开关"——监测模块电源开关。

其主要功能如下：

① 数据采集：对电源屏输入/输出电压、电流等模拟量和报警开关量快速高精度地采集处理，模拟量测量精度优于 1.0 级。

② 实时显示：对输入/输出电源电压、电流、25 Hz 电源频率/相位、模块工作状态进行实时显示。

③ 采集通信：通过检测监控主机与采集分机之间的通信状况，有助于对系统故障进行判断。

④ 故障报警：对系统输入/输出电源的过/欠压、过流等故障进行监测，"报警查看"中详细列出故障发生时间、恢复时间及故障内容。对外提供一组状态接点并可外接报警电路，可使用户第一时间了解故障情况。

⑤ 数据上传：提供多种标准通信接口，采用标准通信协议与微机监测系统实现监测数据、报警信息的通信传输。

2. 2#屏功能模块

2#屏功能模块包括信号机电源模块、道岔表示电源模块、25 Hz 轨道电路电源模块等。其面板外观与 1#屏中的交流模块和直流模块类似，这里不再赘述。

（三）下层输出配电单元

下层输出配电单元实物如图 3-7-8 和图 3-7-9 所示，扳键向上为闭合，向下为断开。

1#屏的输出配电单元包括继电器电源输出开关、计算机联锁电源输出开关、微机监测电源输出开关、三相交转机电源输出开关和非稳备电源输出开关，分别用来控制继电器、计算机联锁、微机监测、转辙机电源的输出。

继电器　　计联　　微监　　交转机　　非稳备

图 3-7-8　1#屏下层输出配电

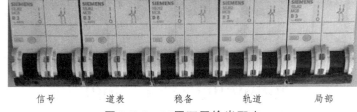

信号　　道表　　稳备　　轨道　　局部

图 3-7-9　2#屏下层输出配电

2#屏的输出配电单元包括信号电源输出开关、道表电源输出开关、稳备电源输出开关、25 Hz 轨道电源输出开关和 25 Hz 局部电源输出开关，分别用来控制信号机电源、道岔表示电源、稳压备用电源、25 Hz 轨道电路电源的输出。

（四）背面配电端子单元

DSG 电源屏的背面配电端子如图 3-7-10 所示（电源屏后视图），共包含 4 排万可端子，分别是 1#屏顶层端子 1D、底层端子 2D 以及 2#屏顶层端子 3D、底层端子 4D。

1. 交流外电网引入配线

一般大站电源屏系统（电源屏容量不小于 15 kV·A）输入电源为两路三相 AC 380 V 电源，通常经信号机械室内电力配电箱开关下口引至电源屏两路外网电源输入端子处，共 8 根线。如图 3-7-11 所示，两路外网三相输入电源与电源屏输入端子连接时，相序必须一致，同时两路电源相间电压应最小化。

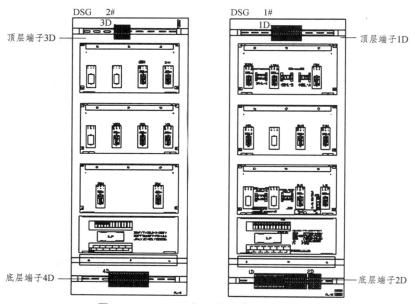

图 3-7-10　DSG 电源屏的背面配电端子

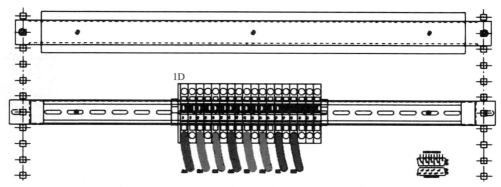

图 3-7-11　交流外电网引入配线

2. 电源屏屏间配线

电源屏系统内部电源线的连接：依据屏间连接图将预制好的屏间电源线接入相应的接线端子（屏间电源线绑扎成捆随屏发到现场），如图 3-7-12 所示。

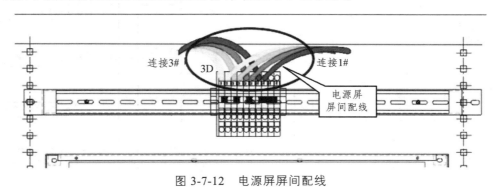

图 3-7-12　电源屏屏间配线

3. 电源屏与室内外设备配线

电源屏与组合架、分线盘、控制台之间的配线从走线架或电缆沟汇集到电源屏底层接线端子处，与电源屏输出端子连接，如图 3-7-13 所示。

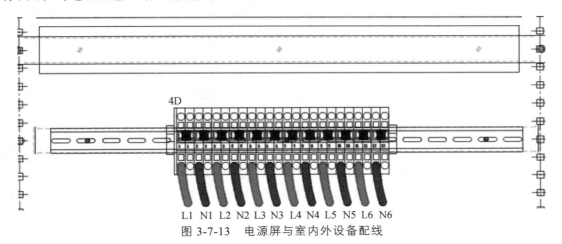

图 3-7-13　电源屏与室内外设备配线

电源屏系统与微机监测系统的通信连接：1#屏底层接线端子处预留 RS485 接口（9 针插件），可实现电源屏系统与微机监测系统的通信连接。

三、电源屏图纸识读

电源屏图纸识读

（一）原理框图

DSG 系列智能电源屏原理如图 3-7-14 所示。

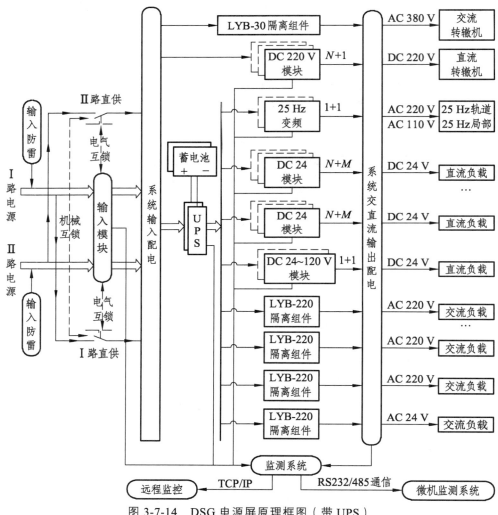

图 3-7-14　DSG 电源屏原理框图（带 UPS）

智能电源屏输入电源采用两路独立的交流三相四线制电源，由防雷配电箱引线引入电源屏输入端子，闭合输入断路器，经输入模块转换后，选择一路可靠电源进入汇流排；输入电源由汇流排进入 UPS，经 UPS 滤波、变换后输出稳定的交流电源，供给各个交直流配电单元；工频交流电源采用变压器隔离供电方式，直流电源模块采用 "$N+M$" 并联冗余工作方式。

屏与屏之间由屏间连线跨接，以保证各屏可靠供电，闭合各隔离单元与模块的输入、输出断路器，电源屏对外正常供电。

（二）1#电源屏图纸识读

1#电源屏包含输入电路、输出电路及监测电路。其中输出电源有计算机联锁电源、微机监测电源、继电器电源及三相转辙机电源，电路如附图 11 所示。

1. 输入电路

电源屏输入电路包含两路输入电源切换模块 SRM，输入模块原理电路如图 3-7-15 所示。

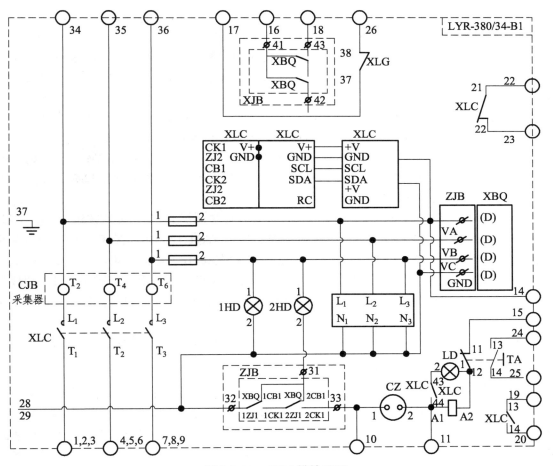

图 3-7-15 SRM 模块原理

电源屏供电方式有两种，输入电源通过输入模块供电或输入电源直接供电。平时Ⅰ、Ⅱ路输入电源分别同时向输入模块 1（1SRM）、输入模块 2（2SRM）供电，两个输入模块一主一备设置，故障时可以有手动和自动转换两种方式，以保证设备的正常运转。为保证两个模块不会同时工作，设备会在 1SRM 中设置交流接触器 1XLC，2SRM 中设置交流接触器 2XLC。1XLC 平时处于落下状态，当有电时，1XLC 吸起。此时，1XLC 的 21、22 端子就会断开，也就相当于切断了 2SRM10、11 端子的连接，等于切断了 2XLC 的励磁电路，这样即使Ⅱ路给 2SRM 供电，也不会把电送到各功能模块，这样就不会出现两个输入模块同时工作的情况。同理，2SRM 的 2XLC21、22 端子也与 1SRM 的 10、11 端子相连接，2SRM 工作时，1SRM 也不会工作。

当采用输入电源通过输入模块 1SRM、2SRM 供电时，需要直供开关 1PK 和 2PK 均断开，此时 1PK21-22 闭合，2PK21-22 闭合。再闭合 1IK 和 2IK，若先闭合 1IK，后闭合 2IK，输入模块 1SRM 中交流接触器 XLC 励磁，Ⅰ路电源通过断路器 1IK 后，依次接输入模块 1SRM 的 34、35、36 端子，在模块内经过交流接触器 XLC 主触头（L_1-T_1，L_2-T_2，L_3-T_3）后从模块输出，一方面为 1#屏各个模块供电，另一方面分别与 2#屏的 3D-1、3D-2、3D-3 相连接，为 2#屏供电。

若需要Ⅱ路电源通过输入模块 2SRM 供电，需要先闭合 2IK，再闭合 1IK。

当采用Ⅰ路输入电源直接供电时，需将直供开关 1PK 闭合。闭合开关 1PK 后，1PK1-2、3-4、5-6 闭合，Ⅰ路电源直供。同时，1PK21-22 断开，断开了Ⅱ路输入模块 2SRM 的 14-15 端子，即切断了Ⅱ路输入模块 2SRM 中交流接触器 2XLC 励磁电路，Ⅱ路电源不会通过输入模块供电。另外，1PK 和 2PK 开关上设置有一个可移动的挡板，当 1PK 闭合时，2PK 被挡板遮挡，2PK 断开，Ⅱ路电源不会直接供电。此时断开 1IK，Ⅰ路停止通过输入模块供电。

若需要Ⅱ路电源直接供电，需要将挡板移动到 1PK 位置，再闭合 2PK。

其中 XLC 励磁电路为：U 相—SRM_{34}—SRM_{14-15}—TA_{11-12}—XLC_{A1-A2}—SRM_{11-10}—ZJB_{33-32}—SRM_{28-29}—零线。ZJB 为报警接点板，正常时 ZJB32-33 闭合，有故障时 ZJB32-33 断开，XLC 失磁，Ⅰ路电源供电自动切换至Ⅱ路电源供电。

两路电源手动切换通过按钮 TA 进行，TA 设置在模块面板上，为自复式按钮。平时 TA11-12 闭合，接通 XLC 励磁电路，需要切换时，按下 TA，TA11-12 断开，XLC 失磁，转换至Ⅱ路电源供电。再松开 TA，TA11-12 闭合，Ⅰ路电源备用。CJB 为电流采集板，XLC 线圈上并接工作指示灯 LD（绿灯），灯亮表示此路电源在供电。还设置有电指示 1HD（红灯）和报警灯 2HD（红灯），1HD 灯亮表示输入电源正常，2HD 灯亮表示模块有故障。指示灯设置在模块面板上。

CJB 为电流采集箱，用来采集输入电流，并传送给监测单元进行处理、存储及显示。

2. 计算机联锁电源及微机监测电源

由两个计算机联锁及微机监测电源模块 1WM 和 2WM 主备供电，电源模块输出 220 V/50 Hz 交流电，由开关 1WIK 及 2WIK 分别控制，平时两个电源模块一主一备工作，输出电源至变压器 WGL 隔离保护分束后输出至计算机联锁设备及微机监测设备。主用模块故障，能自动切换至备用模块工作，切换时间小于 0.15 s。切换后，联锁工作灯 WD 及监测工作灯 WCD 正常点亮，同时监测模块声光报警。若主、备电源模块均故障，工作灯熄灭，监测模块声光报警。

3. 继电器电源

由两个继电器电源模块 1JM 和 2JM 并接供电，电源模块输出 24 V 直流电，由开关 1JIK 及 2JIK 分别控制，输出电源至继电器线圈。平时两个模块同时工作，一个模块故障，另一模块承担所有负荷工作，无切换时间，实现故障时不断电，同时监测模块声光报警。继电器模块输出电源时，继电器工作灯 JD 点亮，若两个电源模块均故障，工作灯熄灭，监测模块声光报警。

4. 三相交流转辙机电源

三相交流电经空开 JZIK 接至三相变压器 JZB 后，为三相交流转辙机供电。供电正常时，工作灯 JZD 亮；供电中断时，工作灯灭，监测模块声光报警。JZBI 采集电流信息并传送给监测单元。

（三）2#电源屏图纸识读

2#电源屏提供信号机电源、道岔表示电源、稳压备用电源、25 Hz 轨道电源等。电路如附图 12 所示。

1. 信号机电源、道岔表示电源及稳压备用电源

由两个信号道表电源模块 1XM 和 2XM 主备供电，电源模块输出 220 V/50 Hz 交流电，由开关 1XIK 及 2XIK 分别控制，平时两个电源模块一主一备工作，输出电源分别至变压器 XGL、WGL 及 WBG 隔离后输出至信号机点灯电路、道岔表示电路及稳压备用。主用模块故障，能自动切换至备用模块工作，切换时间小于 0.15 s，切换后信号工作灯、道岔表示工作灯及稳压备用工作灯正常点亮，同时监测模块声光报警。若主备电源模块均故障，3 个工作灯均熄灭，监测模块声光报警。

2. 25 Hz 轨道电路电源

由两个 25 Hz 电源模块 1GM 和 2GM 主备供电，电源模块输出两路电源，分别为 220 V/25 Hz 轨道电源及 110 V/25 Hz 局部电源，局部电源相位超前轨道电源相位 90°，由开关 1GIK 及 2GIK 分别控制，平时两个电源模块一主一备工作，输出轨道电源通过电缆送往室外轨道电路，局部电源直接送信入往室内 25 Hz 轨道继电器。主用模块故障，能自动切换至备用模块工作，切换时间小于 0.15 s，切换后轨道电源工作灯及局部电源工作灯正常点亮，同时监测模块声光报警。若主备电源模块均故障，工作灯熄灭，监测模块声光报警。

四、电源屏操作

（一）开关电源屏操作

1. 首次使用时的操作

首次使用时先确认 1#屏内输入配电单元中Ⅰ路电源旁路直供开关 1PK 和Ⅱ路电源旁路直供开关 2PK 处于断开位置，严禁同时闭合两路电源的直供开关，否则容易造成停电事故。

电源屏按新标准设置顶部为输入配电单元、底部为输出配电单元、中间为功能模块单元。

闭合 1#屏中Ⅰ路电源输入开关，交流接触器 1XLC 励磁，则Ⅰ路有电指示灯点亮，Ⅰ路电源投入工作，同时工作指示绿灯点亮，闭合Ⅱ路电源输入开关，Ⅱ路有电指示红灯点亮，Ⅱ路电源处于备用状态。依次闭合各功能单元的输入开关、输出开关，电源屏即可供出所需电源。

DSG 型智能
电源屏操作

屏内设有监测报警回路，在输入、输出模块故障时，模块故障指示灯点亮，同时接通声光故障报警回路，此时可转动监测模块上的开关 HK 至"故障消音"位置并查找故障原因。当故障修复后，故障报警器亦会鸣响，以提醒值班员将 HK 恢复至"正常监督"位置。值班人员可根据智能监测系统提示进行操作。

2. 关机操作说明

关机时的顺序与开机顺序相反，首先是断开各个模块的输出开关及各防雷模块，接着断开各模块的输入电源，最后断开电源屏的 I 路电源和 II 路电源。

（二）两路输入电源切换操作

I、II 路电源是主备工作，两路电源平时都处于供电状态，"有电"表示灯都亮。故障时，故障表示灯会亮，屏内的两路输入电源自动/手动转换，转换时间不大于 0.15 s。手动转换时，只需按下输入模块上的转换按钮即可。在输入模块上有一个检修插口，为以后检修提供一个通道，接入外接设备，进行检修和故障分析。

（三）输出模块切换

交流输出模块均为主、备设计，可以显示电流和电压两项，由显示切换开关进行切换，有正常输入表示灯、工作表示灯和故障表示灯。

直流输出模块为继电器模块，双机热备，为继电器提供稳定的 24 V 动作电源，模块有电流和电压显示两种模式。显示可以由显示切换开关进行切换，有正常输入表示灯、工作表示灯和故障表示灯。

（四）输出模块显示窗口操作

输出模块显示窗口可显示输出模块的电压、电流、频率及相位等信息。

通过窗口旁边的切换开关进行电压及电流信息的显示切换。以 25 Hz 轨道电路电源模块显示窗口为例，如图 3-7-16 所示。该窗口有两个切换按钮，分别为"1~3 灯切换"和"4 灯状态切换"。图示左方从上向下有 4 个指示灯，分别为 1 灯、2 灯、3 灯及 4 灯。1 灯亮表示显示的是轨道电源的信息，2 灯亮表示显示的是局部电源的信息，3 灯亮表示显示的是频率或相位，4 灯亮表示显示的是电压或频率，4 灯灭表示显示的是电流或相位。

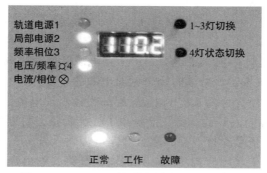

DSG 型智能
电源屏测试

图 3-7-16　25 Hz 轨道电路电源显示窗口

例如，想显示局部电源的电压信息。先控制"4 灯状态切换按钮"，控制 4 灯亮选中显示电压或频率；再控制"1～3 灯切换按钮"，使 2 灯亮，选择局部电源。显示窗口显示局部电源电压为 110 V。

（五）监控模块操作

打开监控模块上的船型开关电源，自动进入开机画面。屏幕弹出监测系统的主功能界面，如图 3-7-17 所示。

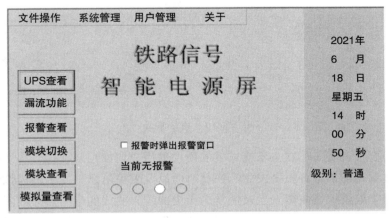

图 3-7-17　监控系统屏幕的主功能界面

功能描述：

（1）模拟量查看：实时显示电源屏输入、输出电源电压、电流、频率和相位等数据信息，如图 3-7-18 所示。

名称	电压	电流	频率	相位
1 路输入电源 A	230.7	0.1	49.8	
1 路输入电源 B	231.3	0.1	49.8	
1 路输入电源 C	212.4	0.1	49.9	
2 路输入电源 A	230.0	1.6	50.0	
2 路输入电源 B	227.1	0.9	49.8	
2 路输入电源 C	211.4	1.8	49.8	
计算机联锁 1	227.9	0.0		
计算机联锁 2	228.0	0.0		
备用自投 1	227.8			
1 路输入电源 AB				116.4
1 路输入电源 BC				124.6
2 路输入电源 AB				117.1
2 路输入电源 BC				123.3

关闭

图 3-7-18　模拟量查看

（2）模块查看：实时显示电源模块与关键元器件工作状态，包括主备用、报警等信息，如图 3-7-19 所示。字体绿色表示当前为正常状态，红色表示当前为故障状态。

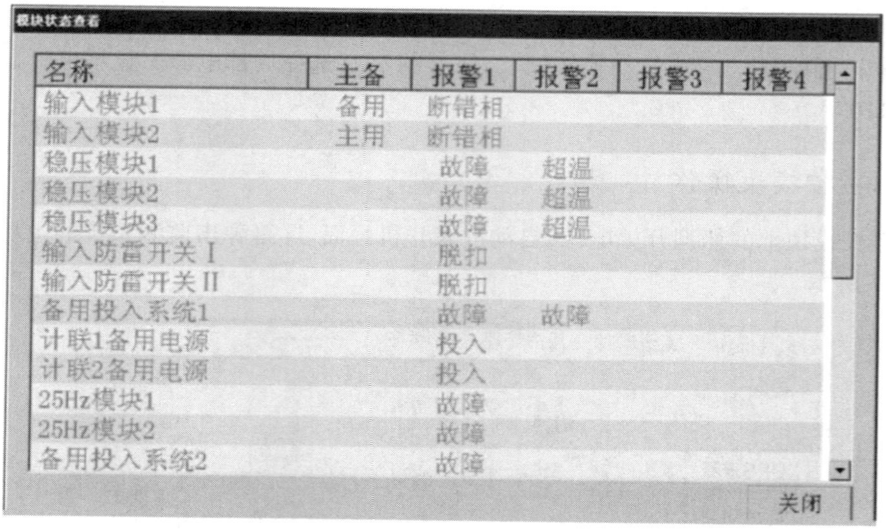

图 3-7-19　模块查看

（3）模块切换：查看工作在主备模式下的模块的历史切换记录。

（4）报警查看：记录各种报警发生、恢复时间以及故障信息，发生的模拟量故障可通过点触"查看"浏览该模拟量故障发生及恢复的历史曲线，曲线的中间点为故障发生、恢复时间，曲线两端的时间约为 18 s。↑表示模拟量超限报警，↓表示模拟量低限报警，如图 3-7-20 所示。

图 3-7-20　报警查看

DSG 的监测及报警回路，在输入、输出模块故障时，模块故障指示灯点亮，同时接通声光故障报警回路。此时可转动监测模块上的开关 HK 至"故障消音"位置并查找故障原因，当故障修复后，故障报警器亦会鸣响，以提醒值班员将 HK 恢复至"正常监督"位置。智能监测系统具有良好的人机界面，值班人员可根据文字提示进行操作。

任务八 PKX 型智能电源屏认知

【学习目标】

【素质目标】

（1）引领学生感受新技术的先进性，增强其岗位荣誉感。

（2）培养学生的安全意识和责任感，在工作中严格遵守操作规程和安全制度。

（3）培养学生对安全风险的敏锐感知和重视度，避免因误操作引发停电事故。

【知识目标】

（1）掌握 PKX 型智能电源屏的基本工作原理。

（2）熟悉 PKX 型智能电源屏的日常操作流程。

【能力目标】

（1）会 PKX 型智能电源屏图纸识读。

（2）能掌握电路中的设备状态。

（3）能进行图物对照。

（4）能进行设备操作。

【相关知识】

PKX 型智能电源屏命名、
简介、整体认知

一、PKX 型智能电源屏简介

PKX 系列信号智能电源屏是在 PZ 系列信号智能电源系统的基础上针对高速铁路的要求设计开发的。PKX 系列信号智能电源屏具备智能化监测各种输入和输出的功能，可与信号集中监测系统实现数据传递。PKX 系列信号智能电源屏增加了 NEX UPS 系列及蓄电池组。两路输入电源的转换时间不大于 0.15 s，且在两路电源转换时间内，所有交直流电源不间断供电。当两路输入电源全部停电后，各车站信号电源系统具有 30 min 供电能力，各中继站具有 120 min 持续供电能力。系统的后备供电能力提高了系统容错能力。本任务以 PKX 系列电源屏为例来说明。

PKX 系列电源屏命名规则如图 3-8-1 所示。

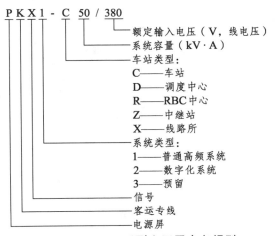

图 3-8-1 PKX 系列电源屏命名规则

　　PKX 系列电源屏一般由直流屏、交流屏和提速屏组成，另外配置有 2 套 UPS。其实物如图 3-8-2 所示，UPS 如图 3-8-3 所示。从机柜前面板上看，该机柜结构均由输入配电单元、模块单元及输出配电单元三部分组成。输入配电单元将外电网电能引入电源屏并进行监测和切换控制。模块单元通过整流、逆变等环节实现向负载输出特定的电能。输出配电单元的主要用途是将接触器直接输送来的电能输送给下一级电源柜（通过转接端子来完成）或是将经模块变换后的电能输送给负载（通过负载接线端子完成）。

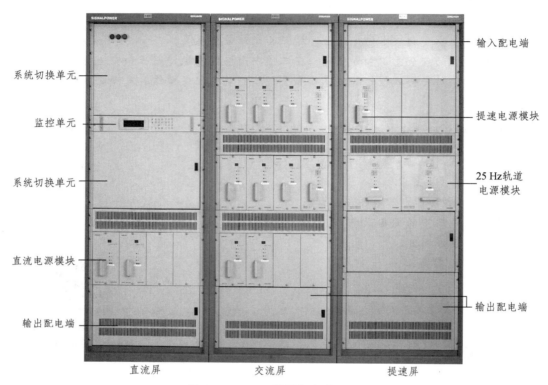

图 3-8-2　PKX 信号智能电源屏

图 3-8-3　两套 UPS

直流屏可以供出 DC 24 V/50 A 电源、DC 24～60 V/2 A 电源及 DC 220 V/16 A 直流转辙机电源。

交流屏可以供出 AC 220 V/16 A 电源、AC 24 V/20 A 电源及 AC 220 V/2.5 A 电源等。

提速屏可以供出交流转辙机 AC 380 V/23 A 电源、25 Hz 轨道 AC 220 V/11.2 A 电源及 25 Hz 局部 AC 110 V/2.5 A 电源。

UPS 能进行稳压，并能实现两路输入电源的无间断切换。

（一）电源屏单板认知

1. 输入电源相关单板

输入电路单板实物如图 3-8-4 所示，它包括输入电源切换板及输入电源控制板，可以完成两路输入电源切换工作。

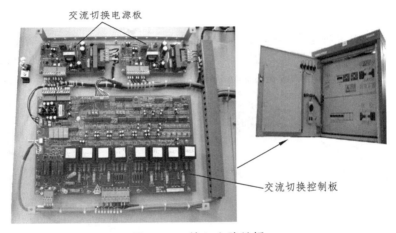

图 3-8-4　输入电路单板

（1）交流切换电源板主要功能：给交流切换控制板提供 DC 12 V、DC 16 V 电源。

（2）交流切换控制板主要功能：通过对两路外电网电压、相序的检测，实现两路输入电源主电路中交流接触器的自动切换。

2. 其他板件

PKX 单板还包括电流采样板、配电监控板及 24 V 辅助电源组件，直流屏实物后视图如图 3-8-5 所示。

（1）24 V 辅助电源组件：为监控系统提供 DC 24 V 工作电源，可提供三路电源，实物如图 3-8-6 所示。

（2）配电监控板：对空开检测板、空开告警节点、C 级和 D 级防雷告警节点等提供的开关量，系统输入的电压电流等模拟量进行处理，将信号送给监控单元。

（3）电流采样板：实现对输入电源的电流采样。

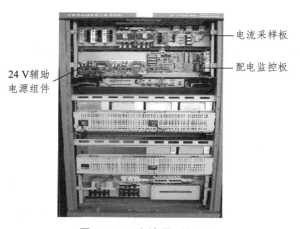

24 V辅助
电源组件

电流采样板

配电监控板

图 3-8-5　直流屏后视图

图 3-8-6　24 V 辅助电源组件

（二）电源模块认知

　　PKX 型电源屏由多种电源屏模块将输入电源变换为信号设备需要的输出电源。模块插框的大小根据每个模块的外形尺寸来设计。模块的外形尺寸有 1/4 模块：310 mm × 171 mm × 445 mm、1/8 模块：310 mm × 85 mm × 445 mm，如图 3-8-7 和图 3-8-8 所示。

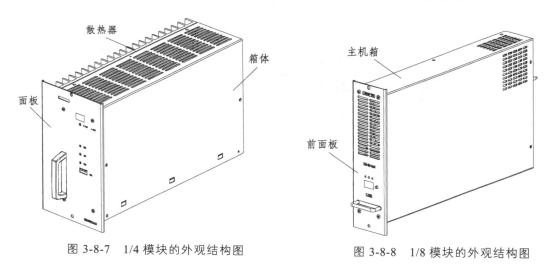

散热器

箱体

面板

主机箱

前面板

图 3-8-7　1/4 模块的外观结构图

图 3-8-8　1/8 模块的外观结构图

　　电源模块分为直流模块、50 Hz 交流模块、25 Hz 交流模块。

1. 电源模块的命名

电源模块的命名如图 3-8-9 所示。

2. 电源模块介绍

（1）直流模块。

　　直流模块有 DHXD-TE1、DHXD-TE2、DHXD-TE3、DHXD-SD1、DHXD-SD7、DHXD-SE6，分别提供直流转辙机电源、继电器电源、站间条件电源、区间闭塞电源。

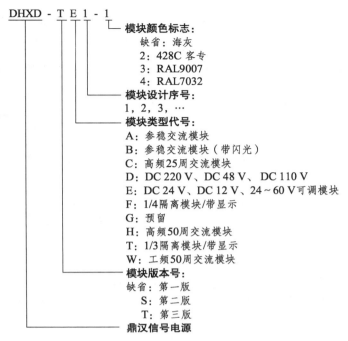

图 3-8-9 电源模块命名

直流模块采用高频开关电源技术,其电路如图 3-8-10 所示。在输入端采用有源功率因数校正(APFC),使功率因数大于 0.99,最大限度地减小对电网的影响。采用脉宽调制(PWM)技术和自主均流技术,使均流不平衡度小于 5%,多模机并机运行时,具有理想的均流性能。可采用 $n+1$ 方式并联运行。输出端除将 PWM 波整流滤波还原为直流电源外,还经防电磁干扰线滤波器(EMI),进一步滤除干扰电压,保证直流输出。模块具有输入过压/欠压、输出过压/欠压、过温、输出过流、负载短路等保护和告警功能。设置短路回缩特性,即使长期短路模块也不致损坏。设有 CPU 监控板,可与监控模块通信。

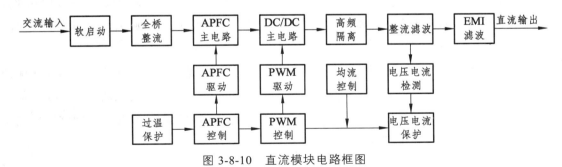

图 3-8-10 直流模块电路框图

模块采用一体化输入输出及通信接口,可带电拔插,方便维修。

(2)50 Hz 交流模块。

50 Hz 交流模块为 DHXD-TH1 型,分别提供信号点灯电源、50 Hz 轨道电源、计算机电源、道岔表示电源、站内轨道电路电码化电源。50 Hz 交流模块由参数稳压器进行交流稳压,具有限流功能，可以短时过载；有完善的故障保护及告警功能，包括输出过压/欠压、模块过热等告警功能；采用一体化输入输出及通信接口，可带电拔插，维护十分方便。模块内设有 CPU 监控板，可与监控模块通信。DHXD-H 系列的输入/输出特性见表 3-8-1 和表 3-8-2。

表 3-8-1 模块 DHXD-H 的输入特性

序号	项 目	指 标	备 注
1	输入电压/V	AC 154～286	
2	输入交流频率/Hz	50±1	
3	功率因数	≥0.99	
4	效率/%	≥90	

表 3-8-2 模块 DHXD-H 的输出特性

序号	项 目	指 标	备 注
1	输出电压/V	AC 220	
2	输出电流/A	6.5	
3	稳压精度/%	±3	

（3）25 Hz 交流模块。

25 Hz 交流模块为 DHXD-SC1 型，为 25 Hz 相敏轨道电路提供局部电源和轨道电源。25 Hz 交流模块电路框图如图 3-8-11 所示。输入端经全波整流后，采用 APFC 技术，使功率因数大于 0.99，最大限度地减小对电网的污染。主电路为 DC/AC 逆变电路，采用 SPWM（正弦脉宽调制）技术，通过调节 PWM 波的脉宽，获得稳定的纯正弦交流电，输出交流 220 V 和 110 V。在一个模块内提供轨道电源和局部电源，局部电源相位恒超前轨道电源 90°。输出端除 LC 滤波器后，尚有 EMI 滤波器，以充分滤除干扰电压。

模块具有输入过压/欠压、输出过压/欠压、过热、输出过流、负载短路相位差检测等保护及报警功能。具有短路回缩特性，即使长期短路模块也不致损坏。在输入断电时，模块具有延时关机功能，解决了两路输入电源转换时造成负载断电而形成的"红光带"问题。模块具有抗启动冲击功能，可直接带变压器负载使用。

模块设有 CPU 监控板，可与监控模块通信。

模块可由 2 kV·A 方便地扩容到 4 kV·A，并实现两两主备、主备模块一体化互锁，具有两主备模块输出电压相位同步、局部电源相位超前轨道电源 90°功能。

模块采用一体化输入输出及通信接口，可带电拔插，维护方便。25 Hz 电源模块输入/输出特性见表 3-8-3 和表 3-8-4。

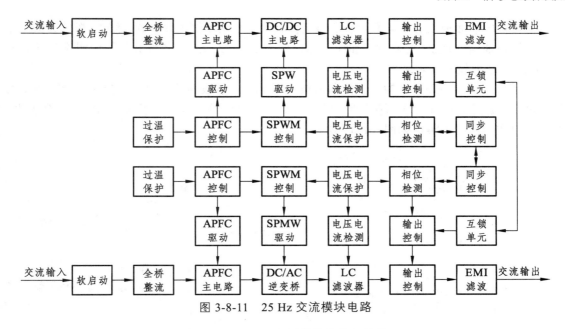

图 3-8-11 25 Hz 交流模块电路

表 3-8-3 25 Hz 电源模块的输入特性

序号	项 目	指 标
1	输入电压/V	AC 154~286
2	输入电流/A	≤26
3	输入交流频率/Hz	45~55
4	功率因数	≥0.99
5	效率/%	90

表 3-8-4 25 Hz 电源模块的输出特性

序号	项 目	25 Hz 轨道电源	25 Hz 局部电源
1	额定电压/V	AC 220	AC 110
2	额定功率/(V·A)	1 200	800
3	开机输出电压是上升时间/s	3~8	
4	稳压精度/%	±3	±3
5	输出电压失真度（线性满载负载）/%	≤5	≤5

3. 模块外观结构

电源模块有 T 系列模块、S 系列模块。T 系列模块有 DHXD-TE1、DHXD-TE2、DHXD-TC1、DHXD-TH1、DHXD-TE3 五种。S 系列模块有 DHXD-SD1、DHXD-SD7、DHXD-SE6 三种。

（1）T 系列模块外观结构。

以电源模块 DHXD-TE1 为例，介绍 T 系列模块外观结构。其主要包括前面板、主机箱和盖板。模块的前面板上有数码显示管、风扇面板、三个指示灯（绿、黄、红）、拨码开关（用于设置模块通信地址）、切换按钮和拉手等，如图 3-8-12 所示。各部分作用说明见表 3-8-5。

（2）S 系列模块外观结构。

S 系列电源模块外观结构主要由前面板、散热器和盖板等部分组成。模块的前面板上有显示窗、电源指示灯（绿）、保护指示灯（黄）、故障指示灯（红）、模块通信地址拨码开关、切换按钮和操作把手等，如图 3-8-13 所示。

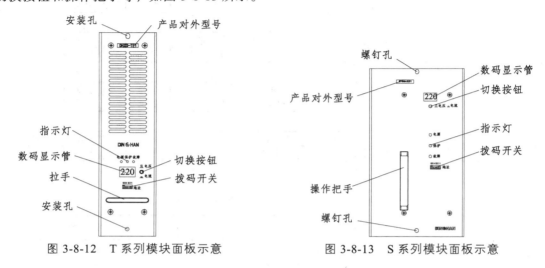

图 3-8-12　T 系列模块面板示意　　　　图 3-8-13　S 系列模块面板示意

表 3-8-5　T 系列模块面板各部分的作用

名　称	作　用
螺钉孔	用于将电源模块固定在系统上
风扇面板	可以在线拆卸，更换风扇
指示灯	分三种颜色，绿色表示正常、黄色表示告警、红色表示故障
数码显示管	电压/电流/故障显示的三位数码显示管默认显示模块输出电压；当有告警/故障出现时，会自动显示"EEE"，提示有告警/故障出现；当告警/故障消失后，会自动恢复显示模块输出电压。按动电压/电流/故障显示切换按钮，数码管会在电压/电流间来回切换（无告警/故障时）；按动电压/电流/故障显示切换按钮，数码管会在电压/电流/故障间来回切换（有告警/故障时）
拨码开关	拨码开关共 6 位（低 4 位用于设置模块地址，高 2 位预留）
拉手	用于在整机系统中组装、拆卸模块
切换按钮	按动按钮，实现电压/电流/故障显示间切换，▯ 表示弹出为电压，▢ 表示按下为电流
显示窗口	显示模块电压、电流、工作状态、故障信息等
按键开关	模块电压、电流切换
电源指示灯	显示有无输入电源
保护指示灯	模块保护时灯亮
故障指示灯	模块故障时灯亮
地址拨码开关	设定模块的类型或地址
操作把手	用于在整机系统组装、拆卸模块

4. 电源模块的地址设定

在电源模块的前面板上有拨码设置开关，用于设置电源模块的类型/通信地址。处于同一个监控模块控制下的各个电源模块应有相应的地址码，以便监控模块正确识别各个监控对象。

（1）T 系列模块的地址设定。

模块前面板上有一个拨码开关，拨码开关共 6 位，如图 3-8-14 所示。低 4 位用于设置模块的通信地址，高 2 位预留。在同一个并联系统中，要求各模块的地址各不相同，否则会有模块不能进入并联系统工作。

地址设置开关表示四位二进制数，开关向上拨（见图 3-8-14 中第 4 位拨码），则表示此位为 "1"；开关向下拨，则表示此位为 "0"。例如，四位地址设置开关的位置如图 3-8-14（黑色为开关位置）所示时，表示二进制数 1000，对应模块地址 8。

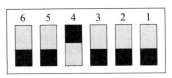

图 3-8-14　模块地址设置示例

模块地址在出厂前调测时已设定好，在现场设备安装调测时仍然应对模块地址重新进行检查。设备正常运行后模块地址不允许随意改变，否则会有模块退出并联系统。

（2）S 系列模块地址设定。

① 模块类型码。

模块的监控板上的 8 位拨码开关，可设定模块的类型或地址，具体定义见表 3-8-6。

表 3-8-6　拨码开关定义

第 8 位拨码状态	第 8 位拨码位置	拨码 7~1 位定义
"ON"	朝下	类型码
"OFF"	朝上	地址码

类型码设定：

a. 模块在掉电状态下，设定类型码：将拨码 8 "朝下"，后 7 位拨该类模块的 "类型码"。

b. 模块上电，数码管显示 "H##"，其中 "##" 为十六进制的 "类型码"；如果类型错误，则显示 "EEE"。

② 模块地址设定。

地址设置开关表示八位二进制数，高位在左。开关置上，则表示此位为 "1"；置下，则表示此位为 "0"。其中最高位为地址选择位（朝下，表类型；朝上，表地址），后 7 位为实际地址。例如，八位地址设置开关的位置如图 3-8-15（黑色为开关位置）所示时，表示二进制数 10100111。

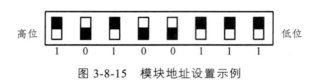

图 3-8-15　模块地址设置示例

（三）组　件

组件用来构成电路，电源屏常用的有切换组件 DHXD-FS1、三相转辙机组件 DHXD-SD5、监控组件 DHXD-FM。

组件的命名规则如图 3-8-16 所示。

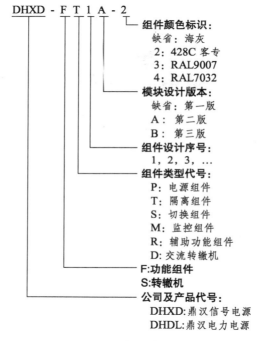

图 3-8-16　组件命名规则

1. DHXD-FS1 组件

DHXD-FS1 组件用来进行两路交流电源的切换，主要由前面板、机箱和盖板等部分组成。模块的前面板上有模块供电指示灯（绿）、直供供电指示灯（红）和操作把手等，如图 3-8-17 所示。

2. DHXD-SD5 组件

DHXD-SD5 组件用于三相转辙机电源，主要由前面板、散热器和盖板等部分组成。模块的前面板上有显示窗、电源指示灯（绿）、保护指示灯（黄）、故障指示灯（红）、模块通信地址拨码开关和操作把手等，如图 3-8-18 所示。面板各部分作用见表 3-8-7。

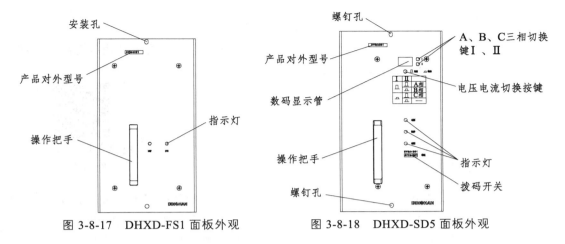

图 3-8-17　DHXD-FS1 面板外观　　　　图 3-8-18　DHXD-SD5 面板外观

表 3-8-7　组件面板各部分作用

名　　称	作　　用
显示窗口	显示模块输出 A、B、C 三相电压、电流、工作状态、故障信息等
A、B、C 三相切换按键Ⅰ、Ⅱ	这两个按键不同的组合，可以分别显示 A、B、C 三相信息
电压电流切换按键	可以分别显示各相电压/电流信息，⊓弹出为电压，⊔按下为电流
电源指示灯	显示输入电源有无
保护指示灯	模块保护时灯亮
故障指示灯	模块故障时灯亮
地址拨码开关	设定模块的类型或地址
操作把手	用于模块在整机系统组装、拆卸

（四）NEX UPS

PKX 系列电源屏用于高速铁路，其与 PZG 系列电源屏在工作原理和结构上基本相同，所不同之处在于 PKX 型系列电源屏增加了 NEX 系列 UPS 及蓄电池。

NEX UPS 由 UPS 主机、UPS 主机蓄电池组组成，除了具有普通蓄能功能外，还具有净化电源的稳压功能，有 10～30 kV·A、40 kV·A、80 kV·A 三种。

UPS 运行模式有输入电源逆变供电模式、电池模式、自动开机模式、旁路模式、维修模式（手动旁路）、并联冗余模式。其中，运行时的输入电源逆变供电模式、电池模式、旁路模式可以通过操作显示面板的模拟电流图显示出来。

1. 输入电源逆变供电模式

交流输入电源经整流器整流变成直流电，直流电再经逆变器逆变为交流电，连续不中断为负载供电。同时，整流器经充电器给蓄电池提供浮充或均压充电。

2. 电池模式

两路交流输入电源停电时，由蓄电池组提供电源。

3. 旁路模式

如遇逆变器故障、逆变器过载或手动关闭逆变器，将负载从逆变器侧切换到旁路电源侧，交流输入电源直接通过静态切换开关向负载供电。

二、电源屏图纸识读

PKX 型智能电源屏
图纸识读

（一）原理框图

PKX 系列智能电源屏原理如图 3-8-19 所示。对于不同的车站，PKX 系列信号智能电源屏有不同的配置，但基本原理是相同的，即两路外接交流电源经交流输入配电单元进入交、直流模块，模块的输出进入交、直流输出配电单元，分别给各类信号设备供电。

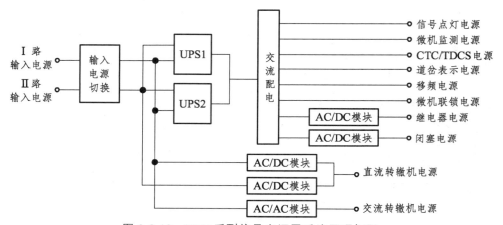

图 3-8-19　PKX 系列信号电源屏系统原理框图

两路输入电源经由两路输入电源切换电路后，输出内部 I 路交流总线和内部 II 路交流总线，分别经 UPS 稳压后，并接在一起经交流配电模块供出信号机点灯电源、微机监测电源、道岔表示电源、微机联锁电源、继电器电源等。内部 I 路交流总线和内部 II 路交流总线分别为直流电动转辙机开关电源模块供电，两个模块同时工作，输出并联在一起为直流转辙机供电。内部 II 路交流电源总线通过隔离模块后为交流转辙机提供电源。

监控单元监控电源屏各种电气特性信息，并将信息上传给信号集中监测系统。

（二）供电原理图

1. 输入电源切换电路

输入电源切换电路如图 3-8-20 所示，采用 "H" 型供电方式。图中虚线打叉表示两个交流接触器不会同时励磁吸起，或两个断路器不能同时闭合。

系统交流接触器吸合状态通常有以下 4 种：

（1）单独 I 路电有电情况下：KM1、KM3 吸合，KM2、KM4 释放。

（2）单独Ⅱ路电有电情况下：KM2、KM4吸合，KM1、KM3释放。

（3）两路都有电情况下：KM1、KM3吸合，KM2、KM4释放。

（4）两路都没电情况下：KM1、KM2、KM3、KM4都释放。利用Ⅰ路直供或Ⅱ路直供。

Ⅰ路直供电路：Ⅰ路电源经QF1、QF5、QF4为Ⅰ路交流总线，同时，Ⅰ路电源经QF1、QF5、QF23为Ⅱ路交流总线。

Ⅱ路直供电路：Ⅱ路电源经QF2、QF6、QF4为Ⅰ路交流总线，同时，Ⅱ路电源经QF2、QF6、QF23为Ⅱ路交流总线。

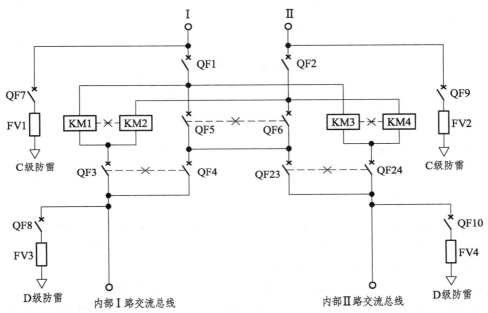

图 3-8-20　输入电源切换电路

2. UPS供电

UPS供电示意图如图3-8-21所示。

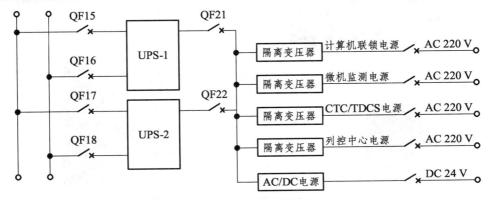

图 3-8-21　UPS供电示意

内部Ⅰ路交流总线和内部Ⅱ路交流总线分别接两套 UPS，两套 UPS 输出并接在一起，向输出模块供电。只有内部Ⅰ路总线和Ⅱ路总线全部断电的情况下，UPS 才由内部蓄电池供电，并无断电时间。

三、电源屏操作

PKX 型智能电源屏设备操作

（一）开机操作

（1）闭合系统输入总开关 QF1、QF2。
（2）依次闭合各模块的输入开关。
（3）依次闭合各支路的输出开关。
（4）依次闭合 A 屏、B 屏、C 屏等的数据采集单元和中心监测单元开关。

（二）关机操作

（1）断开系统各支路的输出开关。
（2）断开各模块、数据采集单元、中心监测单元的输入开关。
（3）断开系统的总输入开关 QF1、QF2。

（三）正常工作状态

系统输入开关全部闭合；各模块输入开关全部闭合；系统输出开关全部闭合；蜂鸣器报警开关及软消音开关闭合；所有防雷开关闭合；监控单元开关闭合；系统各开关只对应相应的电路及电器元件；开、断无绝对顺序关系。

在日常系统正常工作时，各监控件的显示状态如图 3-8-22 所示。

外电网指示绿灯亮；系统故障红灯灭；监控单元显示"正常"；监控单元电源绿灯亮、故障红灯灭；模块数码表头正确显示；模块绿色电源指示灯亮，黄色保护指示灯灭，红色故障指示灯灭；报警蜂鸣器没有发送报警音。

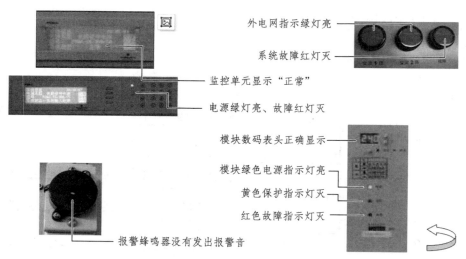

图 3-8-22　系统正常工作时显示状态

（四）系统正常/直供转换操作

操作开关实物如图 3-8-23 所示。

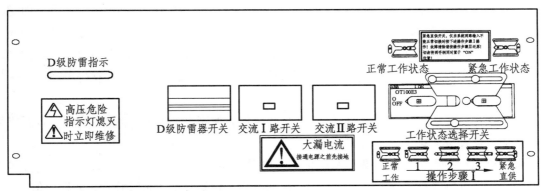

图 3-8-23　系统操作开关

（1）断掉电源屏系统内部两路输入闸刀 QF1、QF2。

（2）如果选择Ⅰ路输入电作为系统直供电源，需首先将Ⅱ路直供开关 QF6 旋至"OFF"，平移滑板，再将Ⅰ路直供开关 QF5 旋至"ON"。

（3）如果选择Ⅱ路输入电作为系统直供电源，需首先将Ⅰ路直供开关 QF5 旋至"OFF"，平移滑板，再将Ⅱ路直供开关 QF6 旋至"ON"。

（4）如果要将内部Ⅰ路母线直供，将工作开关 QF3 旋至"OFF"，平移滑板，将直供选择开关 QF4 旋至"ON"。

（5）如果要将内部Ⅱ路母线直供，将工作开关 QF24 旋至"OFF"，平移滑板，将直供开关 QF23 旋至"ON"。

（五）输出模块操作

交流输出模块 1+1 热备，可实现自动切换。两个直流模块同时工作。若需将故障模块取下，只需切断相应开关即可。

（六）监控单元的使用

监控模块正面如图 3-8-24 所示，包括 LCD 液晶显示器、键盘和 LED 显示灯。可在液晶显示器上非常直观地查阅系统的运行参数，并可通过按键，对系统的重要参数进行设置和配置；采用全中文界面，每步操作都有相应的提示和帮助。液晶显示器选用 240×64 的 LED 背光液晶，一屏最多可显示 15×4 个汉字。

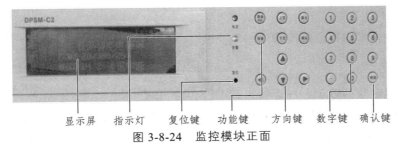

图 3-8-24　监控模块正面

各操作键的基本功能及定义如下：

"0" ~ "9""·""菜单""消音""上页""下页""退出""确认""↑""↓""←""→"键用于各种菜单操作。其中"0" ~ "9""·"可用于设置菜单中的数字输入；4 个方向键用于控制菜单中光标的移动，其中"←""→"键用于选择设置项的值，"↑""↓"键用于改变选择项。"菜单"键在修改数字时复用为"删除"功能，按"确认"键保存设置。当监控模块工作时，可看到电源指示灯（绿色）亮；告警灯用来指示系统的状态，若有告警产生，告警灯点亮。

系统使用时先引 24 V 的稳压电源到机箱后面板的插座上，按正、负极性连好，打开机箱电源开关，监控模块即可开始工作。

监控单元启动后会显示电源屏系统信息：电源屏类型、型号、状态。按"菜单"键进入主菜单，主菜单包含系统输入、系统输出、模块输出、告警数据、系统管理、远程通信、UPS信息和版本信息 8 个功能模块。

1. 系统输入

系统输入包含实时数据和设置数据两项。

实时数据项可以查看的数据：Ⅰ、Ⅱ路各相电压、电流；正常工作开关和旁路直供开关状态；Ⅰ、Ⅱ路直供开关状态；接触器 KM1、KM2 状态。

本菜单中的数据在出厂前已设定好，若有特殊要求需更改设置，与厂家联系。

2. 系统输出

系统输出可以查看系统每个输出支路的电压值和电流值。

3. 模块输出

模块输出可以查看每个模块的状态、输出电压和输出电流值。

4. 告警数据

告警数据可以查看当前发生的告警信息、历史告警信息、历史告警清单及进行干节点设置。

5. 系统管理

系统管理包含系统配置查看、断路器设置、系统时间设置、系统密码修改、屏保时间设置、告警声音设置、通信口配置、自检测试。

6. 远程通信

远程通信包含本机地址修改和波特率修改。

7. UPS 信息

UPS 信息包含模拟数据、状态数据和 UPS 设置三项。

模拟数据显示包括：UPS 的输入相电压、相电流值；输出的相电压、相电流值；旁路相电压、相电流值；输入/输出频率、旁路频率；电池电压、电流；后备时间等信息。

状态数据显示包括：供电方式；主路、旁路输入电压状态；整流器、逆变器、充电器的状态。

UPS 设置可以设置 UPS 地址和 UPS 类型。

8. 版本信息

该模块查看该电源屏的版本、型号和厂家信息。

（七）故障模块更换操作

（1）核实模块非外因保护（当"运行"灯熄灭、"故障"灯亮起时要判断是否为模块过流等原因保护）。

（2）断开故障模块的输入空开，拆除模块面板固定螺钉，取下模块（模块支持热插拔，且可防止交流抖动拉弧）。

（3）核实新模块型号是否与故障模块相同，并把新模块插入故障模块位置，闭合模块输入空开，核实模块启动带载正常。

操作注意：更换模块的同时要注意测量新旧模块输出及带载参数，并试验模块更换后模块的主、备用功能是否也工作正常。

（八）UPS 操作

UPS 操作显示面板如图 3-8-25 所示。

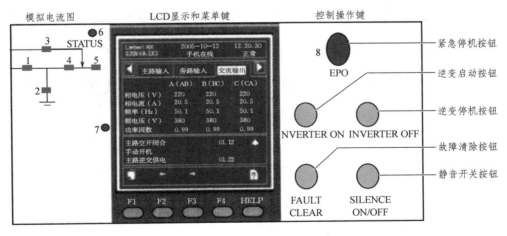

图 3-8-25　UPS 操作显示面板

通过操作显示面板，可查询 UPS 所有参数、蓄电池状态、事件和告警信息。操作显示面板按功能分为三部分：模拟电流图、控制操作键、LCD 显示和菜单键。

UPS 控制操作键的具体用途见表 3-8-8。

表 3-8-8　UPS 控制操作键的具体用途

控制操作键	用　途	控制操作键	用　途
紧急停机按钮	用来切断负载电源，关闭整流器、逆变器	故障清除按钮	恢复 UPS 功能（前提是需要清除故障）
逆变器启动开关	用来开启逆变器	静音开关按钮	按此键可消除或恢复告警声音
逆变器关闭开关	用来关闭逆变器		

1. UPS 并机开机步骤

（1）闭合 UPS1 和 UPS2 在电源屏上的输出开关（注意要断开电源下面的液压输出开关，以免冲击计算机联锁设备）。

（2）闭合电源屏上 UPS1 的输入开关、UPS2 的旁路开关。

（3）启动 UPS1，打开前门，将旋钮开关打到"NORMAL"位置，闭合 UPS1 输入开关 CB1。

（4）按住 UPS1 面板"INVERTERON"按键 3 s，面板"4"位置逆变指示灯闪烁，UPS1 正常启动。

（5）启动 UPS2 步骤类似以上（2）、（3）、（4）步。

2. UPS 并机关机步骤

（1）关闭使用 UPS 电源的设备。

（2）按住 UPS1 面板"INVERTEROFF"按键 3 s，面板上"4"位置逆变指示灯熄灭。

（3）按住 UPS2 面板"INVERTEROFF"按键 3 s，面板上"4"位置逆变指示灯熄灭。

（4）关闭电源屏上 UPS1 和 UPS2 的输出开关。

（5）断开 UPS1 输入开关 CB1；断开 UPS2 输入开关 CB2。

（6）断开电源屏上的 UPS1 的输入开关、旁路开关；断开 UPS2。

任务九　PMZG 型智能电源屏认知

【学习目标】

【素质目标】

（1）培养学生认真负责、严谨细致的工作态度。

（2）培养学生的团队合作意识和沟通能力。

（3）培养学生对铁路通信信号领域的专业认同感和敬业精神。

【知识目标】

（1）掌握 PMZG 型智能电源屏的结构与功能。

（2）掌握 PMZG 型智能电源屏的工作原理。

【能力目标】

（1）会 PMZG 型智能电源屏图纸识读。

（2）能掌握电路中设备的状态。

（3）能进行图物对照。

（4）能进行设备操作。

【相关知识】

一、PMZG 型智能电源屏简介

PMZG 型智能电源屏简介

20 世纪 80 年代后期，随着我国铁路技术的迅速发展，重载铁路、高速铁路的实施，铁路信号设备相继引进和开发了许多先进技术，原有的机械信号电源屏由于技术落后，故障率较高，已经跟不上铁路发展的需求，急需更新换代。

PMZ 系列智能电源屏有三代产品，分别为第一代 PMZ Ⅱ 型、第二代 PMZG（PQZG）型和第三代 PKXJXI 型智能铁路信号电源系统。其中 PMZG 型为车站电源屏、提速电源屏、驼峰电源屏或综合屏；PQZG 型为区间电源屏；PKXJXI 型为客运专线电源屏。

本任务以 PMZG 型电源屏为例进行阐述。PMZG 型智能铁路信号电源系统是按照原铁道部颁发的最新标准，在 PMZ Ⅱ 型智能铁路信号电源系统基础上设计开发而成的。该系统具有更高的可靠性、安全性，实现了不同厂家同类电源模块的互换，统一了监测单元与微机监测系统的通信协议。

（一）PMZG 电源屏的特点

网络化：可实现远程监测和集中组网，最终实现信号电源系统的无人值守。

智能化：实时监测系统的工作状态和运行参数，具有故障定位、存储及报警功能。

模块化：电源系统由各种型号模块组合而成，系统配置方便；模块支持热插拔，在线维护性好。

可靠性高：电源模块采用 $N+M$ 或 1+1 备份；所有元器件均降额使用。

适应外电网能力强：输入电源电压范围宽，兼容单相、三相两种制式；电网切换期间输出供电零中断。

保护功能完善：具有模块输入过压、欠压，输出过压、过流、短路、过温等完善的保护功能。

合理的散热设计：整机散热采用自然冷却方式，消除了风扇故障对系统的影响，同时降低了系统噪声。

绿色环保：采用有源功率因数校正技术，系统功率因数大于 0.99，有效抑制对外电网的污染，并降低了运行成本。

（二）系统分类及命名

根据用途不同，电源系统分为车站联锁电源系统、提速电源系统、区间电源系统、驼峰电源系统四种类型，每种类型根据容量不同有 5 kV·A、10 kV·A、15 kV·A、20 kV·A、

30 kV·A 五种不同的配置（超出以上容量范围时，可以进行专门设计）。各型号电源系统的命名规则如下：

1. 车站联锁电源系统

车站联锁电源系统为铁路信号继电联锁、微机联锁、城市轨道交通等信号设备提供稳压电源。车站联锁电源系统根据不同站场、不同容量配置，电源系统最多可由四面屏组成，并配有一套监测单元。车站联锁电源系统命名规则如图 3-9-1 所示。

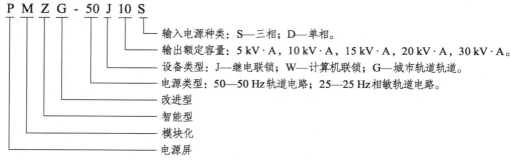

图 3-9-1　车站联锁电源系统命名规则

2. 提速电源系统

提速电源系统为交流三相转辙机提供隔离的、可靠的交流三相电源。提速电源系统可以由一台屏组成，也可集成在其他电源系统中。提速电源系统命名规则如图 3-9-2 所示。

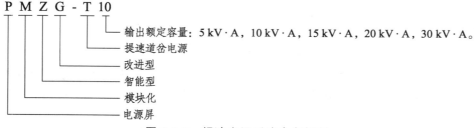

图 3-9-2　提速电源系统命名规则

3. 区间电源系统

区间电源系统为自动闭塞及半自动闭塞等信号设备提供稳压电源。区间电源系统一般由一台 B 屏或 A、B 两台屏组成，若用户无特殊要求，也可将区间电源和车站联锁电源配置在一套电源系统中。区间电源系统命名规则如图 3-9-3 所示。

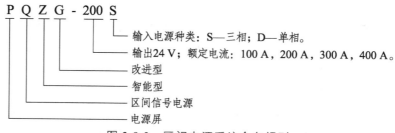

图 3-9-3　区间电源系统命名规则

4. 驼峰电源系统

驼峰电源系统为驼峰编组场信号设备提供稳压电源，可分为驼峰微机电源系统与普通驼峰电源系统两种。供驼峰转辙机用直流电源均配有备用电源。驼峰电源系统命名规则如图3-9-4所示。

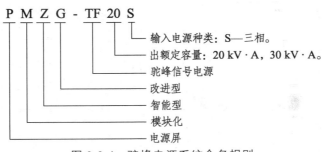

P M Z G - TF 20 S

- 输入电源种类：S—三相。
- 出额定容量：20 kV · A，30 kV · A。
- 驼峰信号电源
- 改进型
- 智能型
- 模块化
- 电源屏

图 3-9-4　驼峰电源系统命名规则

二、PMZG 型智能电源屏结构及原理

各种型号电源屏的组成不尽相同，但是都由两路输入电源转换控制单元、交直流配电模块和微机监测系统组成。下面所介绍的 PMZG 型电源屏包括 A、B、T 屏，其正面布置图如图 3-9-5 所示。

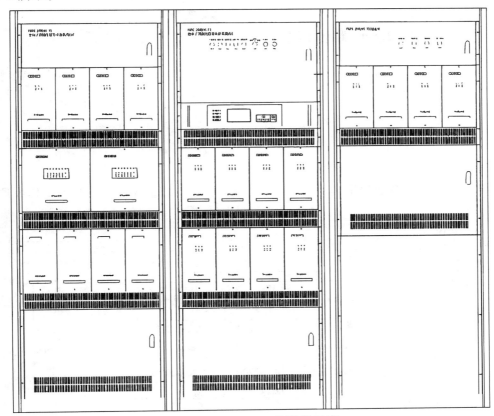

图 3-9-5　A、B、T 屏整体示意

（一）A 屏

A 屏实现本屏输入配电、交直流转换、输出配电、输出防雷及数据采集等功能。A 屏由上插箱、模块插箱及下插箱三部分组成，如图 3-9-6 所示。

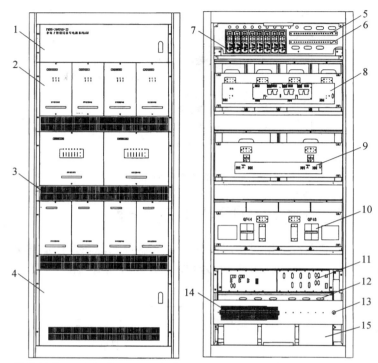

1—上插箱；2—模块插箱；3—风道；4—下插箱；5—零线汇流排（TD4）；6—地线汇流排（TD5）；
7—输出防雷板；8—第一层模块后背板；9—第二层 25 Hz 模块后背板；10—25 Hz 模块输入隔离变压器开关；
11—数据采集单元（DCP）；12—电压/电流传感器板数据接口；13—闪光板主备切换开关；
14—输入/输出端子排；15—输出隔离变压器。

图 3-9-6　A 屏示意

1. 上插箱简介

上插箱实现模块及数据采集单元（DCP）输入配电功能。A 屏输入配电工作原理如图 3-9-7 所示。

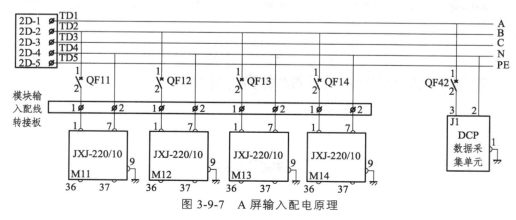

图 3-9-7　A 屏输入配电原理

上插箱包括上插箱门、前安装板、后安装板等。

A 屏上插箱门不安装器件，前安装板安装有模块和数据采集单元输入开关，如图 3-9-8 所示。后安装板安装有零线汇流排、地线汇流排及输出防雷板等器件。

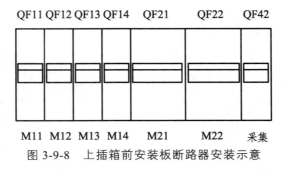

QF11 QF12 QF13 QF14　QF21　　QF22　　QF42

M11 M12 M13 M14　M21　　M22　　采集

图 3-9-8　上插箱前安装板断路器安装示意

2. 模块插箱简介

A 屏模块插箱分为三层。第一层为 1/4 模块插箱。当系统配有 1/2 轨道、局部模块时，第二层为 1/2 模块插箱，否则为 1/4 模块插箱。第三层为 1/4 模块插箱或变压器插箱。

1）电源模块

（1）模块命名及分类。

① 命名规则，如图 3-9-9 所示。

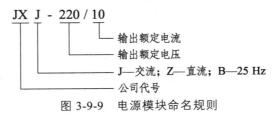

JX J - 220 / 10

—— 输出额定电流
—— 输出额定电压
—— J—交流；Z—直流；B—25 Hz
—— 公司代号

图 3-9-9　电源模块命名规则

电源模块用于向铁路信号继电联锁、计算机联锁、25 Hz 相敏轨道电路、区间自动闭塞等信号设备供电。M×× 指模块在系统中的安装位置，×× 中的第 1 位表示模块所在的层号，第 2 位表示模块在该层中从左向右的排列序号。例如，M12 表示第 1 层从左向右的第 2 个模块。

② 模块分类。

根据输出电源种类不同，模块分为三类：50 Hz 交流模块、25 Hz 交流模块、直流模块，如表 3-9-1 所示。

表 3-9-1　模块分类对照

序号	名　称	分　类	结构形式
1	JXJ-220/10	50 Hz 交流模块	
2	JXZ-220/16		1/4 模块
3	JXZ-24/50	直流模块	
4	JXZ2-24/50		
5	JXB-22006/11008	25 Hz 交流模块	1/2 模块
6	JXB-22011/11015		

（2）模块外观结构及功能。

根据一层模块插箱可容纳模块的数量，模块分为 1/4 电源模块和 1/2 电源模块，外形结构如图 3-9-10 所示。

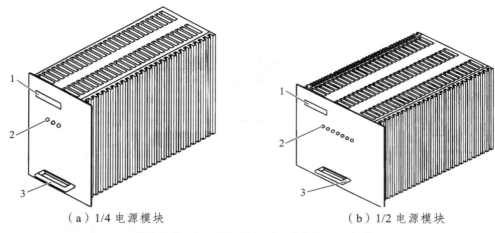

（a）1/4 电源模块　　　　　　　　　　　　（b）1/2 电源模块

1—模块铭牌，如 JXJ-220/10；2—指示灯；3—把手。

图 3-9-10　电源模块结构

1/4 电源模块指示灯，从左到右依次为："电源"红灯，模块上电后点亮；"运行"绿灯，模块正常工作时点亮；"故障"红灯，模块故障时点亮。

1/2 电源模块指示灯，从左到右依次为："轨道电源"指示红灯，轨道部分上电后点亮；"轨道运行"指示绿灯，轨道部分正常工作时点亮；"轨道故障"指示红灯，轨道部分故障时点亮；"局部电源"指示红灯，局部部分上电后点亮；"局部运行"指示绿灯，局部部分正常工作时点亮；"局部故障"指示红灯，局部部分故障时点亮；"加载"指示绿灯，模块主用工作时点亮。

2）后背板

模块插箱后面装有模块后背板，后背板有 25Hz-HB、DC-2BS-QJ-HB、2AC-2DC-BS-HB 和 AC220V-HB 四种型号。

3. 下插箱简介

A 屏下插箱包含下插箱门、数据采集单元（DCP）插箱、短路切除板、闪光板、断路器及输出传感器板插箱、接线端子安装板和输出隔离变压器安装板等。

系统有"闪光电源"时，配一主一备两块闪光板，采用钮子开关进行手动切换。钮子开关位于插箱后面的端子排旁。

有 25 Hz 电源模块时，配置两块短路切除板，用于切除过载或短路的轨道支路。短路切除板自身故障时，将短路切除板面板上的开关扳到"直供"位置，进行应急供电。

（二）B 屏

B 屏实现系统总输入配电、输入防雷、本屏输入配电、交直流转换、输出配电、输出防雷、数据采集及系统故障监测等功能。B 屏由上插箱、中心监测单元、模块插箱及下插箱组成，B 屏的整体示意图如图 3-9-11 所示。

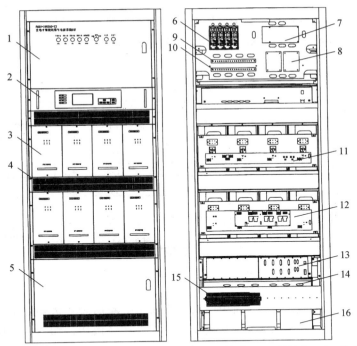

1—上插箱；2—中心监测单元（MCU）；3—模块插箱；4—风道；5—下插箱；6—输出支路防雷板；
7—输入传感器板（ISB）；8—交流接触器；9—零线汇流排（TD4）；10—地线汇流排（TD5）；
11—第一层模块后背板；12—第二层模块后背板；13—数据采集单元（DCP）；
14—电压/电流传感器板数据接口；15—输入/输出端子排；16—输出隔离变压器。

图 3-9-11　B 屏示意

1. 上插箱简介

B 屏上插箱实现系统总输入配电、输入防雷及本屏输入配电等功能。系统总输入配电及输入防雷工作原理图如图 3-9-12 所示。

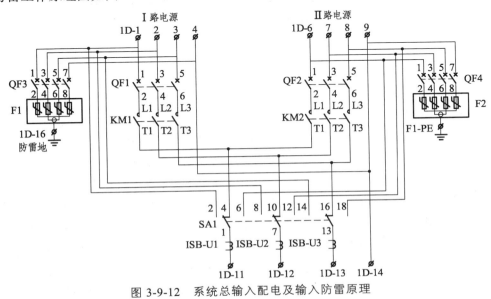

图 3-9-12　系统总输入配电及输入防雷原理

　　B 屏输入配电实现本屏电源模块、中心监测单元（MCU）及数据采集单元（DCP）的输入配电功能。B 屏输入配电工作原理图如图 3-9-13 所示。

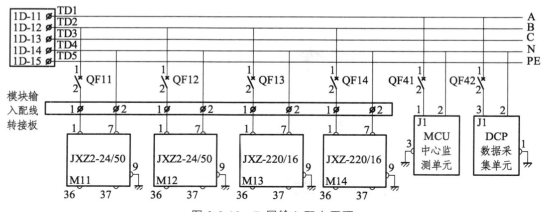

图 3-9-13　B 屏输入配电原理

　　B 屏上插箱包含上插箱门、上插箱前安装板及上插箱后安装板等。上插箱门正面安装有系统工作状态指示灯、报警状态转换开关及输入手动切换按钮，如图 3-9-14 所示。

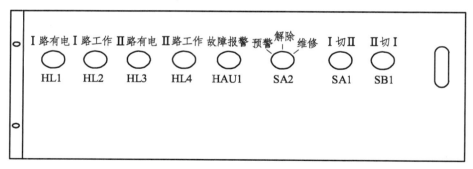

图 3-9-14　B 屏上插箱门正面示意

各指示灯含义：

HL1——"Ⅰ路有电"红色指示灯，Ⅰ路输入正常时点亮。

HL2——"Ⅰ路工作"绿色指示灯，Ⅰ路主用，Ⅱ路备用时点亮。

HL3——"Ⅱ路有电"红色指示灯，Ⅱ路输入正常时点亮。

HL4——"Ⅱ路工作"绿色指示灯，Ⅱ路主用，Ⅰ路备用时点亮。

HAU1——"故障报警蜂鸣器"，当系统故障时发出声光报警。

SA2——"报警状态转换开关"，有"预警""解除""维修"三种状态。

- 预警状态：置于此位时，系统故障时蜂鸣器发出声光报警，正常工作时置于此位；
- 解除状态：屏蔽蜂鸣器声光报警，置于此位时，有无故障蜂鸣器均不报警；
- 维修状态：置于此位时，系统正常时蜂鸣器发出声光报警，系统维修时置于此位。

SB1——"Ⅰ切Ⅱ"按钮，按下此按钮时，系统由Ⅰ路供电转为Ⅱ路供电。

SB2——"Ⅱ切Ⅰ"按钮，按下此按钮时，系统由Ⅱ路供电转为Ⅰ路供电。

B 屏上插箱门背面装有输入切换控制板（PDB 板）。PDB 板采用无优先、互为主备的工作方式，若系统采用 I 路电源供电，当 I 路电源故障时，系统自动切换到 II 路电源供电；若系统采用 II 路电源供电，当 II 路电源故障时，系统将自动切换到 I 路电源供电。

B 屏上插箱前安装板装有系统 I 、II 路输入开关，系统 I 、II 路输入防雷器，直供开关和模块输入开关等器件，如图 3-9-15 所示。

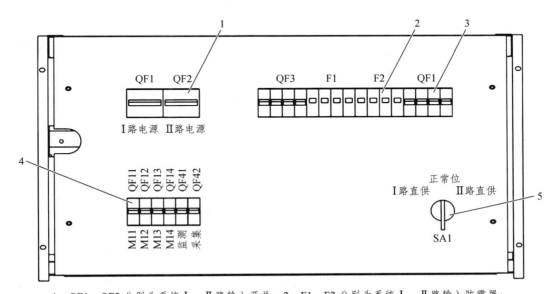

1—QF1、QF2 分别为系统 I 、II 路输入开关；2—F1、F2 分别为系统 I 、II 路输入防雷器；
3—QF3、QF4 分别为 I 、II 路输入防雷阻断开关；
4—QF1x（QF2x）、QF41、QF42 分别为模块、中心监测单元及数据采集单元输入开关；
5—SA1 为直供开关，有"正常""I 路直供""II 路直供"三种状态。

图 3-9-15 B 屏上插箱前安装板示意

- 正常位：正常工作时置于此位，两路输入电源经输入切换单元切换后给系统供电。
- I 路直供：应急时置于此位，I 路输入直接给系统供电。
- II 路直供：应急时置于此位，II 路输入直接给系统供电。

B 屏上插箱后安装板装有输出支路防雷板、零线和地线汇流排、输入传感器板及两路输入交流接触器等器件。输入传感器板（ISB 板）采集 I 、II 路输入电压，两路转换后的工作电流以及接触器工作状态等数据，并将数据传输到数据采集单元（DCP）。输出支路防雷板并联在系统输出支路的端子上，用于防护后级用电设备或供电电缆反馈到系统输出端的雷电袭击。当输出支路防雷板正常工作时，其工作指示灯 LED1 点亮。输出支路防雷板配置的数量由系统输出支路数决定。

2. 中心监测单元简介

中心监测单元实现系统工作状态和运行参数的处理、显示功能，形成规范化的数据和告警信息，并提供与微机监测系统的通信接口。中心监测单元的外形和后视图如图 3-9-16 所示。

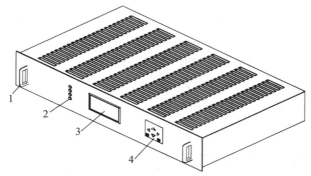

1—把手；2—指示灯；3—液晶显示屏，显示系统的状态和数据；
4—操作键盘，进行相关设置，查看相应的显示内容。

图 3-9-16　中心监测单元示意

指示灯，从上到下依次为：

- "工作"指示绿灯，中心监测单元工作时闪亮；
- "一般报警"指示红灯，系统一般故障时点亮；
- "紧急报警"指示红灯，系统紧急故障时点亮；
- "蜂鸣屏蔽"指示红灯，中心监测单元蜂鸣器报警屏蔽时点亮。

中心监测单元通过"微机监测"接口纳入微机监测网，实现远程监测和集中管理，如图 3-9-17 所示。通信协议采用国铁集团统一的标准协议，与各微机监测厂家兼容。

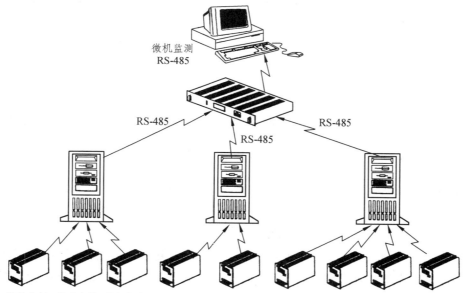

图 3-9-17　监测系统组网示意

3. 模块插箱简介

B 屏配有两层 1/4 模块插箱，最多配置 8 个 1/4 模块，如图 3-9-10 所示。模块插箱后面装有模块后背板，后背板有 DC220-24-2BS-HB、DC-2BS-QJ-HB、2AC-2DC-BS-HB 和 AC220V-

HB 四种型号，其中 2AC-2DC-BS-HB 后背板需和一备一切换板配合使用，AC220V-HB 后背板需和三备一切换板配合使用。根据系统模块配置的不同，后背板的类型也不尽相同。

4. 下插箱简介

下插箱实现输出配电，输出实时数据、状态采集等功能。直流输出和交流输出配电原理图如图 3-9-18、图 3-9-19 所示。

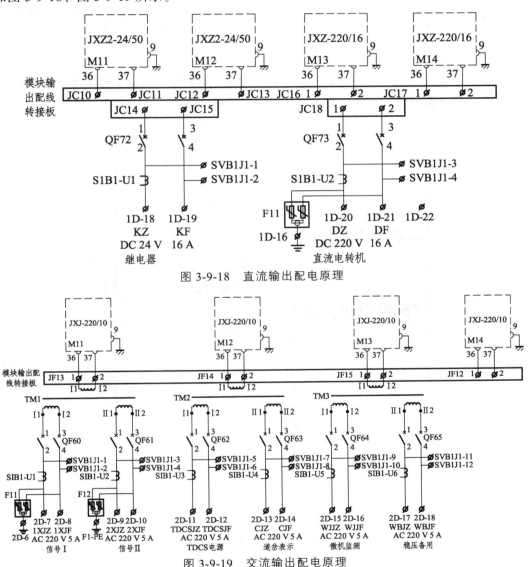

图 3-9-18　直流输出配电原理

图 3-9-19　交流输出配电原理

B 屏下插箱包含下插箱门、数据采集单元（DCP）插箱、断路器及输出传感器板插箱、接线端子安装板及输出隔离变压器安装板等。

接线端子安装在下插箱后面，输入/输出端子的分配见随屏接线图及端子分配表。输出隔离变压器安装在下插箱底部，最多可以安装三台。对于区间电源系统的 B 屏，只能安装一台隔离变压器。

输出电压、电流传感器板安装在断路器及输出传感器板插箱的顶部。输出传感器板最大配置为 6 块，从左到右前 3 块为电压传感器板，后 3 块为电流传感器板。电压、电流传感器板分为直流和交流两种类型，传感器板根据输出电源类型进行配置。

（三）T 屏

T 屏即提速屏，分为独立 T 屏和混合 T 屏。独立 T 屏为交流转辙机提供可靠的、隔离的三相交流电源；混合 T 屏除了为交流转辙机供电外，还可为其他设备提供稳定的交、直流电源。

1. 独立 T 屏

独立 T 屏有完整的输入配电单元和中心监测单元，可以独立组成提速电源系统。独立 T 屏由上插箱、中心监测单元、下插箱及三相隔离变压器四部分组成，如图 3-9-20 所示。

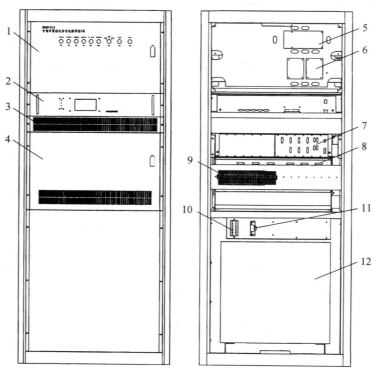

1—上插箱；2—中心监测单元（MCU）；3—风道；4—下插箱；5—输入传感器板（ISB）；
6—交流接触器；7—数据采集单元（DCP）；8—电压/电流传感器板数据接口；
9—输入/输出端子排；10—相序监控器（XQ）；
11—电流互感器；12—三相隔离变压器。

图 3-9-20　独立 T 屏

独立 T 屏实现系统总输入配电、输入防雷、输出配电、数据采集、断错相监测等功能，并设有中心监测单元。

（1）上插箱。

上插箱由上插箱门、前安装板、后安装板三部分组成。上插箱门正面安装有系统工作状态指示灯、断错相指示灯、报警状态转换开关及输入手动切换按钮，如图 3-9-21 所示。

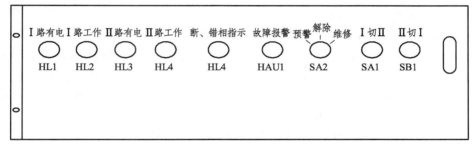

图 3-9-21　上插箱门正面示意

HL1——"Ⅰ路有电"红色指示灯，Ⅰ路输入正常时点亮。

HL2——"Ⅰ路工作"绿色指示灯，Ⅰ路主用，Ⅱ路备用时点亮。

HL3——"Ⅱ路有电"红色指示灯，Ⅱ路输入正常时点亮。

HL4——"Ⅱ路工作"绿色指示灯，Ⅱ路主用，Ⅰ路备用时点亮。

HL5——"断、错相"红色指示灯，当系统有断、错相故障时点亮。

HAU1——"故障报警蜂鸣器"，当系统故障时发出声光报警。

SA2——"报警状态转换开关"，有"预警""解除""维修"三种状态。

- 预警状态：置于此位时，系统故障时蜂鸣器发出声光报警，正常工作时置于此位；

- 解除状态：屏蔽蜂鸣器声光报警，置于此位时，有无故障蜂鸣器均不报警；

- 维修状态：置于此位时，系统正常时蜂鸣器发出声光报警，系统维修时置于此位。

SB1——"Ⅰ切Ⅱ"按钮，按下此按钮时，系统由Ⅰ路供电转为Ⅱ路供电。

SB2——"Ⅱ切Ⅰ"按钮，按下此按钮时，系统由Ⅱ路供电转为Ⅰ路供电。

独立 T 屏上插箱门背面和 B 屏相同，也安装有 PDB 板。

独立 T 屏上插箱前安装板装有系统Ⅰ、Ⅱ路输入开关，Ⅰ、Ⅱ路输入防雷器，直供开关和三相隔离变压器输入开关等器件，如图 3-9-22 所示。

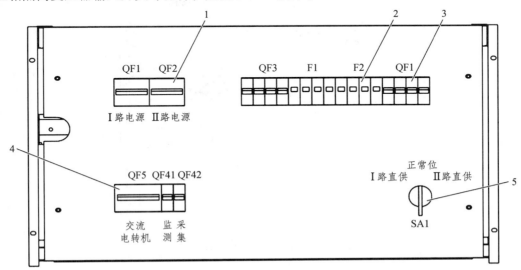

图 3-9-22　上插箱前安装板示意

上插箱前安装板上的元器件及功能：

1——QF1、QF2 分别为系统Ⅰ、Ⅱ路输入开关。

2——F1、F2 分别为Ⅰ、Ⅱ路输入防雷器。

3——QF3、QF4 分别为Ⅰ、Ⅱ路输入防雷阻断开关。

4——QF5、QF41、QF42 分别为隔离变压器、中心监测单元及数据采集单元输入开关。

5——SA1 为直供开关，有"正常""Ⅰ路直供""Ⅱ路直供"三种状态。

- 正常位：正常工作时置于此位，两路输入电源经输入切换单元切换后给系统供电。
- Ⅰ路直供：应急时置于此位，Ⅰ路输入直接给系统供电。
- Ⅱ路直供：应急时置于此位，Ⅱ路输入直接给系统供电。

独立 T 屏上插箱后安装板和 B 屏上插箱后安装板相同。

（2）中心监测单元。

独立 T 屏的中心监测单元与 B 屏相同，只是本屏的Ⅰ、Ⅱ路电源的工作状态及报警信息不纳入站场控制台。

（3）下插箱。

独立 T 屏下插箱与 B 屏下插箱相同。

（4）三相隔离变压器。

三相隔离变压器是 T 屏的核心部件，提供隔离的、可靠的三相交流电源，其规格由 5 kV·A 到 40 kV·A 可选。

2．混合 T 屏

混合 T 屏无独立的输入配电单元和中心监测单元，必须和 B 屏配合使用。

混合提速屏由上插箱、模块插箱、下插箱及三相隔离变压器四部分组成，如图 3-9-23 所示。

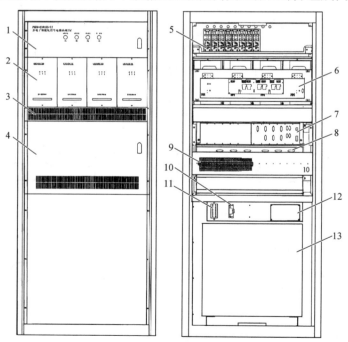

1—上插箱；2—模块插箱；3—风道；4—下插箱；5—输出支路防雷板；6—第一层模块后背板；7—数据采集单元（DCP）；
8—电压/电流传感器板数据接口；9—输入/输出接线端子；10—电流互感器；11—相序监控器（XQ）；
12—输入传感器板（ISB）；13—三相隔离变压器。

图 3-9-23　混合提速屏示意

上插箱由上插箱门、前安装板、后安装板三部分组成。上插箱门正面安装有系统有电指示灯、断错相指示灯。混合 T 屏预留一层 1/4 模块插箱。混合 T 屏下插箱和 B 屏下插箱相同。三相隔离变压器是 T 屏的核心部件，提供隔离的、可靠的三相交流电源，其规格由 5 kV·A 到 40 kV·A 可选。

混合 T 屏实现本屏输入配电、输出配电、数据采集、断错相监测等功能，其工作原理如图 3-9-24 所示。

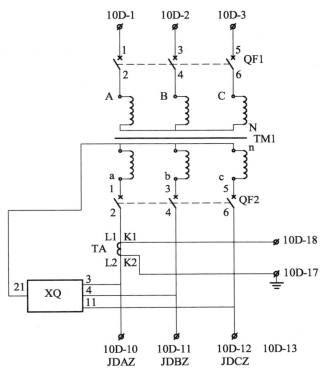

图 3-9-24 混合 T 屏主电路原理

三、PMZG 型智能电源屏的使用与维护

（一）PMZG 电源屏的使用

1. 关 机

系统在使用过程中，因紧急情况需要关机时，操作步骤如下：

（1）断开系统各支路的输出开关。

（2）断开各模块、数据采集单元、中心监测单元的输入开关。

（3）断开系统的总输入开关 QF1、QF2。

2. 开 机

故障解除后，系统重新开机操作步骤如下：

（1）闭合系统输入总开关 QF1、QF2。

（2）依次闭合各模块的输入开关。

（3）依次闭合各支路的输出开关。

（4）依次闭合 A 屏、B 屏、T 屏的数据采集单元和中心监测单元的开关。

3．信息查询

用户可根据不同选项的操作来实现用户操作、实时数据查询、报警信息查询、历史记录查询等功能。

（1）用户操作：包括系统时间设定、蜂鸣告警状态操作、用户密码设定。

（2）实时数据查询：包括Ⅰ、Ⅱ路交流电源输入电压、电流，各屏输出支路电压、电流查询。

（3）报警信息查询：可查看各种报警信息，包含紧急告警和一般告警。

（4）历史记录查询：可查询历史记录。

（二）PMZG 电源屏的维护

保证系统安全、稳定运行，应采用日检、定检两种方式对系统进行维护。

1．系统日检

（1）温湿度。

信号室温度范围应在 − 5 ~ +40 ℃之间；相对湿度范围应在 5% ~ 95%之间。

（2）交流输入电压和电流。

从中心监测单元读取交流输入电压、电流值，并做出相应判断。

（3）各输出支路电压和电流。

从中心监测单元读取各输出支路电压、电流值，并做出相应判断。

（4）防雷器件。

观察防雷器件的工作状态，及时更换故障器件。

2．系统定检

建议每月一次，检查内容包括：

（1）检查交流输入的切换功能。

交流输入切换有自动切换和手动切换两种方式：

第一步：自动切换。

断开 QF2（模拟Ⅱ路电源故障），接触器 KM2 断开，KM1 吸起，系统切换到Ⅰ路供电状态，Ⅱ路电源备用。闭合 QF2，断开 QF1（模拟Ⅰ路电源故障），则接触器 KM1 落下，KM2 吸起，系统转至Ⅱ路供电。调试完毕后，闭合 QF1。

第二步：手动切换。

按下"Ⅱ切Ⅰ"SB2 按钮，系统切换至Ⅰ路电源供电。按下"Ⅰ切Ⅱ"SB1 按钮，系统切换至Ⅱ路电源供电。

（2）检查交流模块主备切换功能。

交流模块有"三备一""一备一"两种备用方式，一组主备模块配在同一层插箱中。采用

"三备一"方式时，四个模块为一组，从左到右前三个为主用模块，第四个为备用模块。采用"一备一"方式时，两个模块为一组，从左到右第一个为主用模块，第二个为备用模块。"三备一"主备模块切换调试步骤如下：

①断开第一个主用模块的输入开关，切换到备用模块工作，模块插箱后面切换板上备用模块工作指示灯点亮。

②重新闭合第一个主用模块的输入开关，模块正常工作后，切换回主用模块工作，备用模块工作指示灯熄灭。

③按上述操作方法依次调试第二、三个主用模块和备用模块的切换功能。

25 Hz 模块，采用"一备一"备用方式，两个模块互为主备，"加载"灯点亮的模块为主用模块。测试步骤如下：

①断开主用模块的输入开关，切换到备用模块工作，备用模块"加载"灯点亮，转为主用模块。然后，重新闭合断开的输入开关。

②按第一步操作方法再次对当前模块的主备状态进行切换调试。

（3）检查闪光板主备切换功能。

闪光板采用"一备一"备用方式，操作闪光板主备切换开关进行切换调试。面板指示灯闪亮的闪光板主用工作，指示灯闪烁频率表示闪光板输出频率，正常为每分钟 90～120 次，如果闪烁频率超限，拔下闪光板，调整电位器 VR1，使闪光板的输出频率满足要求。

（4）绝缘电阻测试。

（5）系统输入、输出电压测试（端子上）。

（三）故障诊断及处理

常见故障现象及处理如表 3-9-2 所示。

表 3-9-2　常见故障现象及处理

序号	故障现象	故障原因	故障处理
1	Ⅰ、Ⅱ路电网正常，但输入接触器不吸合，模块断电，设备输出中断	输入配电单元故障	手动把输入配电单元的直供开关（SA1）转换到Ⅰ路直供或Ⅱ路直供位
2	支路输出供电中断，主、备模块工作指示灯均熄灭，监控报相应模块、支路输出故障	主、备模块均故障	用同型号备用模块更换
3	模块工作正常，监控报"××支路输出故障"，支路输出中断	输出断路器故障	短接断路器，并及时更换
4	监控系统报"轨道×支路输出故障"，25 Hz 轨道/局部模块工作正常，轨道支路无输出	短路切除板故障	将短路切除板面板上的开关扳到"直供"位置，进行应急供电，并及时更换
5	监控报"Ⅰ/Ⅱ路输入某一相断电"	Ⅰ/Ⅱ路电网缺相	检修电网
		输入采集单元对应的采集CPU 板、电压调理板或输入传感器板故障	更换损坏的采集 CPU 板件、电压调理板或输入传感器板

序号	故障现象	故障原因	故障处理
6	监控报"Ⅰ/Ⅱ路输入某一相欠压"	Ⅰ/Ⅱ路外电网输入相应相欠压	检查外电网对应相电压是否正常
		输入采集单元对应的电压调理板或输入传感器板故障	更换损坏的电压调理板或输入传感器板
7	监控报"Ⅰ/Ⅱ路输入某一相过压"	Ⅰ/Ⅱ路电源输入的×相电压过高	检查外电网对应相电压是否正常
		输入采集单元对应的电压调理板或输入传感器板故障	更换损坏的电压调理板或输入传感器板
8	监控报"A/B/C/T 屏 M×× 模块故障"	对应模块未插到位	将模块重新插拔并紧固
		模块内部故障	更换模块
		过载造成模块保护	切断异常负载，检修后恢复带载
9	监控报"×× 支路输出故障"	输出断路器断开	闭合对应断路器
		输出采集单元的采集 CPU 板、电压调理板或输出传感器板故障	更换损坏的相关板件
10	监控报"局部轨道相位超限"	轨道或局部支路输出断路器断开	检修负载，正常后，闭合输出断路器
		轨道支路输出过载，短路切除板过载切除	检修过载支路（负载电流不超过 2.7 A）
11	监控报"A/B/C/T 屏采集单元故障"	A/B/C/T 屏数据采集单元与中心监测单元（MCU）间的数据线松动或破损	紧固松动的接插件，或更换数据线
		A/B/C/T 屏数据采集单元辅助电源板故障（指示红灯熄灭）	更换辅助电源板
		A/B/C/T 屏数据采集单元 CPU 板故障（接收、发送指示灯不闪烁）	更换数据采集单元 CPU 板
		中心监测单元（MCU）里监控主板故障	更换 MCU 里监控主板
12	监控报"交流电转机输出相序故障"	输入相序错误	从系统总输入端调整相序
		相序监测器故障	更换相序监测器
13	监控报"交流电转机输出断相故障"	输入缺相	检修电网
		相序监测器故障	更换相序监测器

任务十　PZG 系列智能电源屏认知

【学习目标】

【素质目标】

（1）引领学生感受新技术的先进性，增强其岗位荣誉感。

（2）培养学生的安全意识和责任感，在工作中严格遵守操作规程和安全制度。

（3）培养学生对安全风险的敏锐感知和重视度，避免因误操作引发停电事故。

【知识目标】

（1）掌握 PZG 系列智能电源屏各部分的组成及作用。

（2）熟悉 PZG 系列智能电源屏各部分的电路原理。

【能力目标】

（1）能进行图物对照。

（2）能进行设备操作。

【相关知识】

一、PZG 系列智能电源屏简介

PZG 系列智能电源屏简介

PZG 系列电源屏为 PZ 系列的第二代产品，主要用于普速铁路。与 PZ 系列相比，PZG 系列电源屏在工作原理和结构上基本相似，但其输入切换系统采用"Y"型。

PZG 系列智能电源屏根据用途可分为继电联锁电源屏、计算机联锁电源屏、驼峰电源屏、25 Hz 电源屏、区间电源屏、交流电动转辙机电源屏（又称提速电源屏）或以上几种类型的综合电源屏。区间电源屏、25 Hz 电源屏及交流电动转辙机电源屏一般不单独设屏，它们通常与继电联锁电源屏或计算机联锁电源屏合并在一起使用，组成综合电源屏。

（一）命名规则

命名规则如图 3-10-1 所示。

（二）PZG 系列智能电源屏原理框图

PZG 系列智能电源屏系统原理框图如图 3-10-2 所示，从功能上分为主回路、防雷、智能监测三部分。

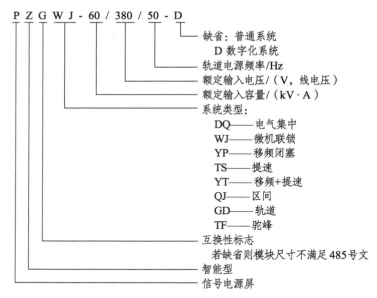

图 3-10-1　PZG 屏命名规则

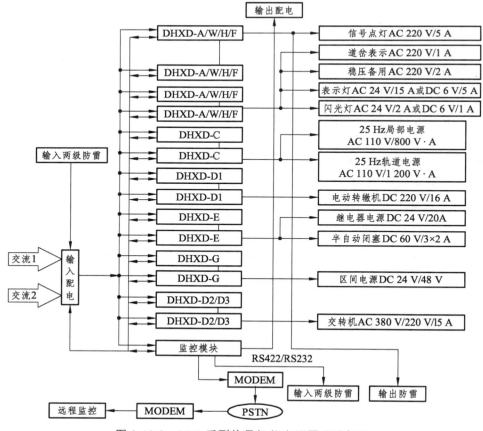

图 3-10-2　PZG 系列信号智能电源屏原理框图

主回路又分为输入智能切换系统、模块及其配电、输出配电三部分。

防雷系统分为系统输入防雷和输出防雷两部分，输入防雷分 C 级和 D 级两部分，输出防雷由防雷保险熔芯开关、防雷板组成。

智能监控分为系统监控、模块监控两部分，最后通过监控单元进行文字显示；同时结合模块面板指示灯和直流屏上的系统电源灯和故障告警灯及故障蜂鸣器，组成电源屏全套的声光报警和数字监控系统。

（三）PZG 系列电源屏结构

PZG 系列电源屏外观与 PKX 型类似，如图 3-10-3 所示，一般由直流屏、交流屏、提速屏组成。

图 3-10-3 PZG 系列信号智能电源屏

1. 直流屏

直流屏主要完成两路交流输入电源切换控制，并输出继电器电源、直流转辙机电源及其他直流设备电源，监控单元也设于该屏内。直流屏由系统输入及模块输入插框、风道、监控单元、模块插框、输出配电插框等部分组成。

（1）系统输入及模块输入插框。

系统输入及模块输入插框完成两路交流输入电源切换控制、系统的输入防雷、工作状态显示和故障显示报警，以及当转换故障时人工切换成直供。如图 3-10-4 所示，系统输入及模块输入插框正面有两路电源切换单元、系统工作指示灯、故障指示灯、报警器、直供/正常组合开关、交流输入空气开关、C 级防雷器（含防雷空气开关）、D 级防护盒、直流模块输入空气开关、接地汇流排和零线汇流端子排等；背面有两个交流接触器、配电监控转换板、交流电流采样板、两路交流相线汇流端子排等。

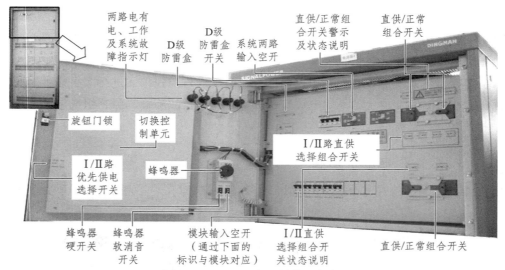

图 3-10-4　PZG 电源屏输入插框

（2）监控单元。

PZG 系列电源屏采用监控模块 DPSM-C2，如图 3-10-5 所示。该监控模块以嵌入式 CPU 为主控器，正面有液晶屏、指示灯、功能键盘、方向键盘、数字键盘、隐形拉环，背面有开关、保险管、电源线、系统检测接口、模块检测接口、Ⅰ/Ⅱ路有电及系统故障节点接口。

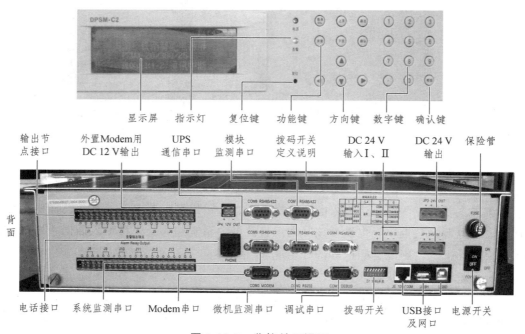

图 3-10-5　监控单元视图

（3）模块插框。

模块插框正面插入各种直流模块且输出采用自主均流"n + 1"冗余配置，背面有模块插座和输出转接背板。

（4）输出配电插框。

输出配电插框完成两路输入电源的输入及转接、交流输入电流采样、系统直流电源输出和防雷。正面有空开监测板、系统输出断路器、输出接线万可端子排、内部交流电输出转接端子，背面有输出防雷开关、输出防雷板、两路外电网输入接线端子、保护地线接线端子和防雷地线接线端子，如图 3-10-6 所示。

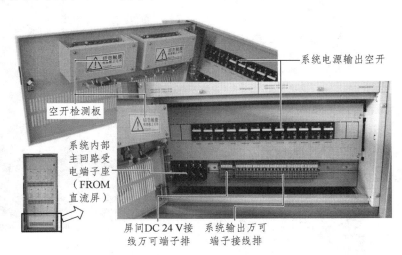

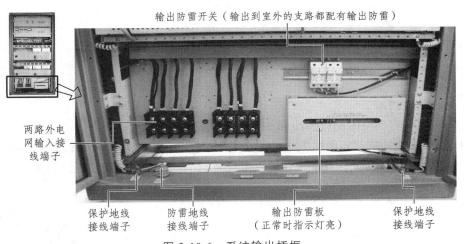

图 3-10-6　系统输出插框

2. 交流屏

交流屏输出 50 Hz 交流电源和 25 Hz 交流电源，主要由系统输入框、风道、模块插框、输出配电插框组成。

（1）系统输入插框。

系统输入插框完成交流模块输入、交流输出防雷、25 Hz 轨道电源负载短路切除功能。正面有模块输入断路器、系统输出防雷开关及熔断器，背面有输出防雷板、25 Hz 轨道电源路切除板、时间同步板，如图 3-10-7 所示。

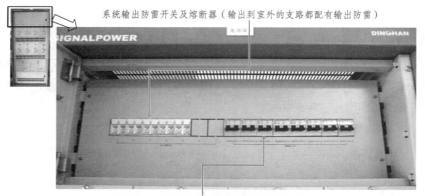

系统输出防雷开关及熔断器（输出到室外的支路都配有输出防雷）

模块输入空气开关（通过下面的标识与模块对应）

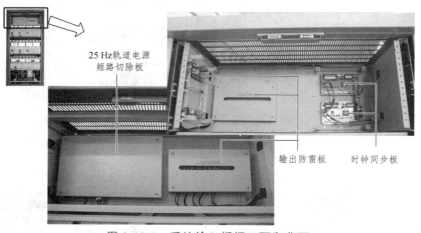

25 Hz轨道电源
短路切除板

输出防雷板　时钟同步板

图 3-10-7　系统输入插框正面和背面

（2）交流模块插框。

交流模块插框有 50 Hz 交流模块和 25 Hz 交流模块两种结构。

50 Hz 交流模块插框，正面插入 50 Hz 交流模块，背面有模块监控串口插座插头、模块时钟同步信号插座、模块输入插线、模块输出接线及端子、交流模块切换板，如图 3-10-8 所示。

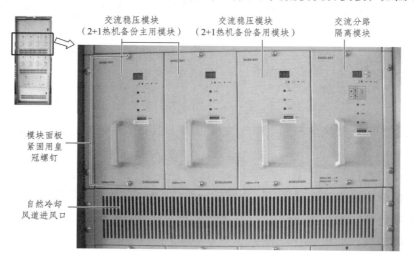

交流稳压模块
（2+1热机备份主用模块）

交流稳压模块
（2+1热机备份备用模块）

交流分路
隔离模块

模块面板
紧固用皇
冠螺钉

自然冷却
风道进风口

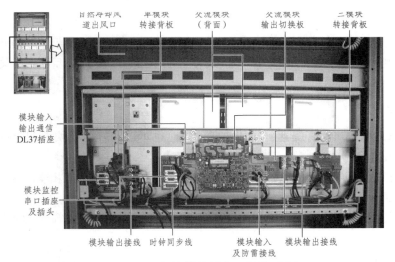

图 3-10-8　交流模块插框正面和背面

　　25 Hz 交流模块插框，正面插入 25 Hz 交流模块，背面有模块输入/输出通信插座、25 Hz 模块转接背板、模块时钟同步接口插座、模块干节点输出接口、模块输入及防雷接线、25 Hz 轨道和局部输出接线，如图 3-10-9 所示。

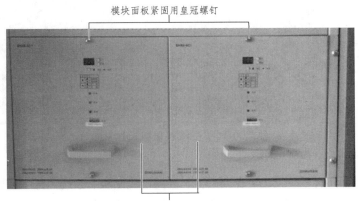

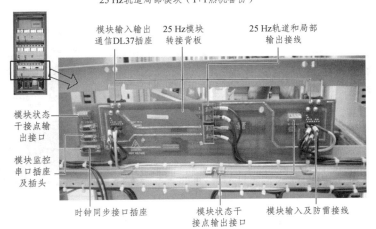

图 3-10-9　25 Hz 交流模块插框正面和背面

（3）交流输出插框。

交流输出插框主要完成系统的输出，正面有断路器监测板、系统电源输出断路器、系统内部主回路受电端子座、屏间直流 24 V 接线万可端子排、系统输出万可端子排，背面有隔离变压器和系统保护地线接线端子。

3. 提速屏

在 PZG 系列电源屏中，提速屏可以单独组屏，也可以和其他模块一起组屏，其主要完成交流转辙机的配电输出。

单独组屏的提速屏由模块输入插框、模块插框、输出配电插框、三相隔离变压器插框组成。

（1）模块插框。

模块插框主要插入一个交流转辙机模块，也可在此扩展其他交、直流模块，如图 3-10-10 所示。

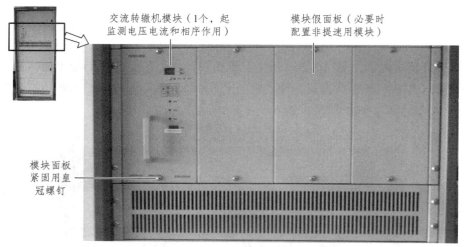

图 3-10-10　交流转辙机模块插框

（2）输出配电插框。

输出配电插框正面有系统输出液压断路器、断路器检测板、系统内部主回路受电端子、三相转辙机输出电流互感器、本机柜系统输出端子排，背面有非提速输出防雷板，如图 3-10-11 所示。

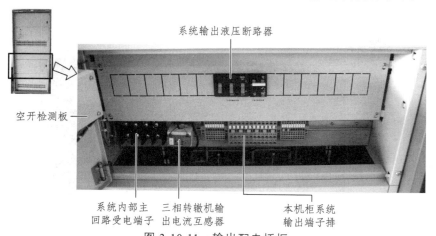

图 3-10-11　输出配电插框

（3）三相隔离变压器插框。

三相隔离变压器插框正面是块挡板，背面有三相隔离变压器、系统保护地线接线端子和系统防雷地线接线端子，如图 3-10-12 所示。

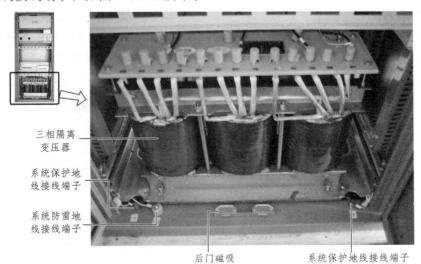

图 3-10-12 三相隔离变压器插框背面

二、电源屏图纸识读

PZG 系列智能
电源屏图纸识读

（一）输入智能切换系统

1. 输入切换配电

PZG 系列智能电源屏采用"Y"型切换系统，如图 3-10-13 所示。外电网Ⅰ路、Ⅱ路经过电源屏切换控制系统后输出一路，切换控制系统通过控制接在主回路上的 2 个交流接触器（KM1、KM2）的动作，以实现"Y"型切换。

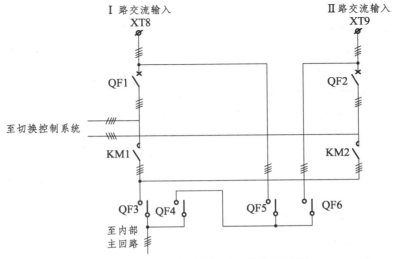

图 3-10-13 "Y"型输入切换配电原理

（1）作用与组成。

QF1 为系统Ⅰ路输入断路器、QF2 为系统Ⅱ路输入断路器。KM1、KM2 为交流接触器，KM1、KM2 具有电气和机械互锁特性。

（2）电路原理。

两个断路器分别与交接流接触器 KM1 和 KM2 对应相连，系统交流切换控制部分通过控制两个交流接触器，使外电网的两路输入只要一路有电，通过 QF3 后，内部主回路就有电。

2. 系统切换控制部分

系统切换控制部分如图 3-10-14 所示，通过 KM1 和 KM2 工作状态能控制两路输入电源进行切换。

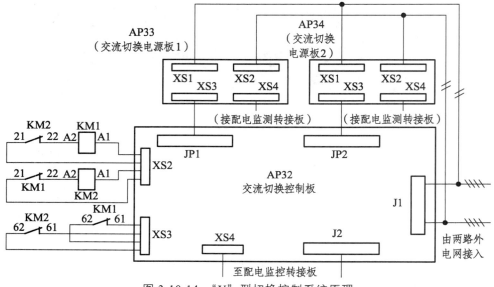

图 3-10-14　"Y"型切换控制系统原理

（1）作用与组成。

系统切换控制部分由互为主、备的两块交流切换电源板 AP33 和 AP34 和一块交流切换控制板 AP32 组成。通过交流切换控制板来控制两个接触器进行切换动作。两个交流接触器通过电路互锁，在同一时刻，只能有一个接触器吸合。

交流切换电源板的主要功能是给交流切换控制板提供电源，其接口主要包括：

XS1、XS2——电源输入接口，分别接两路外电网的输入电源。

XS3——电源输出接口，接交流切换控制板，送出所需的各种电源。

XS4——状态节点接口，送出本电源板工作状态的节点信号。

交流切换控制板的主要功能是通过对两路外电网电压、相序的检测，实现交流接触器的自动切换，其接口主要包括：

JP1、JP2——电源接口，分别接两块交流切换电源板送来的各种直流电源，并联备份。

J1——电压采样接口，由两路外电网接入。

J2——电压样本送出接口，送至配电监控转接板，用于两路外电网的电压监测。

XS2——交流接触器驱动接口，接两个交流接触器线圈，并与另一个交流接触器常闭触点串联，形成电路互锁。

XS3——交流接触器常闭触点接口，为交流接触器吸合启动瞬间提供脉冲直流高压电，以启动吸合，吸合后即断开，以实现低压维持。

XS4——监测接口，送出系统输入相序检测告警接点信号。

（2）电路原理。

切换控制板上有交流电压采样、切换逻辑判断和切换驱动三个功能板块，并有Ⅰ路优先、Ⅱ路优先、无优先（谁先上电谁优先，并一直保持，直到出现故障时才切换）选择开关；同时还能对外电网相序进行监测。电压采样板块相当于人的眼睛，实时监测外电网的电压波动情况；切换逻辑板块相当于人的大脑，进行逻辑判断，送出动作命令；而切换驱动板块则相当于人的手脚，执行切换逻辑板块送来的命令。

电压采样板块采集外电网Ⅰ路、Ⅱ路电压，并将采集到的电压值送给切换逻辑板块，切换逻辑板对电压值进行逻辑判断，如果两路外电网电压都正常，则通过切换驱动板块，让电路板上设置的默认优先的接触器吸合，为系统内部主回路供电；如果有一路不正常，则通过切换驱动板块，让正常的一路电网的接触器吸合，为系统内部主回路供电。

当外电网电压不正常时，如欠压、过压或缺相，切换逻辑板块给出断开信号，切换驱动板块收到信号后，断掉驱动电压，交流接触器在内部弹簧的作用下自动释放，断开其所控制的电路通道。

3. 系统直供部分

系统直供部分工作原理如图3-10-13所示。

（1）作用与组成。

空开QF3和QF4组合形成组合开关，通过机柜面板上的机械互锁板实现互锁，保证不能同时合上，为正常供电和直供供电状态选择开关；空开QF5和QF6组合形成组合开关，通过机柜面板上的机械互锁板实现互锁，保证不能同时合上，为直供状态下的Ⅰ路直供或Ⅱ路直供选择开关。

（2）电路原理。

当QF3合上、QF4断开时，系统为通过交流接触器供电的正常状态；当QF3断开、QF4合上时，系统为通过直供方式供电的直供状态。

在直供状态下，当QF5合上、QF6断开时，系统为Ⅰ路直供供电；当QF5断开、QF6合上时，系统为Ⅱ路直供供电。

（二）模块及配电输出

模块输入直接引自内部主回路（经过交流接触器之后的总线称为内部主回路），经模块输入空开后送到模块转接背板，模块转接背板通过连接器与模块相连。模块获得220 V工作电压后，将输出电源经过输出配电，再经过液压空开，最后引到输出万可端子。

1. 直流模块及配电输出

（1）组成。

直流模块包括SD1（直流转辙机模块）、SE1（继电器、站间联系模块）、SE2（继电器模块）、SE3（继电器模块）、SE4（继电器、站间联系模块、电码化模块）、SE5（站间联系模块）模块，均采用"$n+1$"冗余备份，直流并联、均流输出配线方式。

其中，继电器、站间联系及电码化电源电路如图3-10-15所示。

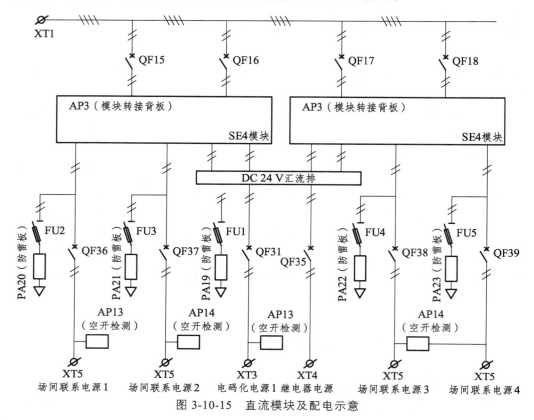

图 3-10-15 直流模块及配电示意

（2）电路原理。

对于容量较大的 DC 24 V 继电器输出、DC 220 V 直流转辙机电源输出，都是通过汇流排进行并联后，统一经过输出不同型号的液压断路器，对不同容量进行过流限制，最后通过万可端子输出。

对于容量相对较小的 DC 24～60 V 可调的站间联系或闭塞电源，则直接经过模块输出转接背板上的印制电路直接并联后，经输出液压断路器过流限制，最后通过万可端子输出。

2. 交流模块及配电输出

部分交流模块及配电输出如图3-10-16所示。

（1）作用与组成。

交流稳压模块有 SH1、SD2、SD3 三种，SH1 为交流稳压模块，SD2、SD3 为交流转辙机模块，只有电压、电流和相序监测作用，无稳压作用。SF1 模块为隔离组件模块，不起稳压作用，只起隔离作用。除不稳压备用电源没有稳压模块和隔离变压器，直接从系统内回路经液压断路器及万可端子输出外，其他各交流电源都是经过隔离组件或隔离变压器进行隔离后，再经液压断路器送至输出万可端子输出。

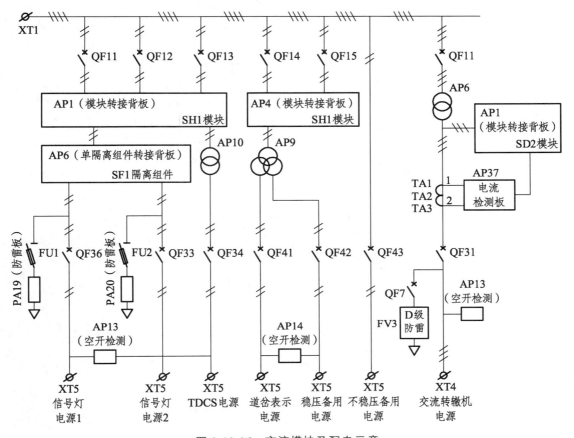

图 3-10-16 交流模块及配电示意

（2）电路原理。

SH1 模块输出 AC 220 V 电源，采用"2 + 1"或"1 + 1"冗余备份方式输出。对于采用"1 + 1"备份方式模块，两模块互为主备，先上电的工作，后上电的备份；对于"2 + 1"备份方式的模块，左侧的两个为主用模块，右侧的一个为备用模块；当主用模块出现故障时，自动切换至备用模块，故障排除后，自动切回主用模块工作。SD2 为交流转辙机模块，起监测作用，不需要备份。

（三）防雷系统电路识读

PZG 系列智能电源屏输入、输出都采用比较完善的防雷系统，同时考虑信号设备复杂的工作环境，系统给室外设备供电的输出也设有一级输出防雷，保证系统在恶劣的环境下能可靠工作。

1. 输入级防雷

系统输入级防雷可以承受 8/20 μs 电流冲击 20 kA，20 次；8/20 μs 电流冲击 40 kA，1 次。输入级防雷系统如图 3-10-17 所示。

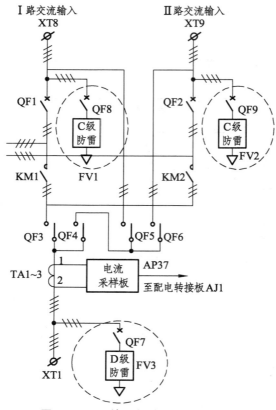

图 3-10-17　输入级防雷系统原理图

（1）作用与组成。

FV1 和 FV2 为 C 级防雷，QF8 和 QF9 为 C 级防雷的输入开关。FV3 为 D 级防雷，QF7 为 D 级防雷的输入开关。

（2）电路原理。

C 级防雷器用以防雷击和过电压，以免损坏电源系统。C 级防雷的位置在系统输入断路器之后，交流接触器之前。当 C 级防雷故障时，会在监控单元中告警。

D 级防雷的位置在交流接触器之后，模块之前。D 级防雷正常工作时，绿色指示灯亮灯，故障时绿色指示灯灭灯。

通过 C、D 两级防雷，能最大限度地防止雷电危害。

2. 输出级防雷

输出级防雷系统如图 3-10-18 所示。

（1）作用与组成。

AP15、AP19、AP20、AP21 为输出防雷板，输出防雷主要防止输出部分遭受雷电危害；FU1、FU2、FU3 和 FU4 为输出防雷保险开关。

（2）电路原理。

输出级防雷可以承受 8/20 μs 电流冲击 5 kA，10 次。其位置在隔离变压器之后，系统输出空开之前。输出防雷板正常工作时绿色指示灯亮，故障时绿色指示灯灭。

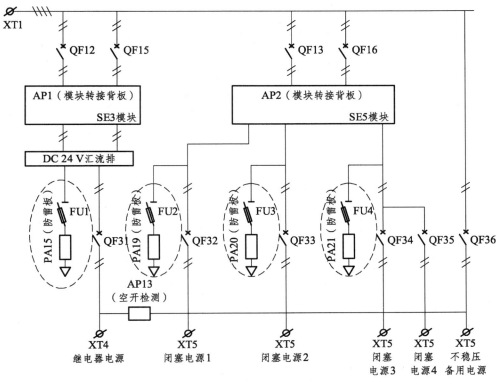

图 3-10-18　输出级防雷系统原理

（四）监控系统电路识读

监控系统由模块监控、配电监控和监控单元三部分组成。模块监控和配电监控为最底层监控，模块监控和配电监控通过 RS485 接口与监控单元通信。监控单元对配电监控和各个电源模块的 CPU 板进行巡检，两者将监控数据上传到监控单元。

1. 监控单元

监控单元如图 3-10-19 所示。

（1）作用与组成。

监控单元具有实时显示、系统设置、通信三大功能，主要包括 2 个串口、7 个输出节点接口、液晶显示器、键盘等。

（2）电路原理。

液晶显示屏完成实时显示功能；键盘完成系统设置功能；监控模块通过串口 4 和串口 5 通信，与配电监控进行数据交换，循环向其发出数据上报命令，由后者实时向上传送数据。同时，经过节点输出接口送出需要的常开或常闭触点信号。输出 1 节点接口送出系统故障节点信号，选用了常闭触点；输出 2 节点接口送出两路输入电源状态节点信号，2 为公共端，1、2 为常开触点，2、3 为常闭触点。

2. 配电监控

配电监控电路如图 3-10-20 所示。

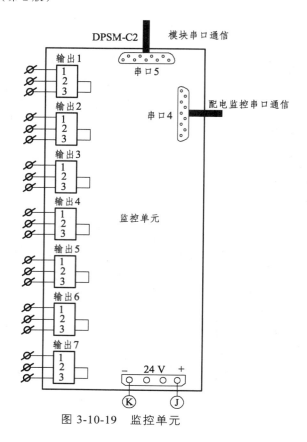

图 3-10-19　监控单元

（1）作用与组成。

配电监控对整个系统的配电状态进行监测，完成输入、输出配电的数据采集、声光报警、通信等功能。

数据采集功能：配电监控采集量包括模拟量、开关量。模拟量包括输入的电流、电压值，开关量包括两路输入空开、各路输出断路器、C 级防雷和 D 级防雷空开及交流接触器状态。

报警功能：当系统出现故障时，系统故障灯亮，蜂鸣器叫，两者结合进行声光告警，送出告警节点信号。

通信功能：配电监控和模块监控接收到监控单元发来的命令后，及时将监测到的系统模拟量、开关量通过 RS485 通信上传给监控单元。

配电监控包括配电监控板和配电监控转接板。配电监控板的主要功能是对空开检测板、空开告警节点、C 级和 D 级防雷告警节点等提供的开关量，系统输入的电压、电流等模拟量进行处理，将信号送给监控单元。

（2）电路原理。

① 配电监控采集量为模拟量的输入。

模拟量包括系统输入电压监测和电流监测。

系统输入电压监测由配电切换控制板中的交流电压采样功能模块 J2 送出两路外电网的采样数据，送至图 3-10-20 中配电监控转接板的 AJ2 口，经电路板内部转接后，再经 JP2 转接到配电监控板的 JP2 接口，由配电监控板进行处理。

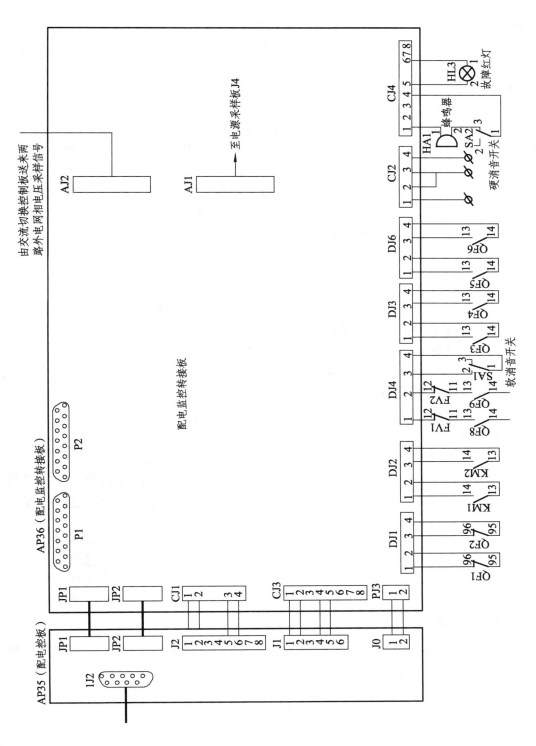

图 3-10-20 配电监控电路

输入电流监测如图 3-10-21 所示，系统输入电流经过电流互感器 TA1~3 采集后，送至电流采样板 AP37，电流采样板主要实现对输入电源的电流采样，经电流采样板处理后，传送给图 3-10-20 中的配电监控转接板的 AJ1 接口上，同电压采样一样，经 JP2 送至配电监控板的 JP2 接口，由配电监控板进行处理。

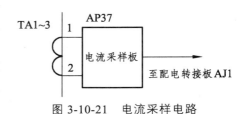

图 3-10-21　电流采样电路

② 配电监控采集量为开关量的输入。

开关量包括系统输入空开状态、交流接触器状态和各路输出液压断路器状态。

系统输入空开、直供空开及直供 I / II 路选择空开、C/D 级防雷空开、C/D 级防雷器、交流接触器状态等，通过辅助触点直接送入配电监控转接板。各路输出电源断开告警是通过空开检测板来实现的。空开检测板的主要功能是对电源屏输出空开进行采样，空开检测板检测后将检测的结果上传至配电监控转接板上，通过 JP1 口送入配电监控板，对各输出液压断路器进行实时监测，如有故障，及时通过 CJ4 发出声光报警。

3. 模块监控

（1）作用与组成。

模块监控是通过每个模块内部的 CPU 板实现的，不同类型的电源模块内的模块监控 CPU 板功能基本相同。模块监控 CPU 板通过拨码开关地址区分模块的类型及模块在系统中的位置号，模块的地址码号是唯一的。

模块监控 CPU 板的功能有模拟量和开关量监测。

模拟量：采集电源模块的输出电压、电流值。

开关量：监测电源模块的工作状态，包括保护、故障、工作/备用。

（2）电路原理。

模块监控 CPU 板将监测数据通过 RS485 接口上传给监控单元的串口 4。

模块监测数据经模块配电转接背板与模块实现互联，最终，系统内的所有模块转接背板全部通过数据线互相串联在一起，而电路实际为并联连接的。监控单元通过轮巡检测，模块及时向监控单元上报数据，以实现对模块的监测。

三、电源屏操作

PZG 系列智能
电源屏设备操作

（一）故障状态

当电源屏输入电源切换部分发生故障时（输入交流接触器 KM1、KM2 状态异常），按照以下步骤进行紧急直供，电路如图 3-10-13 所示。

（1）申请全站停用。

（2）断掉电源屏系统内部两路输入开关 QF1、QF2。

（3）将工作开关 QF3 旋至"OFF"。

（4）平移滑板。

（5）将直供开关 QF4 旋至"ON"。

（6）选择电网质量良好的输入电源作为系统直供输入电源。

（7）如果选择Ⅰ路输入电源作为系统直供电源，首先将Ⅱ路直供开关 QF6 旋至"OFF"，平移滑板，再将Ⅰ路直供开关 QF5 旋至"ON"。

（8）如果选择Ⅱ路输入电源作为系统直供电源，首先将Ⅰ路直供开关 QF5 旋至"OFF"，平移滑板，再将Ⅱ路直供开关 QF6 旋至"ON"。

（9）检查各个模块工作是否正常。

（10）销点。

（二）故障恢复

当电源屏输入切换故障恢复后，按照以下步骤恢复正常供电模式（电路见图 3-10-13）。

（1）将直供开关 QF4 旋至"OFF"。

（2）平移滑板。

（3）将工作开关 QF3 旋至"ON"。

（4）合上电源屏系统内部两路输入开关 QF1、QF2。

（5）检查各个模块工作是否正常。

（6）销点。

（三）注意事项

（1）在系统直供或恢复正常供电操作步骤中，切勿同时将工作开关 QF3 和直供开关 QF4 置于"ON"位置，切勿同时将Ⅰ路直供闸刀 QF5 和Ⅱ路直供闸刀 QF6 同时置于"ON"位置，防止混电跳闸，烧毁设备。

（2）工作、直供开关上面的滑板是防止将工作开关 QF3 和直供开关 QF4 同时置于"ON"位置的一个机械互锁装置，切勿拆掉。使用时，左右滑动即可。

（3）Ⅰ、Ⅱ路直供闸刀上滑板是防止将Ⅰ路直供开关 QF5 和Ⅱ路直供开关 QF6 同时置于"ON"位置的一个机械互锁装置，切勿拆掉。使用时，左右滑动即可。

任务十一 PK-JXCG2-1 系列智能电源屏

【学习目标】

【素质目标】

（1）培养学生认真负责、严谨细致的工作态度。

（2）培养学生的团队合作意识和沟通能力。

（3）培养学生对铁路通信信号领域的专业认同感和敬业精神。

【知识目标】

（1）掌握 PK-JXCG2-1 系列智能电源屏各部分的组成及作用。

（2）熟悉 PK-JXCG2-1 系列智能电源屏各部分的电路原理。

【能力目标】

（1）能进行图物对照。

（2）能够熟练进行电源屏的常规操作，如启动、停止，以及特殊情况下的操作（如直供操作、模块检修等），确保操作准确无误，符合安全规范。

（3）具备对电源屏进行日常维护的能力。

【相关知识】

一、PK-JXCG2-1 系列智能电源屏简介

PK-JXCG2-1 系列智能电源屏是为计算机联锁、继电联锁、区间、驼峰等信号设备供电的电源设备，由输入配电单元、模块单元（稳压模块、交直流模块等）、输出配电单元、监测单元四部分组成，为站内、区间设备及轨道电路等提供各种交直流电源。

（一）产品特点

直流电源模块、25 Hz 电源模块的输入、输出连接采用专用电源接插件连接，插拔连接可靠，便于快速更换维修，可实现模块化、插接化、标准化，具有供电可靠性高、维修操作方便等特点。

交流电源全部采用高可靠的工频隔离变压器对地隔离输出，可以根据用户要求灵活进行电源屏扩容、改造。输入、输出断路器分层放置，标识清晰并集中设置于电源屏正面，便于观察与操作。

电源屏具有智能监测功能，即完善的集中监测和故障自诊断功能，能实时监测两路电源输入电压、电流，各供电电源输出电压和电流及供电模块的工作状态，能显示、记录故障信息并进行故障自诊断，所有故障信息可存入故障历史数据库，可通过 RS485/RJ45 通信口向信号集中监测系统发送电源系统的监测数据，纳入信号集中监测进行组网，实现远程监测和集中维护管理。

智能监测单元为独立系统，与配电单元隔离设置，监测单元故障不影响信号供电及主要报警功能。

两路输入市电电源均设置有输入过欠压保护器，监测两路电源过压、欠压、断电、缺相以及相序，如某一路发生以上电源故障，则自动转换至另外一路电源供电。

两路电源间可自动或手动转换，具有转换报警功能。每路输入均具备手动直供功能。

屏内采用高温阻燃塑料导线及阻燃元器件。

外壳防护等级为 IP20。

电磁兼容性符合科技运〔2008〕36 号《客运专线铁路信号产品标准暂行技术条件》中第5.24 条的规定。

（二）命名规则

PK-JXCG2-1 系列智能电源屏命名规则如图 3-11-1 所示。

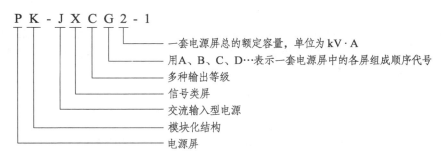

图 3-11-1　PK-JXCG2-1 系列智能电源屏命名规则

二、主要结构

PK-JXCG2-1 电源屏包括 A、B 两面屏，由两路转换单元、模块单元、输出配电单元、智能监测单元、报警电路等组成，如图 3-11-2 所示。

图 3-11-2　系统平面布置

（一）A屏结构

A屏实现系统总输入配电、交流输出、输出配电、输出防雷、数据采集及故障监测等功能。

A屏由上插箱、智能监测系统、模块插箱及下插箱组成。上插箱包含上插箱门、前安装板及后安装板等。上插箱门正面安装有系统工作状态指示灯、报警状态转换开关及输入手动切换按钮，如图3-11-3所示。

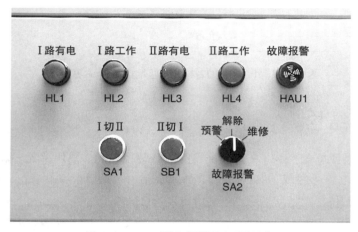

图3-11-3　A屏上插箱门正面示意

将上插箱门打开，能看到A屏中总的输入配电开关及道岔缺口、室外监测、稳压备用集中监测、方向电源等各类电源所需的输入断路器，如图3-11-4所示。

图3-11-4　A屏输入配电

智能监测单元采用的是ZJX型智能电源监测系统，其能实时监测电源屏的两路输入电源、各路输出电源及模块状态等相关信息。其系统框图如图3-11-5所示。整个监测系统由A型监测系统及 B 型监测系统组成，A 型监测系统安装在电源屏 A 中，B 型监测系统安装在除 A 屏以外的其他电源屏中，每台屏配备一个，通过通信线进行数据的传输。智能监测单元的主要部件包括触摸屏、采集板卡、电源板卡、传感器电源板卡、输出板卡、UPS 通信板卡及 25 Hz 相位采集板卡。

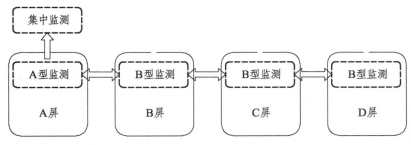

图 3-11-5　智能监测单元

触摸屏不仅是监测系统的显示单元，也是监测系统的数据处理单元，接收各个采集板数据，进行逻辑分析处理、数据显示、报警判断与存储，并且负责将相关信息按照规定的通信协议上传给集中监测。采集板卡将对交/直流电压、电流、开关量、频率和相序进行采集，将其转变成数字信号，通过 RS485 接口上传至触摸屏。电源板卡将输入 DC 24 V 转换为 DC 5 V，为各个板卡通信部分和采集部分提供 DC 5 V 电源。传感器电源板卡将输入 DC 24 V 转换为 DC ± 15 V，为直流电压传感器和直流电流传感器提供 ± 15 V 工作电源。输出板卡可接收触摸屏信息，输出报警接点并驱动蜂鸣器鸣响。监测系统 UPS 通信板卡主要用于与主备 UPS 进行数据通信。25 Hz 相位采集板卡主要用于 25 Hz 模块局部频率、轨道频率及相位差的采集。

A 屏的输出配电如图 3-11-6 所示，通过输出断路器 11QF、21QF ~ 29QF 分别供出三相交流转辙机、道岔缺口、室外监测、稳压备用、监测子系统、集中监测、方向电源和不稳压备用电源。

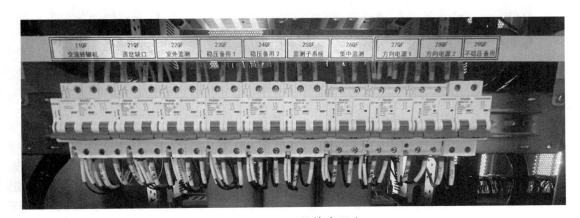

图 3-11-6　A 屏输出配电

（二）B 屏结构

B 屏实现本屏的输入配电、交直流转换、输出配电、输出防雷及数据采集等功能。其输入配电单元和输出配电单元分别如图 3-11-7 和图 3-11-8 所示。

图 3-11-7　B 屏输入配电

图 3-11-8　B 屏输出配电

三、工作原理

电源屏引入两路相互独立的三相 AC 380/220 V 电源，通过 Ⅰ、Ⅱ 路输入转换单元为电源系统引入一路输入电源，分配至各交直流模块、交流隔离单元进行隔离和变换，给各类信号设备供电。每路电源的输入、输出均具有过载、短路保护。其工作原理框图如图 3-11-9 所示。电路原理图如附图 20、21 所示。

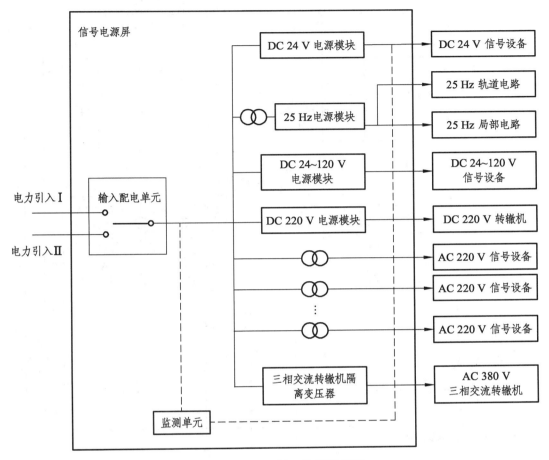

图 3-11-9　电源屏工作原理框图

（一）两路电源切换工作原理

　　两路电源转换电路采用 Y 型切换方式，如图 3-11-10 所示。QF I 和 QF II 为 I 路输入和 II 路输入断路器，1KM、2KM 为交流接触器且具有电气和机械互锁特性。正常供电情况下，相序保护器 XQ1 和 XQ2 内部继电器励磁，其 41-42 端子闭合，I 路有电灯 1HL 亮，II 路有电灯 3HL 亮。若 I 路供电优先，1KM 吸合，2KM 断开，由第一路输入给后续模块供电，I 路工作灯 2HL 亮。在第一路输入不正常时，相序检查器 XQ1 内部继电器失磁，其 41-42 断开，1KM 断开，2KM 吸合，由第二路输入给后续模块供电。

　　当对电源屏进行人工测试，转换两路电源时，可以按下电源转换开关 1SA 或 2SA，其电路图如图 3-11-11 所示。当此刻电源屏由 I 路供电时，按下开关 1SA，则 1SA 的 11-12 接点断开，交流接触器 1KM 失磁，其 71-72 接点接通 2KM 的励磁电路，2KM 接通之后由 II 路电源为后续模块供电。

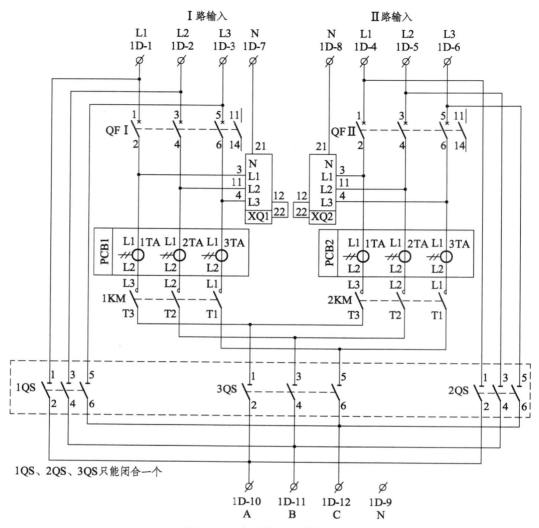

图 3-11-10　两路电源转换电路

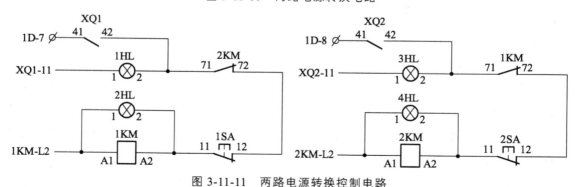

图 3-11-11　两路电源转换控制电路

（二）电源屏输入直供工作原理

电源屏中配置有输入直供互锁系统：Ⅰ路电源直供输出 1QS、Ⅱ路电源直供输出 2QS 和两路转换单元输出 3QS，它们之间互锁，仅能闭合一个，其实物如图 3-11-12 所示。当两路转换单元中交流接触器或过欠压保护器故障或需检修时，可通过操作直供互锁系统甩开转换电路由外网直接供电。电源屏正常工作时互锁隔离开关的状态为 2QS↓、1QS↓、3QS↑。

　　Ⅰ路直供：2QS↓、3QS↓、1QS↑。

　　Ⅱ路直供：1QS↓、3QS↓、2QS↑。

　　注意：1QS、2QS 和 3QS 仅能有一个闭合。隔离开关操作倒换时，按照先断后合的原则操作。若两路电网均异常，导致过欠压保护器保护而不转换时，严禁直供。

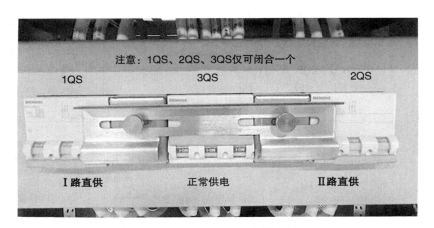

图 3-11-12　Ⅰ/Ⅱ路直供开关

（三）模块及隔离单元工作原理

1. 电子 25 Hz 模块

25 Hz 模块内部设有状态监督继电器，提供一组模块工作状态接点，供屏内故障报警电路使用。正常时，模块工作，提供的故障报警接点为断开状态；当模块故障时，提供的故障报警接点为闭合状态，电源屏"故障报警"蜂鸣器（1HAU）鸣响。

2. 直流模块

直流模块内部提供一组工作状态接点，供屏内故障报警电路使用。正常时，故障报警接点为断开状态，故障时，故障报警接点为闭合状态，电源屏"故障报警"蜂鸣器（1HAU）鸣响。

3. 交流隔离单元

50 Hz 交流电源回路输出端采用工频隔离变压器对地隔离输出。

三相交流转辙机 AC 380 V 电源采用三相隔离变压器对地隔离后输出，交流转辙机输出电源设有相序检测，当断相/错相时给出报警信号。

（四）报警电路工作原理

如图 3-11-13 所示，所有故障报警端子通过屏间连线相接，所有模块故障报警接点和各路输出断路器辅助接点以及两路输入电源的过欠压保护器监测接点并联，控制报警继电器

1KA 的吸合。正常工作时，1D-57 与 1D-58 断开，1KA 失磁，1KA 接点 11、14 为断开状态，且图 3-11-14 中"故障报警"旋柄开关 3SA 处于"预警"位，报警电路为断开状态，"故障报警"蜂鸣器不鸣响。当任意一个模块或回路故障时，1D-57 与 1D-58 短路，1KA 励磁，1KA 接点 11、14 闭合，"故障报警"蜂鸣器鸣响并点亮。扳动 3SA 至"维修"位置可清除声光报警，故障排除后重新鸣响并点亮，以提醒值班人员扳动 3SA 至"预警"位置，即恢复到预备状态。

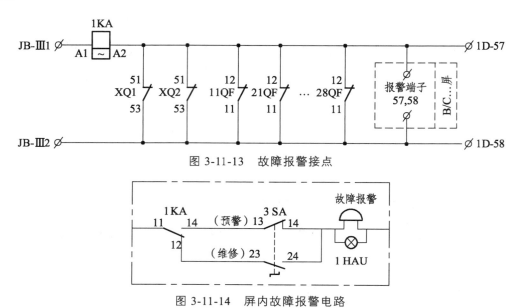

图 3-11-13　故障报警接点

图 3-11-14　屏内故障报警电路

注：通常情况下，3SA 置于"预警"位，当 3SA 置于"切除"位时，系统故障报警处于切除状态，无论故障与否，1HAU 均不鸣响。

（五）智能监测系统组成、供电及通信

1. 智能监测系统组成

智能监测系统组成示意图如图 3-11-15 所示。

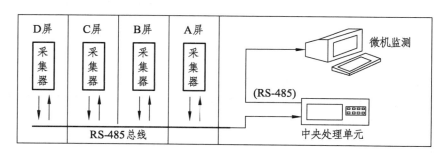

图 3-11-15　电源屏智能监测系统组成示意

智能监测系统采集部分执行速度快，效率高；中央处理单元可实时监测系统，是集实时数据监测、实时故障报警、故障报警记录于一体的多功能系统。智能监测系统界面直观、简

单，易于操作，适用于各大、中、小车站的综合自动化系统和无人值守车站等。

智能监测单元具有完善的监控和故障诊断功能，能实时监测电源屏各输入、输出电压和电流等数值；能监测和记录各配电单元的工作状态及故障信息并进行故障自诊断。监测采集单元具有热机拔插功能，便于安装维修，一旦监控系统发生故障，将不会影响主供电回路正常工作。智能监测单元可通过 RS232/RS485、网口等方式连接采集单元、UPS 电源、本站信号集中监测系统，实现信号电源的集中监测组网。

2. 智能监测系统供电及通信

智能监测系统电路如图 3-11-16 所示。电源经 JB 变压器隔离，给监测系统供电。监测系统是相对独立的电路，当监测系统本身故障时，不影响电源屏正常工作。监测系统的采集器通过专用数据通道线与中央处理单元 RS485 通信接口相连，可实现对电源屏各种信息进行采集处理，也可以通过 RS485 通信接口或 RJ45 接口与微机监测终端实现连接，完成组网功能。JB 变压器 AC 24 V 抽头为报警电路提供电源。

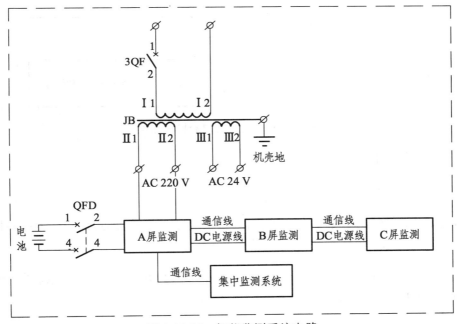

图 3-11-16　智能监测系统电路

四、电源屏操作

1. 通电前检查

通电前检查以下内容：

（1）所有断路器断开（手柄向下）。

（2）A 屏中互锁隔离开关 2QS↓、1QS↓、3QS↑。

（3）两路输入电源相序、电压正常，两路输入电源已接入屏内端子。

（4）系统所有设备间连线正确牢靠，设备地已可靠连接。

2. 电源屏启动操作

电源屏启动操作流程如图 3-11-17 所示。

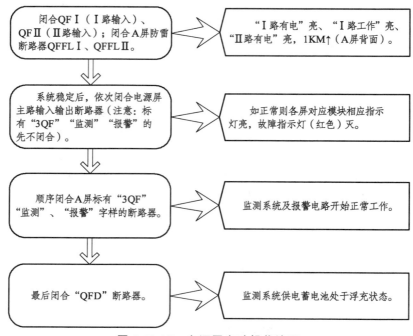

图 3-11-17　电源屏启动操作流程

3. Ⅰ路直供、Ⅱ路直供的操作方法

Ⅰ路直供：3QS↓、2QS↓、1QS↑。

Ⅱ路直供：3QS↓、1QS↓、2QS↑。

注：↓表示断开，↑表示闭合，Ⅰ路/Ⅱ直供时，无论手动还是自动，都失去两路转换功能。

4. 直流模块的调试

直流模块面板如图 3-11-18 所示。系统给电后，合上电源模块相应的输入、输出断路器，此时模块前面板上电源、工作指示灯点亮。

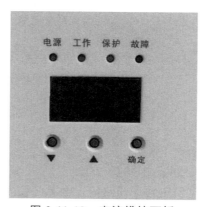

图 3-11-18　直流模块面板

　　模块电压调节：在模块正常状态时，短按"▲"上调节键或"▼"下调节键，模块切换至电压显示界面，电压显示界面短按"确定"键进入电压设置界面（数据闪烁），此时按"▲"上调节键或"▼"下调节键即可调节输出电压，调至目标电压后短按"确定"键完成电压设置，界面返回电压常亮显示状态。

5. 25 Hz 电源模块的调试

25 Hz 电源模块调试的步骤如下：

（1）系统给电后，依次闭合电源模块对应变压器的输入断路器、模块轨道局部输入断路器，此时模块前面板上的电源、工作指示灯点亮。

（2）闭合输出断路器，模块前面板加载灯点亮。

（3）可通过面板上的切换按钮分别观察模块的轨道和局部电源输出的电压、电流，如图 3-11-19 所示。如"轨道局部"的按钮在抬起状态时，则显示此时的电压和电流是代表轨道电源的输出，"电压电流"按钮的抬起与压下分别代表此时的电压和电流值。

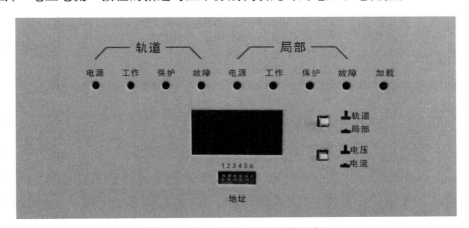

图 3-11-19　25 Hz 电源模块面板

6. 接触器/过欠压保护器故障或检修的操作方法

共有两种操作方法，用户可根据实际情况选择，下面以 I 路供电，检修 I 路电源的 1KM 或 XQ1 为例进行说明。

方法一：转为 II 路供电后再检修，操作流程如图 3-11-20 所示。

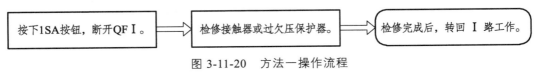

图 3-11-20　方法一操作流程

方法二：转为 I 路直供工作，操作流程如图 3-11-21 所示。

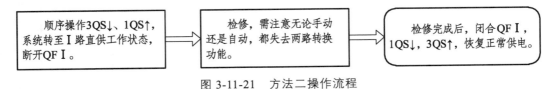

图 3-11-21　方法二操作流程

如两路转换部分及稳压模块均故障或检修，输入电网在正常范围内时，可以直接由外网直供给负载模块供电。

7. 智能监测系统故障或检修

监测系统报警与电源屏报警为两套独立系统，因此监测系统故障时不会影响系统报警及系统供电，若智能监测故障，可直接断开监测系统输入，断路器即可拔下维修。

8. 故障分析与排除

电源屏常见故障原因分析及排除方法如表 3-11-1 所示，所有操作应在车站作业空闲时要点进行。

表 3-11-1　电源屏常见故障原因分析及排除方法

序号	故障现象	原因分析	排除方法	应急措施	故障风险及后果	备注
1	A 屏蜂鸣器 1HAU 鸣响	（1）输入电源异常，电源屏已自动转到另一路电网质量良好的输入电源上。外电网输入断相、错相、过欠压，XQ1、XQ2 壳体前方指示灯含义如图所示。 ⊗（红灯）过欠压指示 ⊗（红灯）相序指示 ⊗（绿灯）C相 ⊗（绿灯）B相 ⊗（绿灯）A相	检查输入电源电网情况（相电压、相序、频率、波形），如有异常，尽快联系电力供电检修，尽快恢复正常供电。若电网恢复，可手动切回原供电电网。检查两路输入过欠压保护器 XQ1、XQ2 前方指示灯状态，判断属于何种故障。 XQ1、XQ2 指示灯状态： ①输入电源正常时，A 相、B 相、C 相绿灯亮。 ②相序正常时，相序红色指示灯熄灭，错相时点亮。 ③输入断相、过欠压时，过欠压红色灯亮，正常时熄灭	—	不能实现两路电源的引入	蜂鸣器 2HAU 会同时鸣响
1	A 屏蜂鸣器 1HAU 鸣响	（2）两路转换电路器材故障	更换故障器件	如两路输入电源正常但无法进行两路转换，可依据电网状况，选择电网质量较好的一路进行直供。 注：此时无论手动还是自动，都失去两路转换功能，必须通过互锁装置使 3QS 闭合，1QS、2QS 断开，并且把导致不能转换的故障排除后方能转换	不能实现两路转换	

序号	故障现象	原因分析	排除方法	应急措施	故障风险及后果	备注
3	A 屏蜂鸣器 2HAU 鸣响	（1）模块故障或断电	更换故障模块	—	模块无输出	蜂鸣器 1HAU 会同时鸣响
		（2）输出断路器断开	检查设备是否短路或过载	—	负载过大引起断路器跳闸	
		（3）过欠压保护器故障	更换故障过欠压保护器	—	不能实现两路转换	
		（4）电网异常	检查电网情况	转为另一路供电	不能实现两路电源的引入	
4	输入有电指示灯 1HL、3HL 灭	（1）外电网异常	检查外电网情况，恢复供电	—	不能实现两路电源的引入	
		（2）指示灯故障	更换	—	无法正常显示	
5	直流开关电源模块故障灯亮	（1）外电网波动，造成模块自保护	将模块输入断路器断开再闭合，查看模块是否恢复正常，如未恢复，则模块故障	—	模块自保护	
		（2）模块本身故障	更换模块	—	模块不能正常输出	
6	25 Hz 电源无输出	（1）模块输入电源异常，造成模块自保护	输入电源正常后，将模块输入断路器断开再闭合，查看模块是否恢复正常，如未恢复，则模块故障	—	模块不能正常输出	
		（2）模块故障	模块面板上有轨道或局部红色故障指示灯点亮，重启后仍故障，更换冷备模块	更换备用模块		
8	智能监测提示"XX"通信故障	通信中断	查看相应的采集板卡拨码开关是否设置错误；查看通信线是否正确连接，如均正常，更换相应采集板卡	—	通信不正常	
9	智能监测单元蜂鸣器鸣响	（1）电源屏故障	根据报警信息查找故障点，排除故障，并确认报警信息，报警音停止	—		
		（2）实测值超出监测系统设置的数值报警上、下限值	依据系统弹出的故障数据界面查找超限位置，测量实际数值，通知厂家指导调整数值上、下限值	—		
		（3）报警信息未确认	进入"报警记录"界面，找到未确认的报警信息，确认后，报警音停止	—		

续表

序号	故障现象	原因分析	排除方法	应急措施	故障风险及后果	备注
10	触摸屏无显示	（1）触摸屏电源插接端子松动	拔出监测系统，查看触摸屏背面插接端子，如松动，插紧即可	—	无法正常显示	
		（2）供电故障	检查 A 屏中监测单元供电开关 3QF、QFC 是否闭合。检查监测单元供电的蓄电池是否故障	—		
		（3）触摸屏故障	更换	—		
11	信号集中监测收不到数据	与信号集中监测通信中断	（1）查看通信线是否有问题，尽快恢复	—	无法实现与集中监测系统通信	
			（2）点击主界面"设置"→"系统设置"→"通信开关设置"按钮 OK 是否未高亮，点击使之高亮，接通通信开关	—		

【思考题】

（1）识读附图 13，并写出电路流程及操作步骤。

（2）识读附图 14 至附图 16，并写出电路流程及操作步骤。

（3）识读附图 17 和附图 18，并写出电路流程及操作步骤。

（4）识读附图 19，并写出电路流程及操作步骤。

（5）总结电源屏图纸识读方法。

（6）总结信号设备种类及所需电源电压种类。

（7）与传统通信相比，现代通信对电源系统有何新要求？

（8）集中供电和分散供电各有什么优缺点？

（9）试说明通信电源系统的构成。

项目四　电源屏维护

【项目导引】

电源屏是为信号设备供电的电源设备。电源屏设备工作是否正常，决定了信号设备是否能正常工作。对电源屏进行测量维护可以掌握电源屏的工作情况，查找隐患，预防故障。中国铁路已全面进入"高铁时代"，其行车工种岗位实行准入制度，急需一大批高素质信号维护人员。通过本项目的学习，学生将感受最新的技术成果实际运用，并具备维护新设备的基本能力。

任务一　电源屏测量

【学习目标】

【素质目标】

（1）培养学生严谨的工作态度和团队协作精神。

（2）培养学生的标准化作业意识和安全作业习惯。

（3）引导学生热爱工作岗位，增强其职业认同感。

【知识目标】

（1）掌握电源屏测量的项目。

（2）掌握电源屏测量的方法。

（3）掌握电源屏测量的标准。

【能力目标】

（1）对接电源屏工区岗位能力，完成电源屏人工测量。

（2）能熟练利用监控单元实现电源屏状态数据的查看。

（3）能够在监测终端上查看电源屏实时值、报表及曲线。

【相关知识】

电源屏测量方式有人工测量、电源屏监测单元测量及信号集中监测系统测量等，根据现场电源屏类型不同加以选择。

电源屏人工测量项目主要包括输入电源及输出电源电气特性测量、自动调压精度测量、电源对地电压电流测量、电缆对地绝缘测量及温升检查，利用智能电源屏监控单元和信号集中监测系统测量还能测量电源相位、频率、相位差、是否断相等。

人工测量

一、人工测量

（一）电源电气特性测量

电源屏输入电压有单相 220 V/50 Hz 或三相 380 V/50 Hz，波动允许范围为 ±10%。

根据电源屏容量不同，输入电源电流大小有所不同。

根据车站现场设备种类和数量不同，电源屏型号不同，电源屏输出电源种类有所区别，可根据具体情况具体分析其测量标准。

根据电源屏图纸，找到对应输入输出配电端子，利用万用表测量电压，利用钳形电流表测量电流（要注意仪表挡位和量程的选择）。

（二）自动调压精度的测量

手动升压（或降压）使电压偏离额定值，然后将控制开关扳至"自动"位置，调压屏自动降压（或升压），降压（或升压）完毕时所指示的输出电压即为自动调压精度。要求调压值为 220（380）×（1 ± 3%）V。

（三）电源对大地电压测量

测量电源对大地电压时，交流电源用交流电压表，直流电源用直流电压表。电压表的一表棒接地，另一表棒与交流电源正极相接，所测电压为电源正极对地电压值；另一表棒与交流电源负极相接时，所测电压为电源负极对地电压值。若正负极两电源线对地电压值接近，均约为电源电压的一半时为正常现象，通常由电缆分布电容所致。各种交流电源未接负载时，两极接地电压之比应不小于 3，而接入负载时，两极接地电压之比应大于 3。若有一极对地接近电源电压，而另一极对地电压为零时，则对地为零者有接地现象。此时，应查找接地故障点，并排除。

（四）电源对大地电流测量

测量交流电源对大地电流时，先将交流电流表一表棒串联的 550 Ω 电位器调至最大值并接地。电流表另一表棒串联 0.5 A 熔断器后与交流正电源相接，所测电源为交流负电源接地电流参考值。如所测电流大于 100 mA，说明交流负电源接地严重，不得再将所串电位器调小，以防电源短路。此时，应查找接地故障点，并排除。若所测电源小于 100 mA，可将电阻值调小直至零，以测出直接接地电流值。若交流表另一表棒串联 0.5 A 熔断器后接入交流负电源，则所测电流为交流正电源接地电流。

测量直流电源对地电流时，使用直流电流表测量直流电动转辙机电源时，其串联的可调电阻为 550 Ω；测量继电器电源时，串联的可调电阻为 60 Ω。正表棒串接 0.5 A 熔断器与正电源相接，负表棒接地，所测电流为负电源对地电流值；负表棒串接 0.5 A 熔断器与正电源相接，正表棒接地，所测电流为正电源对地电流值。

当电源输出端接有负载时，各交流电源对地电流均不得大于 20 mA，空载时均为零。各直流电源接入负载时接地电流不得大于 1 mA。

（五）温升检查

用点式温度计测量交流接触器、变压器、整流器等部件的温升。

当环境温度在 40 ℃，输出功率为额定值时，在长期运行中，变压器温升不得超过 65 ℃，整流器外壳温度不超过 70 ℃。

（六）闪光频率

闪光频率可用慢扫描示波器测量其有无输出周期，然后算出频率；或用目测法测得。闪光频率应为 90～120 次/min，且有明显的暗亮比。

智能电源屏监控单元

二、智能电源屏监控单元测量

智能电源屏监控单元用来监测电源屏的输入和输出电源信息，并用报表、曲线或数字在显示屏上显示，另外智能电源屏监控单元还设有报警电路，若电源屏有故障，监控单元实现报警。

（一）监测单元结构

监测单元正面如图 4-1-1 所示，各部分功能如下：

（1）液晶屏：用来显示各种信息。

（2）指示灯：电源指示灯显示监控单元电源情况；故障灯显示监控单元和系统工作状态。

（3）方向键：用来选择不同的功能；在主屏幕时，左右键用来调整液晶屏亮度。

（4）数字键：用来设置数据和按数字选择。

（5）确认键：单项数据设置完成后通过确认键来确认数据的更改。

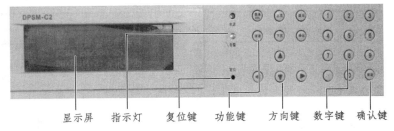

图 4-1-1　监测单元正面

（二）监控单元原理

监控单元原理框图如图 4-1-2 所示。

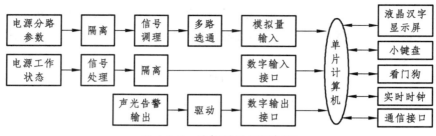

图 4-1-2　监控单元原理框图

（三）智能电源屏监控单元功能

1. 数据配置功能

监控模块可以通过 PC 机"配置终端软件"设置系统所有参数，不同电源屏系统仅需配置不同的数据，然后加载到监控模块中。

2. 显示与设置功能

监控模块能实时显示电源系统的各项运行参数、运行状态、告警状态、设置参数、系统配置数据，界面友好，具有在线帮助、数据边界检查功能，主要内容见表 4-1-1 和表 4-1-2。

表 4-1-1　显示的实时监测量

功　能	显　示　内　容	备　注
系统信息	系统类型、系统型号、系统状态	
系统输入	第一路 UV 电压、第一路 VW 电压、第一路 WU 电压、第一路 U 相电流、第一路 V 相电流、第一路 W 相电流、第二路 UV 电压、第二路 VW 电压、第二路 WU 电压、第二路 U 相电流、第二路 V 相电流、第二路 W 相电流或第一路 U 相电压、第一路 V 相电压、第一路 W 相电压、第二路 U 相电压、第二路 V 相电压、第二路 W 相电压、第一路 U 相电流、第一路 V 相电流、第一路 W 相电流、第二路 U 相电流、第二路 V 相电流、第二路 W 相电流及交流接触器 KM1、KM2、KM3、KM4 的状态	根据供电方式决定显示单相或三相电压、电流
系统输出	信号机点灯电源、道岔表示电源、稳压备用电源、表示灯电源、闪光灯电源、轨道电源、轨道电源频率、局部电源、局部超前轨道相位、直流转辙机电源、继电器电源、半自动闭塞电源等	根据模块配置显示对应信息

表 4-1-2　显示的可更改的设置量

功　能	设置量内容	备　注
系统输入	交流过压告警点、交流欠压告警点、交流缺相报警点、供电方式、配电监控板地址、交流电流互感器系数、轨道电路类型、区间电源空开路数、备用空开路数	配电配置
告　警	告警干节点输出配置	
系统管理	开关量配置、系统密码、系统时间、告警静音控制、通信口配置、屏保时间	
其　他	远程通信本机地址、远程通信波特率、UPS 类型、UPS 地址	

3. 通信功能

监控模块具有与配置终端、后台主机、下级设备及微机监测等通信功能。"配置终端"设置电源系统的配置数据，"后台主机"用于远程监控，"下级设备"包括模块、配电监控等单元，电源屏状态和告警数据可上报微机监测系统。通信端口为 RS232 或者 RS485，波特率 4 800/9 600/19 200 bit/s 可设。

4. 告警与记录功能

监控模块可根据采集到的数据对系统故障进行声光报警，产生相应的动作。可为每种告警类型设定对应的继电器输出（1～14），也可设为无继电器输出。监控模块处理的主要告警量见表 4-1-3。

表 4-1-3　监控模块处理的告警量

告警类别	告警名称
配电故障	交流输入空开跳
	输出空开跳
	C 级防雷器故障
	交流输入过压
	交流输入欠压
	交流输入缺相
	交流输入停电
	配电监控通信中断
模块故障	模块输出频率过高
	模块输出频率过低
	模块保护
	模块故障
	模块通信中断

用户可查阅历史告警记录和当前记录，历史告警记录包括告警类型名称、发生时间、结束时间，当前记录中则只有告警类型名称和发生时间，显示顺序按发生时间的先后来显示。历史告警记录按循环存储方式保存最多 1 000 条,超出 1 000 条则自动清除最旧的告警记录。

5. 干节点输出功能

监控模块具有 14 个干节点信号输出,当系统发生任何告警时,用户可根据需要设置成某个干节点信号输出。

6. 微机监测通信功能

监控模块采集的状态和告警信息可以上报信号集中监测系统,与信号集中监测间的通信接口为 RS485，波特率为 9 600 bit/s,通信方式采用"监控模块定时上报"的方式。

与信号集中监测通信协议的解释文档,可以通过监控模块的 COM2 口自动导出。

三、信号集中监测系统测量

利用信号集中监测系统

信号集中监测系统利用接口形式或实际采集形式监测电源屏数据信息，并在车站监测站机显示终端上以报表和图形显示，能提供电源屏电源超限预警和报警。

（一）测量对象

监测对象为电源屏输入电压、电流，电源屏输出电压、电流，电源屏输入/输出电源的频率、功率及 25 Hz 电源的相位。

电源屏输入电压、电流的监测点均为电源屏输入端子，电源屏输出电压、电流的监测点均为电源屏输出端子或组合架零层电源端子。

对于智能电源屏电压、电流、频率、功率的监测，一般智能电源屏都有接口，无须单独采集，而是通过串口或网络接口把相关信息送至监测上位机进行显示与存储。

（二）监测内容调看方法

监测终端显示有电源屏信息实时值、日报表、日曲线、月曲线、年曲线等。

1. 实时值

实时值包括电压实时值和电流实时值，在弹出的窗口中显示电源屏所有电源的相关信息。

用鼠标单击"菜单栏"中的"电源屏"，在下拉菜单中选择"实时值"，将出现"电源屏电压实时测试"对话框，如图 4-1-3 所示。

电源屏电压实时测试

类型：电源屏电压

属性区 —— 查找：

序号	设备名称	测试值(V)	端子号
1	380-IAB	399	0
2	380-IBC	296	1
3	380-ICA	308	2
4	380-IIAB	103	3
5	380-IIBC	383	4
6	380-IICA	424	5
7	DZ220	19.8	6
8	QKZ24	1.49	7
9	1XJZ	194	8
10	2XJZ	160	9
11	3XJZ	107	10
12	4XJZ	218	11
13	1GJZ	39.6	12
14	2GJZ	137	13
15	3GJZ	12.3	14
16	4GJZ	224	15
17	DJZ220	298	16
18	QXJZ220-1	145	18
19	QXJZ220-2	79.9	19
20	JZ110-1	10.0	20
21	JZ110-2	141	21
22	JZ24	12.0	22
23	KZ24	43.3	27
24	提速380-AB	135	29
25	提速380-BC	38.5	30
26	提速380-CA	159	31

（表格区）

图 4-1-3　实时值

对话框分为两部分，上面为属性区，下面为表格区。属性区包括窗口名称、模拟量类型选择条、查找输入条。模拟量类型中显示"电源屏电压实时测试"，通过改变选择可以切换到其他测试数据类型。

表格区的第一行为表头，其他为数据区。每行内容依次为每路设备相应的"序号、设备名称、测试值、端子号"（注意：该端子号是软件文件中的 A/D 路号，不是信号设备配线的端子号）。

表格中的实时报表数据每秒刷新一次，黑色的数字表示数值正常，红色的数字表示数值超限报警。

所有模拟量测试窗口和开关量监视窗口都是"一行显示一路设备"，直观清晰，没有配线、没有数据的设备不再显示。

所选报表窗口，可根据测试设备的路数多少智能调整表格大小，在显示器屏幕范围内自动改变窗口长度（只改变路数，不改变行高）。所选报表窗口，亦可人工拉大或缩小。拖动边框线可以调整报表的大小（鼠标形状为双箭头）；拖动表头行中的列线可以调整报表的列宽。人工调整的报表大小，软件不会记忆，下次选择该表格时又是缺省默认的大小。

2. 日报表

用鼠标单击"菜单栏"中的"电源屏"，在下拉菜单中选择"日报表"，将出现"电源屏电压日报表"对话框。如图 4-1-4 所示。

序号	设备名称	最大值(V) / 时间	最小值(V) / 时间	平均值(V) / 时间
			类型：电源屏电压日报表	
		查找：	时间：2019年 05月 06日	
1	380-IAB	494.51 / 15:00	0.48 / 14:57	254.55 / 15:00
2	380-IBC	496.51 / 14:52	0.00 / 14:53	246.63 / 15:00
3	380-ICA	498.51 / 14:56	0.00 / 14:56	249.24 / 15:00
4	380-IIAB	487.54 / 14:59	0.47 / 14:50	234.63 / 15:00
5	380-IIBC	494.51 / 14:54	0.00 / 14:50	246.02 / 15:00
6	380-IICA	492.53 / 14:55	0.96 / 14:58	246.31 / 15:00
7	DZ220	493.58 / 14:52	0.00 / 14:51	241.08 / 15:00
8	QKZ24	50.80 / 14:53	0.00 / 14:56	25.37 / 15:00
9	1XJZ	310.19 / 14:58	0.30 / 15:00	157.43 / 15:00
10	2XJZ	307.48 / 14:55	0.00 / 14:53	151.31 / 15:00
11	3XJZ	314.69 / 14:54	0.30 / 14:50	160.09 / 15:00
12	4XJZ	305.70 / 14:54	0.29 / 14:51	148.80 / 15:00
13	1GJZ	306.60 / 14:51	0.00 / 14:58	152.26 / 15:00
14	2GJZ	308.09 / 14:56	0.30 / 14:49	154.95 / 15:00
15	3GJZ	297.91 / 14:59	0.29 / 14:55	147.13 / 15:00
16	4GJZ	302.11 / 14:59	0.29 / 14:56	151.12 / 15:00
17	DJZ220	308.39 / 14:56	0.60 / 14:59	150.77 / 15:00
18	QXJZ220-1	311.09 / 14:54	0.00 / 14:58	158.14 / 15:00
19	QXJZ220-2	301.51 / 14:52	0.00 / 14:58	156.19 / 15:00
20	JZ110-1	150.00 / 14:54	0.00 / 14:49	75.07 / 15:00
21	JZ110-2	150.30 / 14:52	0.00 / 14:54	73.19 / 15:00
22	JZ24	41.75 / 14:50	0.04 / 14:59	20.86 / 15:00

图 4-1-4 "电源屏电压日报表"对话框

对话框分为两部分，上面为属性区，下面为表格区。属性区包括窗口名称、模拟量类型选择条、查找输入条、时间选择条。模拟量类型中显示"电源屏电压日报表"，通过改变选择可以切换到其他测试数据类型。查找输入条支持"模糊查找"功能。通过操作时间选择条，可以选择不同日期的历史报表。

表格区的第一行为表头，其他为数据区。每行内容依次为每路设备相应的"序号""设备名称""最大值（V）/时间""最小值（V）/时间""平均值（V）/时间"。

日报表的数据是前一小时存盘的最新数据，黑色的数字表示数值正常，红色的数字表示数值超限报警。

日报表窗口，可改为"一行显示一路设备"，也可自动调整窗口大小，还支持"模糊查找功能"。

3. 日曲线

用鼠标单击"菜单栏"中的"电源屏"，在下拉菜单中选择"日曲线"，将出现"电源屏电压日曲线"对话框，如图 4-1-5 所示。

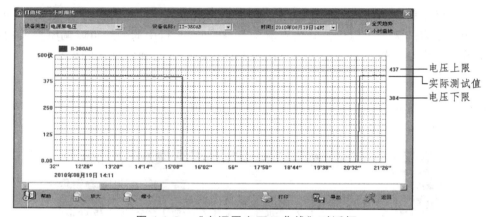

图 4-1-5 "电源屏电压日曲线"对话框

对话框分为三部分，上面为属性区，中间为曲线区，下面为滚动条和按钮区。

属性区包括窗口名称、设备类型选择条、设备名称选择条、时间选择条。设备类型选择条中显示"电源屏电压"，通过改变选择可以切换到其他类型的设备。设备名称选择条用于选定所要查看对象的名称。时间选择条用于选择不同日期的曲线。

曲线区显示"电源屏电压"或其他类型模拟量一日内数值变化的曲线。日曲线是以每秒钟的模拟量数值画成的曲线，纵坐标为电压值，单位是伏特（V）；横坐标为时间，单位是秒（s）。背景为网格，网格中有紫色的数值曲线，以及红色的电压上限、电压下限表示线。

4. 月曲线

将一个月中每日的最大值连接，平均值连接，最小值连接就可得到三条曲线，可观察出电源屏设备在一个月中的工作情况。

操作方式与日曲线部分基本相同。不同之处在于曲线表示一个月的变化趋势，横坐标为天，满刻度显示为 31 天（广义上的一个月）；没有"放大"和"缩小"按钮；用三种颜色分别表示三种曲线，绿色表示每日最大值，蓝色表示每日最小值，洋红色表示每日平均值。

5. 报 警

当电源屏电压超限、电源屏输入电源切换及电源屏模块故障时，监测系统均能报警。2 类报警对话框如图 4-1-6 所示。

图 4-1-6　2 类报警对话框

任务二　电源屏日常维护

【素质目标】

（1）培养学生严谨的工作态度和团队协作精神。

（2）培养学生的标准化作业意识和安全作业习惯。

（3）引导学生热爱工作岗位，增强其职业认同感。

【知识目标】

（1）掌握机械电源屏和智能电源屏维护项目与维护标准。

（2）掌握电源屏维护作业程序。

【能力目标】

（1）会按照机械电源屏维护作业程序及质量标准对电源屏进行维护和检修。

（2）会按照智能电源屏检修程序及检修项目对智能电源屏进行检修。

【相关知识】

一、电源屏静态检查

标准化检修流程

在电源屏开通前需要进行静态检查，检查项目见表 4-2-1。

表 4-2-1　电源屏开通前静态检查

序号	检查项目	检查内容	检查标准
1	图纸审查	图纸	检查电源屏出厂图纸：配置图、端子分配表、地址拨码图、柜间接线示意图、原理图、接线图等图纸资料齐全
2	图物核对	图纸与实物相符	（1）根据图纸，逐个核对模块容量、型号与图纸相符。 （2）根据图纸，核对电源屏各种断路器型号、容量符合设计要求，容量设定为额定工作电流的 1.5～2 倍。模块输入、交流输出电源断路器全部采用延时特性断路器。 （3）根据图纸，确认机柜、模块标记清晰无误，模块标明用途，标记与实物相符。 （4）根据图纸，检查防雷地线、机壳保护地与图纸相符，符合防雷设计要求。 （5）根据图纸，检查汇流排、零层端子的设置和配线准确

序号	检查项目	检查内容	检 查 标 准
3	工艺检查	外观检查	（1）各种机柜、模块、表示灯良好，颜色正确，模块插头插座无裂纹，插针模块鉴别销正确。 （2）各种器材、电路板，安装牢固，有固定措施，无松动现象。 （3）模块外观良好，输出插针牢固，无弯曲、变形、掉针问题，引线焊接牢固
		各部配线及模块开盖检查	（1）引线采用 2.5 mm² 以下多芯线时，端头应加冷压处理。 （2）检查屏内屏间、模块间配线无磨卡，满足最大电流长时间通电线径要求。 （3）同一端子处引出两根线时应焊接在一起，或用同一冷压端头处理。 （4）引线安装牢固，不松动，无磨卡。 （5）输入电源零线线径应不小于火线线径。 （6）隔离组件及变压器Ⅰ、Ⅱ次线圈引线端子安装牢固、无磨卡。 （7）开盖检查模块内焊点牢固，各种插接接牢固，并有防松措施，内部端子紧固不松动，内部器件及配线与外壳不磨卡。 （8）开盖检查电源屏两路输入模块的交流接触器动作灵活、各部件引线无松动，插针及焊点牢固
4	性能检查	变压器检查	（1）变压器一次输入额定电压，空载时其二次端子电压的误差不大于额定电压值的±5%，满载时二次端子电压不得小于端子额定电压值的 90%。 （2）一、二次线间及对地绝缘大于 25 MΩ；地线、汇流排、接地电阻测试并符合标准
		模块检查	（1）模块监视窗电压电流值应与输出测试一致，电压误差不超过 3%、电流误差不超过 5%。 （2）模块加载试验，加载电流不得低于模块额定电流，时间不得低于 5 min，设备工作应正常。运行温升不得大于 65 ℃。 （3）绝缘测试：大于 5 MΩ
		功能试验	（1）Ⅰ、Ⅱ路电源切换试验，转换时间小于 150 ms。 （2）在正常带载情况下，分别进行Ⅰ、Ⅱ路直接供电试验，各模块输出电压正常。稳压模块直供电试验，各模块输出电压正常。 （3）$N+M$ 并联模块关闭 1 个或几个模块，余下的模块应正常工作并自主均流
		电气特性测试	（1）输入电源 U 相过、欠压及恢复值测试。 （2）输入电源 V 相过、欠压及恢复值测试。 （3）输入电源 W 相过、欠压及恢复值测试
		告警功能试验	（1）模拟所有电源输入输出断电故障，监控单元内记录告警位置、内容、时间正确，蜂鸣器鸣响，故障指示灯点亮。 （2）Ⅰ、Ⅱ路电源转换后，控制台点亮相应灯光，电源故障控制台应报警。 （3）分别断开Ⅰ、Ⅱ路电源，相对应输入电源指示灯灭、故障灯点亮。 （4）拉出或断开模块输入开关，监控单元内记录告警位置及内容正确，蜂鸣器鸣响。 （5）断开输出断路器，监控单元内记录告警位置及内容正确，蜂鸣器鸣响。 （6）相序告警内容：一路相序错、二路相序错（提速屏）
		监控单元测试	（1）监控单元电压显示值与实测值误差为±3%；电流值误差为±5%。 （2）监控单元和模块显示窗电压显示值与实测值误差为±3%；电流值误差为±5%

序号	检查项目	检查内容	检 查 标 准
5	性能检查	带载检查测试	（1）电力引入电源的断路器、电源屏输入电源的断路器分级防护及容量检查。 （2）电力两路引入电源相序检查。 （3）室内各种设备正常运用后，测试输入输出电源电流后复查断路器容量（输入断路器容量不低于实测断路器容量的2倍，输出断路器容量不低于实测断路器容量的1.5倍）。 （4）室内各种设备正常运用后，输出电源线电流测试。 （5）室内各种设备正常运用后，电源屏各种电源模块带载情况检查（不高于模块额定容量）。 （6）自动闭塞、站联、场联等与其他邻站的联系电源，进行适应性调整检查。 （7）设备正常运用后，电源屏内断路器及组合架断路器性能检查（电源屏断路器输出容量应高于组合架断路器容量）。 （8）提速屏输出相序检查（必须对一、二路电源分别进行转换测试）。 （9）25 Hz相敏轨道电路两路输出电源（局部与轨道）相位检查（主备模块转换后分别在输出端子上进行测试）。 （10）输入输出端子接触及发热情况检查。 （11）时间设置与当前时间是否相同

二、机械电源屏维护作业程序及质量标准

机械电源屏维护作业程序及质量标准见表4-2-2。

表4-2-2　机械电源屏维护作业程序及质量标准

维护项目及方法

序号	项　目	检修内容及质量标准
1	联系登记	按《行车组织规则》的要求办理检修登记，经车站值班员同意并签字后方可开始工作
2	电源屏背面的清扫检查	（1）内外清扫，各部清洁无灰尘。 （2）各种器材元件无异状、无过热，交流接触器、继电器、变压器、参数稳压器无过大噪声，各器材不超期使用。 （3）配线排列整齐，无破损，各部端子不松动，压紧螺帽、垫圈齐全，线头无伤痕，焊点焊接良好，无毛刺、无混电可能。 （4）机壳保护地线接触良好
3	电源屏前面的清扫检查	（1）内外清扫，各部清洁无灰尘。 （2）手柄、闸刀、按钮、表示灯作用良好，接点不发热、不烧损，表示灯显示正确。 （3）线头焊接良好，配线无破皮，无混线可能。 （4）各部端子无松动，压紧螺帽、垫圈齐全。 （5）仪表完整无损，显示正确
4	试验	1. 调压屏 （1）自动电压调整器作用良好，用手动方式按压升压按钮，当输出电压增至规定上限时，过压保护装置应及时动作，切断升压回路，但不应造成停电。 （2）升压和降压时，调压电机应在按钮松开时立即停转，不应有惯性转动，电机制动电路作用良好。 2. 交直流屏 主、副屏倒屏试验，输出电源的断电监视装置、各屏内表示和声光报警装置均应正常工作。 3. 转换屏 两路电源切换试验正常

续表

序号	项　目	检修内容及质量标准
5	测试记录	（1）检查交流输入电压。 （2）两路电源相序测试检查应一致。 （3）交流输入电流，以本屏仪表实际正常运用情况读数为准。 （4）各种电源输出电压：直流 220 V 应在 210～240 V；直流 24 V 应稳定在 23.5～27.5 V。 （5）各种电源对地电压，以《电气特性测试方法》标准为准。 （6）闪光电源的频率应为 90～120 次/min。 （7）各回路对地绝缘电阻符合《铁路信号维护规则》规定。 （8）填写测试记录
6	清扫检查电缆地沟	检查各种线缆无鼠咬、无破损，同时清扫干净，地沟盖板严密，引入、引出孔堵塞良好
7	销记	检修结束，会同车站值班员确认良好，按《行车组织规则》的要求办理销记手续，经车站值班员签字后方可离开

三、智能电源屏维护

（一）智能电源屏检修程序及检修项目

智能电源屏检修程序及检修项目见表 4-2-3。

表 4-2-3　智能电源屏检修程序及检修项目

序号		检修及测试项目	标　准
1		检查直流屏面板Ⅰ、Ⅱ路电源指示灯	（1）在Ⅰ、Ⅱ路都有电的情况下，Ⅰ、Ⅱ路电源指示灯都应常亮。 （2）当某路电源停电时，对应指示灯灭
2	日检	检查切换屏后交流接触器（KM××）吸合状态是否正确	（1）PKX 系列客专电源屏在Ⅰ路输入电主用时，KM1、KM3 吸合，KM2、KM4 释放。 （2）PKX 系列电源屏在Ⅱ路输入电主用时，KM2、KM4 吸合，KM1、KM3 释放。 （3）PZG 系列电源屏在Ⅰ路输入电主用时，KM1 吸合，KM2 释放，Ⅰ路工作灯常亮。 （4）PZG 系列电源屏在Ⅱ路输入电主用时，KM2 吸合，KM1 释放，Ⅱ路工作灯常亮
3		直流屏故障灯	（1）正常情况下，此灯灭。 （2）当直流电源屏出现任何一个告警（包括停一路电），此红灯常亮
4		告警蜂鸣器	告警蜂鸣器电源开关和告警开关应置闭合位置，以提示告警
5		平面巡视各个电源屏各个模块面板指示灯是否正常	（1）模块正常时，各个模块面板指示灯"工作"绿灯常亮。 （2）如果模块出现保护或故障、关机，模块面板指示灯"保护"黄灯常亮或"故障"红灯常亮，关机时三个指示灯都不亮

序号		检修及测试项目	标　准
6	日检	记录各个模块面板数码显示器显示的电压、电流	正常情况下直流模块在带载情况下主备模块都会显示电压、电流，如出现有电压、无电流的情况，请及时检查。交流主用模块显示电压、电流，交流备用模块显示"—"
7		检查各个AC 220 V模块背板（屏后侧）主、备切换板工作指示灯	（1）切换板工作正常时，指示绿灯常亮。 （2）切换板工作异常时，指示绿灯灭
8		检查输入/输出防雷板指示灯及防雷块状态	（1）正常情况下，输入C级防雷块压敏电阻窗口显示绿色，异常显示红色。 （2）正常情况下，各个防雷指示灯应该常亮。 （3）如板件损坏，指示灯灭
9		检查电源屏系统（包括UPS内部）各个开关（包括输入、输出、防雷等）状态	正常情况下，各个开关应该处于闭合状态
10		检查电源屏监控器告警数据	（1）正常情况下，电源屏显示无告警。 （2）若电源屏出现故障，电源屏监控器会显示告警数据
11		记录监控器上输入电压、电流，输出电压、电流数值	与以往数据进行比较，正常情况下，各个数值不应出现太大的偏差，如出现偏差较大的数据，需要关注
12		查看两台UPS面板指示灯	UPS面板指示灯显示正常，UPS在正常工作情况下，应该处于主路逆变状态，如果处于旁路、电池放电，或者输出禁止等异常情况，相应的指示灯会指示。此时需结合UPS上的显示屏告警信息进行排查，并及时通知厂家
13		查看两台UPS显示面板显示内容	对UPS输入、输出、电池、当前记录等内容进行查看，输入、输出、电池数据不应出现太大的偏差，如果出现偏差太大的数据，需要关注。UPS当前记录应显示主路逆变供电
14		检查有无异常噪声及风扇运行情况	正常情况下，无巨大异常噪声，风扇运行正常
1	月检	利用天窗维修点，手动对电源屏输入电源进行切换	（1）正常情况下，输入电源切换，不会影响正常输出。 （2）如果出现系统无法正常切换或切换过程中出现部分电源输出中断，需要关注
2		对输出电源各路进行绝缘测试	（1）正常情况下，各路输出绝缘应该满足维修规定需求。 （2）如果出现异常，断开输出空开，进行电源屏内部绝缘测试和单独负载绝缘测试，并查找原因
3		断开输出防雷保险底座，检查输出防雷保险	正常情况下，输出防雷保险应导通
4		检查并记录电源屏监控器里的历史告警数据	需要关注由于电源屏自身问题多次出现自动告警并能恢复的历史告警数据
5		实测电源屏输入及各路输出电源电流	实测结果应该满足要求，并且和监控器显示结果基本一致
6		查看UPS显示面板历史告警数据	需要关注由于UPS自身问题多次出现自动告警并能恢复的历史告警数据

续表

序号		检修及测试项目	标　准
1	季检	利用天窗维修点，手动对各个模块进行主备切换	（1）正常情况下，主备模块能够互相切换，并且不会影响正常输出。 （2）如果出现模块无法正常切换或切换过程中出现部分电源输出中断的，需要关注
2		分别手动断开系统输入电源、模块输入电源、输出空开，检查监控器告警是否正确	正常情况下，监控器对每个开关的分断，都会有相应的告警，在开关闭合后，告警会自动消失
3		检查系统防雷、安全地线	测试电源屏外接防雷、安全地线线径、对地电阻是否满足要求（小于 8 Ω）
4		对 UPS 进行手动逆变、旁路、电池逆变切换，利用天窗点对电池进行放电测试，并在放电测试过程中测量电池电压。此时负载不应该低于 UPS 容量的 20%	UPS 在各个状态切换过程中不掉电，并能正常带载；放电测试过程中，记录电池最终放电时间，放电时间应不明显低于正常后备时间。如果放电时间大大缩短或电池电压降低速度过快，并且 UPS 提示电池需更换，则电池寿命降低，需要更换电池
1	年检	利用大天窗维修点，停用电源屏设备。拆开电源屏各个面板，检查各个开关及端子上的连线状态并进一步紧固	需要停电对电源屏各个输入开关及各个变压器端子进行紧固，各个线缆无松动，无老化现象。紧固线缆时注意紧固力矩合适，避免力量过小，线缆无法正常紧固，同时也避免力量过大，拧坏开关及端子
2		利用大天窗维修点，断开 UPS 电池。检查电池上的连线状态并进一步紧固	需要断开 UPS 电池开关对各个电池端子进行紧固，各个线缆无松动、老化现象。紧固线缆时注意紧固力矩合适，避免力量过小，线缆无法正常紧固，也避免力量过大，拧坏端子。紧固过程中，注意工具绝缘及操作规范。电池电压高达 DC 500 V，切勿短路，否则会烧毁电池并危及人身安全

（二）电源屏检修方法

1. 电压、电流显示

检测标准：监控单元显示的各电源模块输出电压、电流与用仪器所测电压、电流偏差在技术指标范围之内。

检测工具：万用表、钳形表。

检测方法：从监控单元读取各电压、电流值，根据以上标准做出判断。

2. 电网波动

检测标准：380 V 电压变动范围为 304～437 V，220 V 电压变动范围为 176～253 V。

检测工具：万用表。

检测方法：测量点为受电端子，记录电网电压的最大值和最小值。

3. 参数设定

检测标准：根据上次设定参数的记录（参数表）做符合性检查。

处理方法：对不符合既定要求的参数重新设定。

4. 通信功能

检测标准：系统各单元与监控单元通信正常；历史告警记录中没有某一单元多次通信中断的告警记录。

5. 告警功能

检测标准：发生故障必须告警，告警指示灯和蜂鸣器正常。

检测方法：对现场可试验项抽样检查，可试验项包括交流停电、防雷器损坏（带告警灯或告警接点的防雷器）、输出空开断等。

6. 内部连接

检测标准：电缆布线应固定良好，保持布线整齐；无电缆被金属件挤压变形；连接电缆无局部过热和老化现象；各种开关、熔断器、插接件、接线端子等部位应接触良好，无电蚀现象。

7. 重要板件检查

检测标准：切换控制板、配电监控板、2＋1切换板、切换辅助电源板、D级防雷板、24 V辅助电源板 LED 指示灯指示正常。

8. 电池维护

检测标准：测量电池组正负极电压等于单体浮充电压乘以电池单体个数。检查电池壳、盖有无漏液、鼓胀及损伤现象。检查电池外观无灰尘、污渍。检查机柜、架子、连接线、端子等处无生锈。检查螺栓、螺母连接牢靠。

检测工具：万用表，绝缘扳手。

9. 备品备件

检测标准：常用的模块、重要板件、元器件等需要就近留有充足备品、备件，以便在设备发生故障时能够迅速更换，减少故障延时。管理员要对备品、备件做定期清点和整理。对于被替换掉的备品、备件，要及时补充。

10. 档案资料

检测标准：为了有效维护电源设备，必须建立完整的维护档案资料。通常维护档案资料包括电源设备图纸、用户手册、维护日常记录文件等。

（三）接地防雷维护

1. 接地电阻

检测标准：接地电阻小于 10 Ω且两次测量没有明显差别。
检测工具：电阻仪。

2. 接地连接

检测标准：地网引出点焊接良好，无锈蚀；接地排上接地线连接牢固可靠。

3. 防雷部件

检测标准：防雷接地连接良好，C 级防雷部件无变色、变形、开裂等，防雷空开工作正常，处于闭合状态。D 级防雷器和输出防雷板所有指示灯亮。

检测方法：监控单元无防雷告警，目测 D 级防雷器和输出防雷板指示灯亮。

（四）机房环境维护

智能电源屏对机房环境的要求如下：

温度：－5 ~ 50 ℃。

湿度：相对湿度小于 90%。

粉尘：无明显积尘。

照明：可以满足机箱内维护。

通风：有良好通风，定期开启门窗通风。

消防器材：符合布置和有效期要求。

密闭性：门窗防风良好，屋顶无渗漏，窗户与管线无进水等。

【思考题】

（1）电源屏有哪些测量项目？

（2）简述电源屏的测量方法。

（3）实际动手进行电源屏测量。

（4）电源屏日常维护的内容有哪些？

（5）简述电源屏的维护流程。

项目五　电源屏故障处理

【项目导引】

　　电源屏外接交流电网，内接各种用电设备，因此其供电可靠性不仅取决于本身的可靠性，而且与外电网的供电质量及各用电设备的正常运用关系极大。在电气集中的各组成设备中，电源屏的故障数约占 10%，仅次于转辙机和轨道电路，是较薄弱的环节。通过本项目的学习，学生将进一步提高逻辑分析能力，并具备常见故障的应急处理能力。每一次故障排除都是对铁路运输安全和效率的守护，这培养了学生的责任感和使命感。

任务一　电源屏常见故障处理

【学习目标】

【素质目标】

（1）培养学生遵守岗位规定并按规章制度作业的习惯。

（2）培养学生的团队协作意识和标准化作业意识。

（3）增强学生的岗位荣誉感，培养学生的爱岗敬业精神。

【知识目标】

（1）掌握机械电源屏常见故障类型及处理方法。

（2）掌握智能电源屏常见故障类型及处理方法。

【能力目标】

（1）能够结合电源屏表示灯状态、熔断器和测试数据处理故障。

（2）能够按照故障处理程序，及时消除故障隐患。

【相关知识】

机械电源屏常见故障处理

一、机械电源屏常见故障处理

　　机械电源屏由转换屏、调压屏、交流屏及直流屏组成，下面分别针对不同屏的故障进行分析，并给出处理方法。

（一）转换屏常见故障

1. 两路三相电源在转换过程中有的熔断器熔断

两路三相电源转换电路中，如果1XLC或2XLC有一只特性不好，失磁时主触头断开时间滞后于辅助常闭触头闭合时间，在两路电源转换时会发生两路电源并联供电的情况。此时如引入电源有两相不同相时，主、副电源至少有一相断路器分断。三相均不同相时，主、副电源的6个断路器将同时分断。

处理方法是，检查引入电源是否同相，可用交流电压表一一检查两路电源的各相引入端是否有电压。如有电压，则不同相，可改变接线端子并测好相序予以理顺。

2. 两路电源转换时间超过0.15 s

应检查1XLC及2XLC的释放和吸起时间是否太长，如有内部卡阻或其他故障，应予以更换或修理。

3. 两路电源不能手动转换

原因系按钮被金属环卡住，或开关、按钮、继电器、接触器接点接触不良。

4. 两路电源自动、手动转换均不成功

除与不能手动转换相同的原因外，主要是交流接触器被卡阻，动作不灵活，剩磁过大或触头接触不良所致。

（二）交流屏常见故障

闪光电源不闪光，包括无输出和输出稳定电源两种情况。

电容器充放电失调，电容器容量减小或接线断线；晶闸管控制极触发电流发生变化，晶闸管被烧毁；闪光电路板内部配线脱焊或断线，电阻断线；熔断器熔断，都会使闪光电源无输出。

晶闸管击穿或电路短路时则输出稳定电源。

（三）直流屏常见故障

1. 24 V电源电压随负载变化较大

24 V电源系低电压大电流，电路中任一处接触不良将造成较大的电压降而影响电压的稳定。出现故障时，应检查接线是否紧固，输出开关接点是否接触良好。

2. 浪涌吸收器中的电容器发热或流油

出现故障时，应测量其耐压及容量是否有变化，发现电容器的耐压和容量降低时，必须及时更换。

3. 输出电压过低

输出电压过低系三相全波整流电路有一个或两个二极管烧毁所致。

4. 断路器分断

输出断路器分断，主要是负载短路、过载等造成的。输入断路器分断，则主要是三相全波整流电路有一个或几个二极管击穿造成元件短路所致。

（四）调压屏常见故障

调压屏的故障较多，主要有以下几项：

1. 手动调压失灵

如果按下 1KA（或 2KA），SYJ（或 JYJ）不动作，应先测量继电器线圈是否有电压。有电压，则系继电器有内部断线等故障；无电压，则须逐点测量电压，检查故障点。原因通常有行程开关被断开、按钮被卡不能复位、手轮未推入等。应将感应调压器摇回工作区域，修复按钮。

如 SYDJ（或 JYDJ）动作而电动机不转动，可能是蜗轮箱中有卡阻，运转不灵，或电动机内有短路等情况。

如只是升压失灵，系过压继电器吸起所致，可先降压使之落下，然后即能升压。

2. 自动调压失灵

如果手动调压正常，自动调压失灵，则为自动调压独有部分电路故障，如 WHK 的 1-4、5-8 接点接触不良，BT 内部短路，熔断器熔断，电压比较电路故障，1KJ、2KJ 故障或接点接触不良。

3. 需升压时反而降压，需降压时反而升压

该故障系引入交流电源相序接错所致，换接电源引入线即可解决。

4. 调压过频

调压过频系灵敏度过高所致，可调节 W1、W2 予以解决。

5. 制动电路失灵

浪涌吸收器中电阻断线或电容器短路、断线，无法阻挡驱动电动机的反电势进入整流桥，易击穿二极管或熔断熔断器，或烧毁制动变压器，这些都使得直流制动电路无法进行制动。

6. 输出电压过高

可能是电压比较电路的调压精度调得过高，或过压继电器整定电压调得过高所致。

7. 总升压不降压

调压器在输出电压偏高或偏低时，总是升压而不降压，故障原因是 BT 有一个断线，GZ 中整流二极管有一个或两个烧毁，这样就使得采样电压总是较低，于是就总是接通升压电路。

8. 调压时电动机空转

行程开关的接触面因磨损或位置调整不当，会发生转子已转到位，但行程开关未被断开使电动机空转的情况，此时应停止调压，拉出平齿轮（离合器），重新调整行程开关位置或更换零件。

此外，交流异响过大时，应将变压器紧固硅钢片夹件夹紧。

（五）故障处理常见问题

1. 怎样查找转换屏故障

当听到转换屏故障报警 DL 鸣响时，首先观察是 1HD 或 2HD 亮，可能是三相电源断相造成继电器电路故障；AJHD 或 BJHD 亮灯，观察 A、B 交流屏面板哪个表示灯灭，从而判定是哪种电源故障；AZHD 或 BZHD 亮灯，观察 A、B 直流屏面板哪个表示灯灭，确定是直流 24 V 或 220 V 电源故障。

2. 两路输入电源的相序检查

用万用表测量两路电源的对应相端子上的电压。若电压为零或很低，说明是同相连接；如果不是零而且数值较大，则说明该组不同相。

3. 在转换屏中，两台交流屏或直流屏均发生故障

假如 A 交流屏表示电源故障或 B 交流屏道岔表示电源故障，可以采用两台交流屏交叉供电，即在接通 3S 的同时也接通 4S，扳动 5S～11S 中的有关开关，使 A 交流屏输出除表示灯电源以外的电源，而 B 交流屏输出表示灯电源。为不影响设备正常工作，也可使 A 交流屏输出道岔表示电源，而 B 交流屏输出表示灯电源、信号点灯电源、轨道电路电源。注意此时交流屏故障电铃一直在响，AJHD、BJHD 一直在亮（原因是其监督继电器落下），应尽快处理查找故障，恢复正常。

4. 电源屏在进行倒换时，出现升压时反而降压，故障报警

发生这种现象是由于电源的相应顺序错接。大站电源屏是三相供电，主电源的相位 U、V、W 相应与副电源的相位 U、V、W 相对应，如发生错序，就会出现这种情况。这类情况的发生，一般是电力部门停电施工后，连接电源时三根线的相位错接而造成的。因此在维修电源屏时，要经常检查相位是否对应，发现问题及时找电力部门解决。

5. Ⅰ、Ⅱ 路电源不能切换故障

电源常见的故障是两路电源不能切换，当发生这类故障时，应先观察交流接触器是否接触不良或触头烧损熔焊。用万用表的交流 500 V 电压挡分别测量 XLC 的励磁电路，当一表棒移至某点时电压为零，则是该点接触不良或有断线的可能，应及时处理，恢复设备正常。

二、智能电源屏常见故障处理

智能电源屏
常见故障处理

现场电源屏故障处理原则：不扩大故障影响范围，及时消除故障隐患。

现场电源屏故障处理步骤及方法：

第一步：查看告警内容。

系统出现故障时，一般会有声光告警：故障灯亮，蜂鸣器告警；监控单元故障灯亮，蜂鸣器告警。查看系统监控单元的告警内容，根据告警内容便可以确认故障范围。

电源模块发生故障时，一般还可以根据模块面板上的状态指示灯大致判断模块的故障内容。

第二步：根据故障内容，对故障进行核实。

第三步：故障检修。

根据故障内容和实际情况，应积极消除故障隐患，保证设备安全运行。

第四步：记录故障系统编号、故障部件编号、故障现象，填写维修单据。

智能电源屏故障可分为配电故障、电源模块故障及监控系统故障。

（一）配电故障检修

以 PZGDQ-10/380/25 系统为例。配电故障一般有交流输入过压、交流输入欠压、交流输入缺相、交流输入停电、空开跳闸、防雷器故障。

配电故障发生时，监控模块的液晶屏上可以观察到交流故障告警内容，同时直流柜的故障灯亮，蜂鸣器告警；维修时，先把蜂鸣器（位于直流柜上门内部）的控制开关拨到故障消音位置，查找相应的故障内容，进行相应处理，维修处理完毕后，将告警控制开关拨到故障告警位置。

配电故障告警时，核实告警内容是否与实际相符，如果不符合，可以基本判定为配电监控板或对应空开检测板故障。

输出空开可以手动操作，断开空气开关，使空气开关跳闸，也可以模拟故障发生时的现象，输出告警信号；将空开置于接通位置，告警消失。

C 级防雷器输出为一常闭信号，断开防雷器的任意一个防雷空开，输出告警信号；将防雷空开闭合，告警消失。

1. 交流输入故障检修流程

交流输入故障检修流程如图 5-1-1 所示。

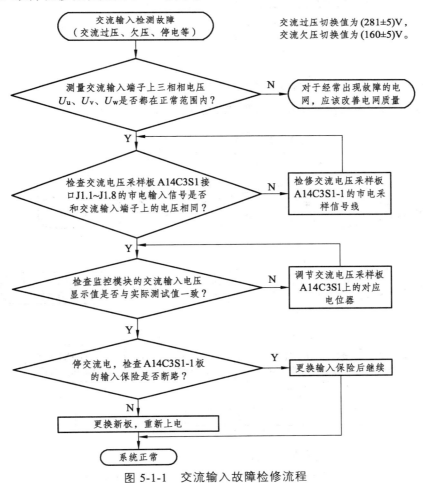

图 5-1-1　交流输入故障检修流程

2. 配电通信故障检修流程

配电通信故障检修流程如图 5-1-2 所示。

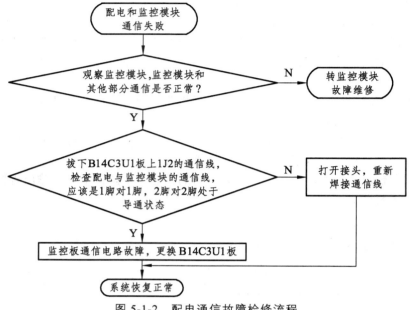

图 5-1-2　配电通信故障检修流程

3. 交流输入工作状态检测故障检修流程

交流输入工作状态检测故障检修流程如图 5-1-3 和图 5-1-4 所示。

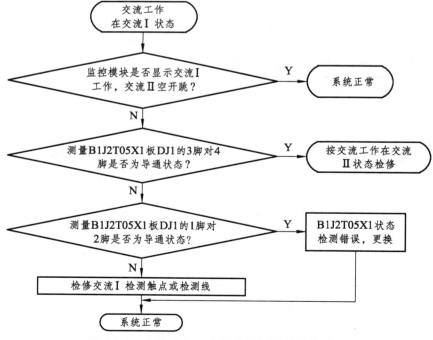

图 5-1-3　交流输入工作状态检测故障检修流程

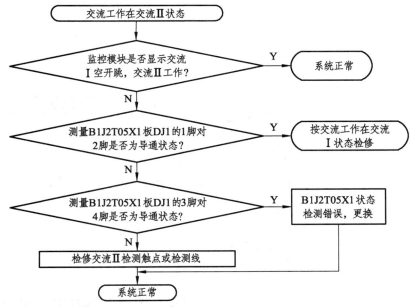

图 5-1-4　交流输入工作状态检测故障检修流程

4. 防雷故障检修流程

防雷故障检修流程如图 5-1-5 所示。

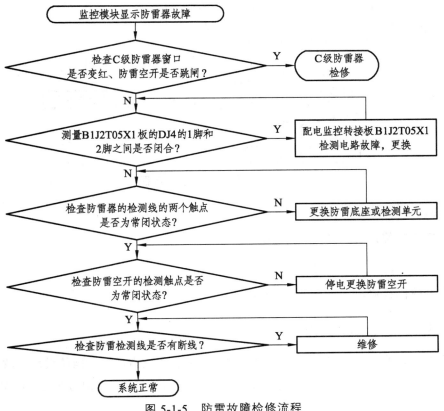

图 5-1-5　防雷故障检修流程

C 级防雷器检修流程如图 5-1-6 所示。

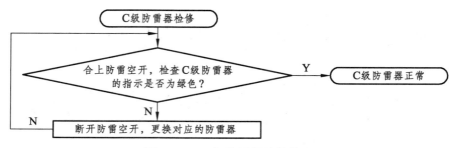

图 5-1-6　C 级防雷器检修流程

D 级防雷盒检修流程如图 5-1-7 所示。

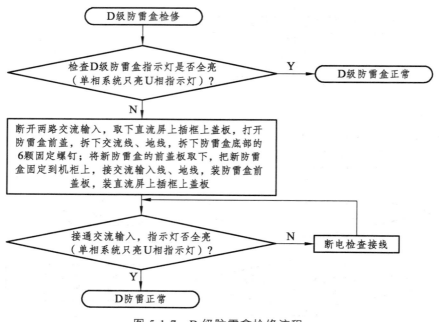

图 5-1-7　D 级防雷盒检修流程

5. 输出防雷板检修流程

输出防雷板检修流程如图 5-1-8 所示。

6. 输出空开跳闸检修流程

输出空开跳闸检修流程如图 5-1-9 所示。

（二）电源模块故障检修

根据监控系统的报警信号、模块自身的状态信号（前面板指示灯），确认模块的故障种类，主要有模块通信中断、输出空开跳。故障原因主要有输入过欠压、输出过欠压、过温、过流、通信异常等。

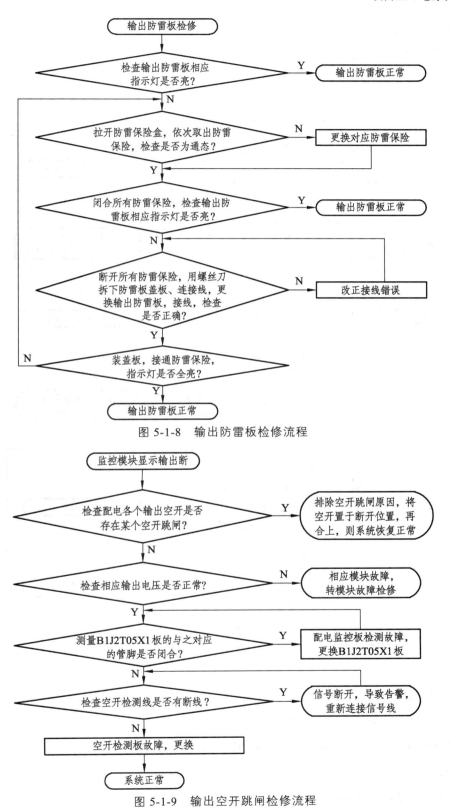

图 5-1-8　输出防雷板检修流程

图 5-1-9　输出空开跳闸检修流程

1. DHXD-B1、B2、B3 模块的故障检修流程

（1）通信中断检修流程。

通信中断检修流程如图 5-1-10 所示。

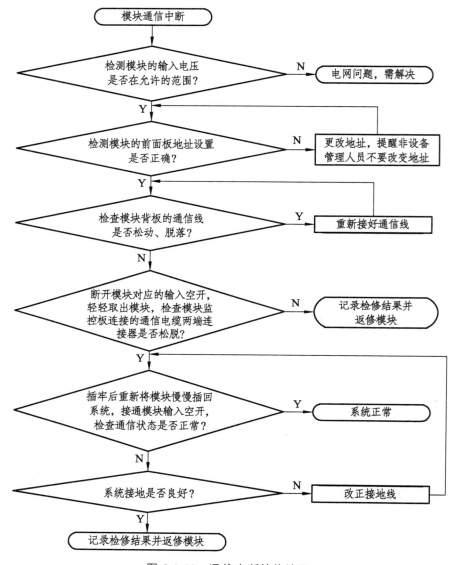

图 5-1-10　通信中断检修流程

（2）模块故障指示灯亮检修流程。

模块故障指示灯亮检修流程如图 5-1-11 所示。

2. DHXD-SC1、SD1、SE1-5、SH1 模块的故障检修流程

（1）通信中断检修流程。

通信中断检修流程如图 5-1-12 所示。

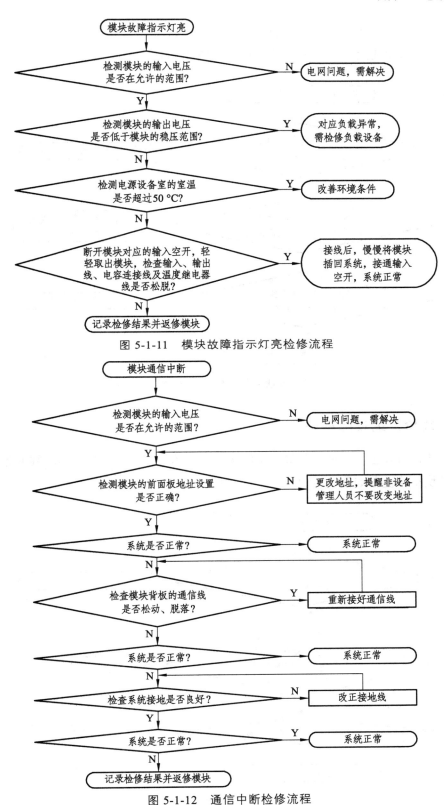

图 5-1-11　模块故障指示灯亮检修流程

图 5-1-12　通信中断检修流程

（2）模块故障、保护指示灯亮检修流程。

模块故障、保护指示灯亮检修流程如图 5-1-13 所示。

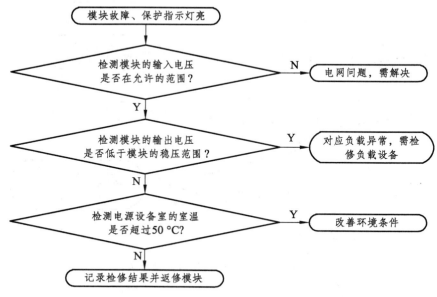

图 5-1-13　模块故障、保护指示灯亮检修流程

（三）监控系统故障检修

监控模块的故障主要有液晶屏显示不清晰、无显示、按键无反应、不断翻屏等。

监控模块检修流程如图 5-1-14 所示。

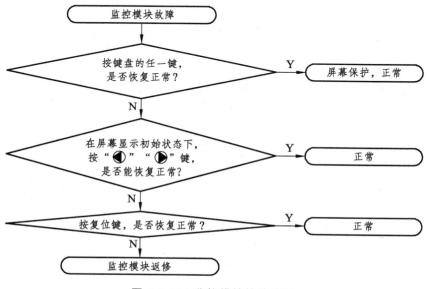

图 5-1-14　监控模块检修流程

任务二　电源屏典型故障案例分析处理

【学习目标】

【素质目标】

（1）培养学生遵守岗位规定并按规章制度作业的习惯。

（2）培养学生的团队协作意识和标准化作业意识。

（3）增强学生的岗位荣誉感，培养学生的爱岗敬业精神。

【知识目标】

（1）熟悉典型故障案例的故障现象。

（2）掌握典型故障案例的故障现象与原因对照。

（3）掌握故障处理方法。

【能力目标】

（1）能够根据故障现象，结合电路图纸和监控信息，准确判断故障发生的位置和原因。

（2）掌握各种故障的处理方法，能够熟练更换稳压器模块、开关电源模块、电容组、配电监控板等设备部件。

（3）在故障处理后，能够对设备进行测试和调试，如测量输出电压、观察模块工作状态、进行主备模块切换等，确保设备恢复正常运行。

【相关知识】

一、PWZ1-15/3 型智能电源屏稳压器故障

（一）故障现象

电源屏上有声光报警，监控单元出现电源电压超限报警。

典型故障案例

（二）原因分析

（1）PWZ1-15/3 型电源屏采用集中式稳压方式，在 A 屏上有三个稳压器，分别对 U 相、V 相、W 相电源进行稳压，输出 220 V 电源。经稳压后的电源输出给各屏，根据实际需求每相输出不同的电源。

（2）根据监控单元上的报警信息发现稳压备用、道岔表示、微机监测、TDCS 电源超限报警，根据电路图纸发现以上电源是由 U 相稳压器稳压后供电的。可以初步判断 U 相稳压器发生故障。

（3）用万用表交流 250 V 挡测量 U 相稳压器的输入电源与输出电源是否一致，如一致说明稳压器未起到稳压作用，稳压器内部故障，此时稳压器处于内部输入电源直供状态。

（三）故障处理

先将 3QF 断路器扳至下方位置，此时各种输出电源处于直供状态，松开 U 相稳压器后方的固定螺丝，取下输入、输出电源线，更换新的模块后，再将输入、输出线及螺丝固定后，将 3QF 扳至上方位置，观察各种输出电源是否正常。报警取消，说明此故障已排除，电源屏恢复正常。

二、PQD 型智能区间屏 24 V 开关电源模块故障

（一）故障现象

电源屏有声光报警，24 V 开关电源模块面板上的保护 RF 红色 LED 灯亮。

（二）原因分析

模块故障。

（三）故障处理

更换模块，操作时，最好两人一前一后共同处理。首先确认故障模块，先关上模块上的开关，再断开相应故障模块的输入断路器。打开屏后面的盖板，确认故障模块与电容的连接插针，拔掉相应故障模块与电容的连接插针后，拔出故障模块。插入新模块前，要先给电容放电。放电方法是将负载接在电容插针的两个极上，放完电后，用电压表量一下电容电压，确定电容放电完毕后，将插针与新模块上插针连接，合上断路器，再合上模块上的开关。观察面板上（AL，ON）绿色灯亮，再观察负载指示灯与其他模块负载电流显示是否一致。

更换时需要注意：

（1）打开后盖板时，不要碰到铜板，以免发生短路。

（2）插入新模块前，必须给电容放电，否则，插入新模块时会产生火花，容易烧坏插针。

三、鼎汉 PZ 型智能屏交流模块故障

（一）故障现象

电源屏有声光报警，监测单元显示模块故障，模块上的故障红灯亮。

（二）原因分析

该型号电源屏采用分散式稳压方式，每个模块均有稳压功能，内部由一台变压器及一组电容相连，一般故障是由于电容效果不好，造成电压下降。

（三）故障处理

（1）携带备用电容器组，使用前要先测量电容容量是否符合要求。

（2）断掉故障模块的输入断路器，松开该模块上的固定螺丝，拔出模块。

（3）打开模块内部的电容盒，拔掉电容上的连接插头，取出电容，换上新的电容组，插上连接插头，将电容盒固定后，检查线头连接处有无松动。

（4）将模块插入原来位置，合上输入断路器，等待约 30 s 后，电源屏停止故障告警，观察监测单元上该模块的输出电压是否恢复正常，并进行主备模块切换，检查实际测量输入电压是否正常。

四、PD1-15 型大站调压屏调压系统故障

（一）故障现象

自动调压系统无法调压。

（二）原因分析

应先将 2WHK 扳至手动位置，检查手动调压是否正常，若手动调压失灵，应先检查驱动系统及调整系统部分。若手动调压正常则可以断定故障在控制系统部分的运算放大板，则先检查 1SB～3SB 取样变压器和 6RD～8RD 熔断器是否正常，如正常则测量运算放大板上 C3 两端电压。判断整流稳压部分是否正常，如正常则观察自动调压板上升压继电器和降压继电器的吸起和落下是否正常。发现问题应及时处理。

（三）故障处理

如问题出在运算放大板上，应先将 2WHK 扳至手动位置，对运算放大板进行更换，更换后需进行手动/自动调压试验。

五、PD1-15 型电源屏道岔动作电源输入电压低故障

（一）故障现象

道岔动作直流 220 V 输出电压降至 170 V，直流转辙机扳动时动作缓慢。

（二）原因分析

用交流电压 500 V 挡测量道岔动作的三相输入保险 4RD～6RD，用交叉法测量可判断出保险有无熔断。如保险正常，则用直流电压 250 V 挡测量三相整流二极管的压降，正常电压为 110～120 V，只要 6 个二极管压降电压相同即可，如发现二极管有损坏，应及时更换。

（三）故障处理

需更换备件时，应联系要点，倒至备用屏后方可进行处理。处理完毕后，应进行倒屏试验，并测量实际输出电压。

六、模块故障

（一）故障现象

模块电源灯亮、工作灯灭、故障灯亮，备用模块投入工作。

（二）原因分析

电源灯亮，模块不工作，模块内部损坏，需更换模块。

（三）故障处理

当某一型号的模块主备全部故障而影响输出时，型号完全相同的模块可以互换。如果有备份模块，则可以直接更换；如果没有备份模块，而机柜上有同一型号作为备份的其他模块正常，可以临时取下进行更换。更换后地址码按原模块地址码拨动即可。

模块可以不关闭输入空开而热插拔，但如果非紧急情况，建议按如下步骤操作：

①断开模块输入空开；②用螺丝刀拧下模块前面板上方的皇冠螺钉；③向外拉模块前面板上的拉手，把模块取下；④将新模块安装到模块插框上，并紧固皇冠螺钉；⑤按原模块地址码拨新模块地址码即可；⑥合上模块输入空开。

七、系统输出故障

（一）故障现象

对应模块工作正常，但输出端子上无电源输出。

（二）原因分析

模块工作正常有输出，最后端子上无输出，系模块与端子板连接线路有问题，需要查找故障点，并进行更换。

（三）故障处理

系统的所有输出中，相同的电源可以通过没有占用的输出端子紧急输出（如 AC 220 V 道岔表示电源可用没有占用的 AC 220 V 微机监测电源代替）。

50 Hz 电源可以临时通过不稳压备用端子输出。

八、配电监控板故障

（一）故障现象

监控系统无信号显示。

（二）原因分析

有可能是配电监控板故障。

（三）故障处理

按下列步骤更换配电监控板。

（1）拆下直流屏后侧靠监控单元上方的盖板，拆下盖板后固定在机柜左方的板件便是配电监控板。

（2）仔细观察此板各个插头及线头位置，适当做好标记。

（3）关掉监控单元。

（4）首先拔掉此板 24 V 电源插头 J0，然后再依次拔掉插头 J1、J2，串口 1J2，50 针插头 JP1、JP2（先拨开 50 针插座两侧的固定销）。

（5）拆下配电监控板 4 个固定螺丝，把故障板取下。

（6）把新板换上，先插好 50 针插头 JP1、JP2（固定好 50 针插座两侧的固定销），然后插好串口 1J2。把配电监控板四个固定螺丝安装上，使该板固定到机柜上。然后依次插好 J1、J2，最后插好 24 V 板件工作电源插头 J0。在插 J1、J2、J0 时，需注意插头正反方向，切勿插反。

（7）重新启动监控单元。

（8）当配电监控板上 LED3 二极管常亮，LED1、LED2 二极管分别闪烁后，该板工作正常，监控单元告警应该消失。

（9）盖上盖板。

九、外电网谐波超标故障

（一）故障现象

全站红光带。

（二）原因分析

查看电源屏监控单元报警信息，发现外电网一路停电后，有模块保护、电源输出断告警等信息，部分电源输出断告警 5 s，造成全站红光带。再查看直流转辙机电源、高压脉冲 1-2 电源、站间联系电源、熔丝报警电源都显示正常，没有告警信息，说明外电网一路电断电时，电源屏正常切换到外电网二路工作。

通过监测回放查看故障时外电网二路电，发现二路电谐波故障时达到了 24 V，波形失真度达到了 10.9%，如图 5-2-1 所示。

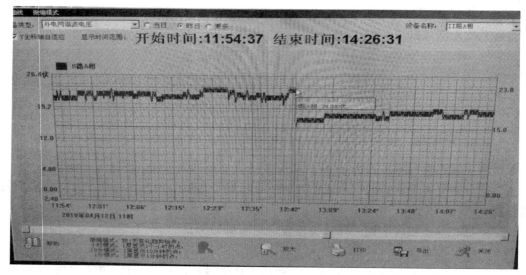

图 5-2-1　外电网谐波电压失真

根据《铁路信号电源系统设备 第 1 部分：通用要求》（ TB/T 1528.1—2018 ）规定，外电网电压波形失真度不大于 5%，此时的二路电谐波已经超标。谐波过大时模块的滤波电路无法完全滤除谐波，会导致残余谐波叠加到模块输出端，导致部分模块输出电压异常，模块会自保护导致没有输出，同时输出中断报警。

（三）故障处理

如果外电网二路市电一直存在谐波超标问题，建议在电源屏切换电路后增加 UPS 装置，为模块工作提供净化后电源，避免因为谐波过大导致模块保护的问题重复发生。

十、两路电源切换故障

（一）故障现象

全站红光带。

（二）原因分析

查看监控单元发现，电源屏 Ⅱ 路输入电压波动（此时电源屏 Ⅱ 路电源给后级设备供电），单相电压降为 135.2 V。但 Ⅰ 、Ⅱ 切换用交流接触器（3TF47）的释放电压不小于 104.94 V，输入电压波动的最低电压未达到交流接触器释放值，因此站内屏未进行立即切换。

轨道 25 Hz 电源模块正常工作电压为 $[（145\sim281）\pm5]$ V，该模块具有过欠压自动停机保护功能，当输入电压恢复到正常电压后，模块自动恢复工作。因输入尖峰电压达到模块输入欠压保护条件，模块启动停机保护功能，输入电压恢复后，模块重新启动恢复正常供电，在模块输入保护期间造成全站红光带。

（三）故障处理

增加Ⅰ、Ⅱ输入电源切换控制板（PDB 切换板）可以彻底改变交流接触器互锁切换时释放电压值过低导致模块输入保护的缺点。同时，定期进行Ⅰ、Ⅱ输入电源切换工作，定期进行主备模块倒换工作，可及早发现故障隐患。

十一、线头焊接处烧糊故障

（一）故障现象

调压屏调压值不稳定。

（二）原因分析

检查发现调压屏 U 相输出端子线头与线环焊接处有烧糊现象。经测试发现线环焊接处接触电阻较大，长期工作发热，造成焊接处有烧糊现象，从而使电压不稳定。

（三）故障处理

立即采取应急措施，将调压屏隔离，用电源直供方式保证设备使用，并申请天窗点维修，组织材料对线头重新焊接。

十二、交流接触器主触点接触不良故障

（一）故障现象

稳压备用电源主用模块输出中断，并未自动切换至备用模块。

（二）原因分析

查看监控单元报警信息，发现由于Ⅱ路外电网电压瞬间波动，导致电源切换至Ⅰ路工作，切换完毕后，稳压备用电源输出中断。分析原因为电源出现波动切换时交流接触器触点瞬间分断，电弧温度太高使触点发生金属氧化，当接触器再次吸合时主触点接触不良，导致稳压备用电源输出中断。

（三）故障处理

立即采取应急措施，手动切换至备用模块。申请临时天窗点后，对故障模块进行更换。

十三、输入断路器自动脱扣故障

（一）故障现象

车站红光带及信号机灭灯。

（二）原因分析

查看区间屏 Ⅱ 路输入空开 QF2 处于中间断开位置，造成 Ⅱ 路无法正常供电。

查看监控单元报警信息，发现外电网 Ⅰ 路电源有断电切换现象，在 Ⅰ 路向 Ⅱ 路电源转换过程中产生大电流冲击 Ⅱ 路 QF2 断路器，断路器上道使用时间较长，内部抗冲击能力下降，造成 QF2 断路器脱扣，Ⅱ 路也无法正常供电，导致区间电源屏无输出，从而造成红光带及信号机灭灯。

（三）故障处理

利用垂直天窗立即采取措施，恢复断路器为闭合状态，区间电源屏正常供电。申请天窗点，更换 QF2 断路器。

十四、UPS 电池组故障

（一）故障现象

UPS2 不带载工作，UPS1 正常工作承担全部负载，电源屏报警 UPS2 均不供电。

（二）原因分析

查看监控单元显示电源一、二路电源切换，说明在一、二路切换时瞬间断电，UPS2 不能投入工作，UPS1 能够进行电池供电逆变工作。经过测试，发现 UPS2 电池组不良，不能正常带载工作。

（三）故障处理

当外电网供电正常时，能够人工恢复 UPS2 逆变工作，按下 UPS2 面板 "ON" 3 s，面板上逆变器指示灯亮，UPS 正常启动。申请天窗点，更换电池组。

任务三　电源屏常见故障汇总

【学习目标】

【素质目标】

（1）培养学生终身学习的意识，不断提升学生的知识储备与技能水平。

（2）培养学生的团队协作意识和标准化作业意识。

（3）增强学生的岗位荣誉感，培养学生的爱岗敬业精神。

【知识目标】

（1）熟悉电源屏常见的故障现象。

（2）掌握电源屏常见故障的处理方法。

【能力目标】

（1）根据电源屏声光报警信息、监控数据、设备运行状态，迅速且准确地判断故障类型、定位故障部位。

（2）在故障处理后或设备日常维护中，能够对电源屏系统进行调试。

【相关知识】

一、机械电源屏常见故障汇总

机械电源屏常见故障汇总见表 5-3-1。

表 5-3-1　机械电源屏常见故障汇总

序号	类型	设备型号	故障现象	故障原因	故障处理
1	稳压柜	KTW	电源屏内报稳压器故障，外电网电压波动，一路转二路后发生故障报警	对稳压柜进行检查，测试输入、输出均正常，未发现异常	因外电网波动造成一、二路转换后使屏内误报警，断开稳压柜输入空开，重新启动后，报警消失
2	驼峰屏	TDP-T-30	调压屏升压按钮接触不良，造成手动升压时升压震颤	升压按钮接触不良	利用天窗点进行更换

序号	类型	设备型号	故障现象	故障原因	故障处理
3	机械屏	PJL1-06E	2 号屏电流表无显示数	电流表故障	更换电流表
4	机械屏	PD1-15	二路 W 相保险熔断，转至一路造成轨道电路红光带	保险容量小（45 A）	更换成 60 A 保险
5	机械屏	25 Hz 特大站	轨道电路红光带	D7 二极管损坏，造成轨道电源 3 无输出	更换 D7 二极管
6	机械屏	PD1-15	更换继电器施工后，在试验中发现调压器有异响	调压器内尼龙接头磨损	更换新的尼龙接头
7	机械屏	PHD2-S	（1）调压屏升降压时有不正常异响；（2）B 交流屏 1WHK 万能转换开关失灵	（1）检查发现电机与感应调压器间固定塑料卡片破碎，造成调压时不能紧密咬合，出现异响。（2）B 交流屏 1WHK（LW2-445544/F4-8X）万能转换开关内部卡阻	（1）已上报，等待配件进行更换处理。（2）更换万能转换开关，恢复正常使用
8	机械屏	PQY-2	工区利用天窗点将区间 A 屏倒 B 屏时，区间信号电压降至 0.8 V 和 0.3 V，又倒至 A 屏使用	工区现场人员操作不当，工区倒屏时，闸刀没有合到位	对 B 屏进行检查，未发现异常，要点，进行倒屏试验，输出正常
9	机械屏	PTJ-5	调压屏 14RD 空开跳闸，合不上	现场人员操作不当	转换开关扳至手动位置开关合上
10	机械屏	PQY-2	区间屏 A 屏 QKZ 电压高至 30.8 V	电容劣化	更换电容
11	机械屏	PD1-15	A 直流屏 KZ 电源电压下降	滤波电容损坏	更换电容，设备恢复正常
12	机械屏	PZD-5/3113	转换屏一、二路切换试验，二路转一路时，切换按钮不起作用，断开二路输入空开，切换试验正常	转换屏内 4KM 中间交流接触器内部卡阻，辅助接点 21-22 未断开，造成切换按钮不起作用	要点，更换 4KM 交流接触器后，切换试验正常
13	机械屏	PD1-15	更换屏内继电器后，在检查试验当中发现调压屏 1D-5 端子上的线头烧黑	因端子虚接，电流过大	将调压屏甩开，由外电网直供，将端子线头重新整治，并在要点后进行恢复，试验良好
14	机械屏	中站屏	A 屏表示灯指示灯灭灯，故障报警，输出正常	表示灯继电器线包断线	更换继电器
15	机械屏	PD1-15	闪光电源无输出，闪光灯不亮	闪光电路保险烧断、闪光灯烧坏	更换保险和灯泡
16	机械屏	PD1-15	转换屏二路电源灯灭	灯泡底座内部接触不良	更换灯泡底座后恢复

二、UPS 常见故障汇总

UPS 常见故障汇总见表 5-3-2。

表 5-3-2 UPS 常见故障汇总

序号	类型	型号	故障现象	故障原因	故障处理
1	UPS	HXR-40KVA	UPS 旁路超限	由于外电网波动超过 UPS 设定的 240 V 上限，触发报警，实际外电网电压并没有升至 240 V	联系 UPS 厂家技术人员修改校正数据，使 UPS 采集电压值和实际值一致，恢复运行
2	UPS	NT-40KVA	UPS1 温度超限报警	温度探头位移造成通风不良	重新固定温度探头位置，超温报警克服
3	UPS	GES-NT20KVA	UPS1 报警，整流器静态开关控制电路异常，整流器关闭，逆变器关闭	UPS1 程序错误	配合厂家更新 UPS 程序
4	UPS	NT-40KVA	UPS2 断路器断开报警	UPS2 断路器辅助接点氧化误报警	配合厂家更换一个断路器辅助接点，设备恢复正常
5	UPS	NT-40KVA	UPS2 报警	开关断路器辅助接点氧化接触不良	配合厂家更换 1、2、5 开关断路器辅助接点
6	UPS	NT-40KVA	UPS1、2 报警，输出电源断电	输出断路器辅助接点接触不良	更换输出断路器辅助接点恢复
7	UPS	MGE Galaxy 7000	UPS2 故障报警，电池柜空开断开；UPS1、UPS3 报与 UPS2 通信中断；UPS2、UPS3 旁路负载输出；UPS1 空载输出	UPS2 内部板件烧毁	天窗点内切除 UPS2，恢复 UPS1 和 UPS3 正常供电，后续对 UPS2 进行处置恢复
8	PD1-15	调压屏	调压屏手、自动调压失灵，380 V 电压降至 290 V	Ⅱ 路电源相位不对，导致升压变降压，从而使调压器脱扣，8RD 熔断	经现场处理使用 Ⅰ 路电源，更换 8RD 保险，手动升高调压电压，对 Ⅱ 路电源相位进行调整，恢复后试验正常
9	智能屏	PKX-1	UPS2 电池后备时间超下限	采集或通信误报警	UPS 无报警信息，实际测试电压正常，试验正常
10	智能屏	PKX-1	UPS2 故障无输出	UPS2 的逆变器故障	更换 UPS2 的逆变器
11	智能屏	PKX-1	UPS 输入、旁路、输出 ABC 超限报警	采集或通信误报警	更换 UPS 的采集通信板件
12	智能屏	PKX-1	UPS2 瞬间断电	CPU 主板损坏	联系厂家更换 CPU 主板

序号	类型	型号	故障现象	故障原因	故障处理
13	智能屏	PKX-1	电池柜电池漏液	电池问题	更换电池
14	智能屏	PKX1-ZX40/380	现场反应 UPS1 电池组无法正常放电	根据现场调查，发现 UPS 内部没有采集到电池组，故无法放电	已通知 UPS 厂家处理，并让现场工区多观察
15	智能屏	PKX1-C50/380	UPS2 不带载工作，电源屏 UPS2 报警均不供电	UPS2 电池柜 1 层第 4 节电池不良，内阻为 184.3 mΩ	向技术科汇报，购买电池后更换
16	智能屏	PKX1-C50/380	UPS2 不工作报警	由于外电网质量原因逆变器保护	重启 UPS2 逆变器恢复工作
17	智能屏	PKX1-C55/380	UPS1 误报警	因软件老旧造成误报警	软件升级后误报警信息消除
18	智能屏	PKX1-ZX40/380	UPS 报通信中断	经检查发现 UPS 内部通信板故障	利用天窗点更换两块 UPS 内部通信板
19	智能屏	PKX1-ZX40/380	更换内部通信板后，试验过程中发现 UPS 故障灯闪红，经检查 UPS 空开内部报警接点氧化，产生误报警	经检查 UPS 内部空开报警接点氧化	利用天窗点更换 UPS 内部空开报警接点后设备恢复正常
20	智能屏	PKXI-C55/380	UPS 电池组供电报警	Ⅱ路外电网谐波电压突变	转换到外电网质量好的Ⅰ路上，现场点内试验Ⅰ、Ⅱ切换正常，试验良好
21	智能屏	PKXJXI-110-ZX	UPS 报内部通信故障，设备使用正常	内部通信线接触不良	现场检查发现有一个功率采集模块不良，更换后报警消失

三、信号智能电源屏常见故障汇总

信号智能电源屏常见故障汇总见表 5-3-3。

表 5-3-3　信号智能电源屏常见故障汇总

序号	类型	设备型号	故障现象	故障原因	故障处理
1	智能屏	DHXD-TE1-4	电源屏报 DHXD-TE1-4 通信中断，模块故障	经现场确认为 DHXD-TE1-4 模块故障	更换模块后设备恢复正常
2	智能屏	DSG/F-30W	外电网Ⅰ路输入空开输出端缺 A 相	外电网Ⅰ路输入空开 D1、2 端子内部断路	更换空开
3	智能屏	DSG/F-30W	直流转辙机模块温升报警	输出端子接触不良	输出端子插牢固，重新启动模块
4	智能屏	DSG\Q-10	串口通信故障，监测模块无显示信息	监测模块故障、死机	重新启动后恢复

序号	类型	设备型号	故障现象	故障原因	故障处理
5	智能屏	DSG-30W	微机监测报一路外电网超限	一路外电网电压过高	通知电力部门
6	智能屏	HXD-A1	信号机3电源过低	电容组容量下降	更换电容组
7	智能屏	PBZ1-4	外电网二路电压波动，转至一路工作，全站红光带2 s	因外电网二路电压波动，造成25 Hz模块保护，转至一路后电压恢复，25 Hz模块恢复正常工作	到达现场后已恢复正常工作，设备正常
8	智能屏	PBZ1-4	现场通知25 Hz屏报警，报25 Hz模块故障，实际模块输出正常，设备也正常	25 Hz模块监测线或模块内部通信不畅造成误报警	利用天窗点对设备进行检查，发现为屏内监测端子氧化，造成接触不良，经处理后恢复正常
9	智能屏	PDJ-BS1（5KVA）	电源屏内监测多次报M11模块故障	模块内部监测通信故障	要点更换模块后，报警消失，设备部恢复正常
10	智能屏	DHXD-30/380/25	集中监测报区间屏接口串口4通信中断	集中监测误报警，实际无串口4监测输出	通知现场工区联系监测设备公司进行处理
11	智能屏	PDZG-45	电源屏内报25 Hz局部电源超前轨道160°，25 Hz频率超限45～54 Hz	经现场测试，各种设备运行正常，属于误报警	与厂家联系后，更换报警采集板，报警消失
12	智能屏	PDZG-45	集中监测报智能屏B12模块接口报警，电源屏监测窗口显示B12模块故障	模块故障	更换B12（AMA-25G-4000）模块后设备恢复正常使用
13	智能屏	PDZG-45	现场反映25 Hz模块输出局部电源偏低，为105 V	25 Hz模块输出电压调整偏低	利用天窗对模块进行切换试验，发现主模块输出电压正常112 V。对备模块内部进行电压微调后输出恢复至112 V
14	智能屏	PGM3.8/3	电源屏二路输入V相防雷元件劣化	防雷元件故障，不影响电源屏正常使用	更换防雷元件
15	智能屏	PJW-3	列控模块电压随外电网波动，下限报警205 V	C相稳压器模块（CRS-7.5 kV·A）内部故障	要点更换模块后，报警消失，列控模块电压升至223 V
16	智能屏	PKX-1	24 V输出电压波动	监测系统误报警	更换采集板
17	智能屏	PKX-1	CTC2断电报警	监测系统误报警	更换采集板
18	智能屏	PKX1-C55/380	A屏正常工作,W相空开发热	空开内部材质劣化	更换空开
19	智能屏	PKX1-C55/380	电源屏3 DHXD-SE5模块面板表头不显示，黑屏，不影响电源正常输出	模块内部显示窗口不良	利用垂直天窗点更换模块

序号	类型	设备型号	故障现象	故障原因	故障处理
20	智能屏	PKX1-C55/380	据现场反映 KZ、QKZ 对地漏流超标	经检查试验发现 QKZ 电源对地绝缘不好，组合架上线接地造成	现场重新换线
21	智能屏	PKX1-C55/380	屏 3 区间条件 3-4，SE5-4 模块 2、4 束显示为零	模块显示故障	更换模块
22	智能屏	PKX1-C55/380	区间灯丝报警实测 48 V，采集 28 V	采集地址码错误	更换模块
23	智能屏	PKX1-C55/380	提速道岔表示灯电流采集错误	程序地址错误	更换地址码
24	智能屏	PKX1-C55/380	提速道岔表示灯微机监测超上限	监测程序地址码错误	更改监测地址码
25	智能屏	PKX1-C55/380	微机监测报智能屏 3 屏模块接口报警，电源屏监测窗口显示 DHXD-SD1-1，模块多次通信中断，并黑屏	模块故障	更换屏 3 DHXD-SD1-1 模块后设备恢复正常
26	智能屏	PKX1-C55/380	微机监测显示站内继电器电流瞬间过大	瞬间电流大于输出空开容量	更换合适容量的输出空开
27	智能屏	PKX-60-2J	现场在天窗点内进行一、二路切换时发现有断电现象，所有负载均有断电情况	一、二路切换板故障并且UPS所带电池组电池容量下降	利用天窗点进行检查，发现 UPS 电池组一放电就下降为 300 V，更换切换板和 UPS 电池组，更换后设备测试、试验良好
28	智能屏	PKX-65-ZJ	电源屏两路电源切换板发生异响，但不影响两路电源切换，相序指示灯忽亮忽灭	切换板相序检测部分有异状	更换新的切换板后恢复正常工作
29	智能屏	PKXJXI-15-ZX	稳压柜电阻烧坏	电阻烧坏	更换电阻
30	智能屏	PKXJXI-45-ZX	报警按钮不及时复位	机械故障	更换按钮
31	智能屏	PMZⅡ-25W35S-ZX	监测显示微机联锁电源波动频繁，电压正常，CTC 正常	电流与负载有关	实测电源模块正常
32	智能屏	PMZⅡ-25W35S-ZX	监测显示微机联锁电源频率波动	模块故障	更换微机联锁电源模块
33	智能屏	PQD1-P5/3	区间屏故障灯亮，蜂鸣器报警，但各种输入输出均正常	一路输入防雷有一个接触器不良造成报警	将防雷设备拔下后，重新安装后恢复正常，电源屏不再报警
34	智能屏	PQD1-P5/3	设备巡视中发现区间屏信号电压下降至 213 V，更换一组电容后为 216 V	电容使用过长，电容劣化	更换电容

序号	类型	设备型号	故障现象	故障原因	故障处理
35	智能屏	PQD1-P8/13	区间屏信号电源 1-2 电压下降至 160 V，造成信号电源不能正常输出	区间屏电容容量下降，造成信号电源不能正常输出	更换电容
36	智能屏	PQD1-P8/3	TDCS 输出电源指示灯灭灯	电容老化漏液，指示灯故障	更换老化漏液电容 4 个，更换指示灯 1 个
37	智能屏	PWZ-15/3	站内 A 屏 B 相稳压模块 7.5 V·A 内部有异味	根据现象怀疑模块内部有故障	更换故障模块，更换后设备恢复正常，测试、试验良好
38	智能屏	PWZ-25W30S	25 Hz 轨道 3 输出断开，轨道电路红光带	外部设备短路，短路切除板切断短路线束	配合现场查找外部设备短路故障点
39	智能屏	PWZ25W30S-WLP	计轴模块自保护，转至备用模块	现场调试计轴设备时造成保护	模块重新启动
40	智能屏	PWZI-2013	25 Hz 轨道、局部无输出，轨道电路红光带	外电网一路，在两路切换过程中，25 Hz 模块先于切换保护造成模块无输出，供电正常后恢复	需在电源屏内加装一、二路转换切换板，以确保可靠转换
41	智能屏	PZGWJ-45/380/25	信号机电源2、道岔表示电源、交流转辙机电源报警	实测电源正常，为监测误报警	更换空开检测板
42	智能屏	PZGWJ-30/380/25	两路接触器落下无法正常吸合	Ⅱ路停电，造成切换板电路烧坏，无法供电	更换切换控制板
43	智能屏	PZXG-35W/B/3	提速屏一路交流接触器有异响	判断为交流接触器内部吸合不良造成异响	利用天窗点更换一路交流接触器后设备恢复正常
44	智能屏	PZXG-35W/B/3	B 屏 M32 模块内部有异响	模块内部交流接触器接触不良	更换模块内部交流接触器后设备恢复正常
45	智能屏	PZXG-35W/B/3	站内屏一路交流接触器有异响	接触器内部不良，且一路响声很大，二路也有异响	先转至二路工作，利用天窗点将两台接触器更换

【思考题】

（1）列举转换屏常见故障并分析。

（2）列举调压屏常见故障并分析。

（3）智能电源屏输出模块保护灯亮，分析原因。

（4）简述智能电源屏故障处理的步骤。

（5）分析智能电源屏输出切换类故障的现象及原因。

（6）分析智能电源屏系统配电类故障的现象及原因。

参考文献

[1]　林瑜筠，姚晓钟，曹峰，等. 铁路信号智能电源屏[M]. 北京：中国铁道出版社，
　　　　2018.

[2]　张仕雄. 城市轨道交通信号及通信电源系统维护[M]. 北京：电子工业出版社，2019.

[3]　宋保卫，鄂英华. 信号电源屏检修[M]. 北京：北京交通大学出版社，2019.

[4]　刘湘国，于勇，高嵘华. 铁路信号电源系统维护[M]. 成都：西南交通大学出版社，
　　　　2020.

[5]　蔡小平，王海艳. 铁路信号电源设备维护[M]. 北京：中国铁道出版社，2023.

通信信号与电源设备维护图册

（第 2 版）

主　编　韦成杰　楚彩虹

副主编　占雪梅　杨靖雁　王云飞

主　审　张生周

西南交通大学出版社
·成　都·

图书在版编目（CIP）数据

通信信号电源设备维护：含图册. 2，通信信号电源设备维护图册 / 韦成杰，楚彩虹主编. — 2 版. — 成都：西南交通大学出版社，2025. 8 — （高等职业教育优质校建设轨道交通通信信号技术专业群系列教材）.

ISBN 978-7-5774-0583-4

Ⅰ. U239. 5

中国国家版本馆 CIP 数据核字第 2025PE3648 号

目　录